经济应用文写作

张兰 郑莉 ◇ 主编
李想 刘宇希 ◇ 副主编

高 等 院 校 通 识 教 育 新 形 态 系 列 教 材

人民邮电出版社

北 京

图书在版编目（CIP）数据

经济应用文写作 / 张立华，郝佳主编． -- 3 版．
北京 ：人民邮电出版社，2025. --（高等院校通识教育
新形态系列教材）． -- ISBN 978-7-115-66707-6

Ⅰ．F

中国国家版本馆 CIP 数据核字第 2025KG1736 号

内 容 提 要

本书以独特的教学理念和丰富的内容设计，从写作、应用文写作以及经济应用文写作的基础知识入手，选择新颖、实用、典型的案例予以分析，帮助读者掌握经济应用文写作的方法和技巧；将中华优秀传统文化恰到好处地融入各个章节，帮助读者拓宽写作思路，丰富文化底蕴。

本书共九章，包括绪论、职场文书写作、礼仪文书写作、信息文书写作、事务文书写作、经济文书写作、实习报告与论文写作、公务文书写作等内容。

本书配有教学大纲、电子教案、电子课件、参考答案、拓展实例、模拟试卷及答案等教学资料（部分资料仅限用书老师下载），索取方式参见"更新勘误表和配套资料索取示意图"（咨询 QQ：602983359）。

本书可作为普通本科院校和职业院校的教材，也可作为普通读者工作或准备相关考试的参考用书。

◆ 主　编　张立华　郝　佳
　　副主编　李　想　刘宇希
　　责任编辑　万国清
　　责任印制　陈　犇

◆ 人民邮电出版社出版发行　　北京市丰台区成寿寺路 11 号
　　邮编　100164　电子邮件　315@ptpress.com.cn
　　网址　https://www.ptpress.com.cn
　　三河市兴达印务有限公司印刷

◆ 开本：787×1092　1/16
　　印张：14　　　　　　　　　　　2025 年 5 月第 3 版
　　字数：375 千字　　　　　　　　2025 年 5 月河北第 1 次印刷

定价：54.00 元

读者服务热线：**(010)81055256**　印装质量热线：**(010)81055316**
反盗版热线：**(010)81055315**

第 3 版前言

Preface

　　两千多年前，当人们热衷于吟诵《诗经》和《楚辞》的时候，应用文就已经产生了。从甲骨上的卜辞到《尚书》中的文告，再到秦代的制诏谕奏，应用文以一种特殊的方式担负起解决生活、工作中实际问题的重任。在这个瞬息万变的信息时代，更有人工智能写作的诞生。尽管它对写作有一定的帮助，但其无法完全取代人类写作。应用文写作仍将继续发挥极其重要的作用，完成属于自己的使命。

　　学习经济应用文写作，有助于学习者更深刻地了解工作中经济应用文的写作要求，掌握经济应用文写作的技巧，更好地理解相关政策的适用范围，体会经济应用文写作在工作、生活中的重要性。

　　编者在深入学习党的二十大精神的基础上，对本书进行了全面细致的修订，力图做到观点新、体例新、范例新、教法新、学法新，具体体现在以下几个方面。

　　（1）本书有助于学生完成中学语文与大学语文的过渡与衔接，以崭新的角度和眼光引领学生认识什么是写作、什么是基础写作、什么是文学写作、什么是应用文写作、什么是经济应用文写作。

　　（2）本书在编写过程中始终注重对专业所需能力的培养、对学生学习方法的指导、对学生社会能力的培养，以及三者的整合，即在满足社会需求的同时重视学生的个性需求，注重教育的本质属性，同时促进学生"人性""人情""人格"的升华。

　　（3）本书内容的选择以"经济应用文写作"为主，辅以常见应用文，旨在为财经类专业学生的学习提供更多便利。习题的设计以实际工作为出发点，不做无意义的"试题游戏"。

　　（4）本书体现了语言与写作、语言与文化的融合，让学生在完成写作任务的同时提升语言表达能力和沟通能力，培养团队合作精神和创新意识，让经济应用文带给学生更多的感悟、启示和升华。基于这样的考虑，书中设置了"赏心悦目""名言录""要点总结""案例""知识拓展""文化长廊"等栏目，以期从多侧面、多角度培养和提升学生的职业文化素养。

　　为方便学生学习和教师授课，本书配有教学大纲、电子教案、电子课件、参考答案、拓展实例、模拟试卷及答案等教学资料（部分资料仅限用书老师下载），索取方式参见"更新勘误表和配套资料索取示意图"。

　　本书是吉林省教育科学"十二五"规划立项课题"行为导向法在大学应用文写作教学中的设计策略研究"，以及"十三五"规划课题"中国梦引领下的特色大学文化与传统文化融合研究"的结题成果。该项目旨在为常用应用文写作，尤其是经济应用文写作探讨教学方法，并总结学习方法，同时将优秀传统文化与写作文化融会贯通于应用文写作中。

　　本书由张立华、郝佳担任主编，李想、刘宇希担任副主编，各章编写分工如下：第一章、

第五章、第八章、第九章由张立华、郝佳编写，第二章至第四章、第六章、第七章由刘宇希、李想编写。

本书从不同作者的应用文写作学术论著、论文中汲取了宝贵的经验，从生活中采集了一些鲜活的应用文范例，编者真诚地期待学术界专家、同行以及读者能对本书提出宝贵意见。由于编者水平有限，书中难免有疏漏之处，恳请各位专家、读者不吝赐教。

编　者

目 录

Contents

第一章

绪论

应用文写作属于写作学范畴，经济应用文写作再现了经济活动的规律，以及经济应用文在经济活动中的功用。它的产生和发展与所处时代的政治、经济密切相关，在其形成和发展过程中，优良的传统文化基因始终与之相伴。

第一节 写作的熏陶

【学习目标】

知识目标：了解写作、文学写作、应用文写作的内涵，掌握应用文写作的特点与作用。

能力目标：具备区分文学写作、应用文写作的能力，拥有应用文写作及鉴赏的能力。

写作是一种能力，是生命的另一种存在形式，更是一种综合性的脑力劳动。写作者需要具备相关的理论知识，还需要掌握表情达意、交流信息的方法与技巧。从这个意义上讲，写作是对生命秩序的尊重，写作行为具有哲学性和生命性。

案例 1.1.1

"春晚"是一种精神①

1983 年，中央电视台为电视观众奉献的"春节联欢晚会"，以新鲜的节目形态，在黑白电视时代为中国人的春节增加了一抹亮色，那一抹亮色延传至今，成了中国的年俗，成了春节的符号，成了文化的现象，成了电视的精神。

在我美好的人生岁月里，我目睹了"春晚"的发展历程。我们的电视已经从黑白时代进入彩色和高清时代，我也从电视观众转变为电视工作者，近三年更有幸成为"春晚"的参与者，我对"春晚"的观感和情感也发生了"划时代"的变化。

第一届"春晚"举办时，我就是热心观众之一。我记得节目中好像提出了五道谜语，让观众来猜。其中一道谜语是：镜子里面有个人——打一个字。刘露老师在《文化生活》栏目里专门对此做了解释，还把写着"人"字的纸板摆在镜子前面，再看镜子里的字就是"入"了。那欢乐的时光距今已经二十多年了。1984 年的"春晚"，有了更多的欢歌笑语，有了更新的互动参与，"春晚"开始让电视观众在每个除夕都能"难忘今宵"了。

我第一次靠近"春晚"，是在 1989 年年初，那时我刚到中央电视台少儿部实习。当在电视台的圆楼里看到了准备参加"春晚"彩排的摩肩接踵的人群时，我也跟着兴奋起来，对文艺部的人羡慕不已。

我第一次站上"春晚"演播大厅的舞台是在 1998 年。八年后，我第一次走到了"春晚"舞台的中心，当我说出"在这辞旧迎新的时刻，我们向全国各族人民……"时，心中洋溢着神圣和幸福的感觉。当所有人一起唱起《难忘今宵》的时候，我更是有种如梦如幻的感觉……

我曾经说过，每次看到大型节目结尾时那一长串的字幕就很感慨，那是我们"战友"的阵容。亲身经历了"春晚"，每年经过六次彩排和惊心动魄的直播，我才真正知道"春晚"二字的分量。今年我为自己在"春晚"的失误公开道了歉，我由衷地感到自己的表现给节目和节日带来了遗憾。每当我想起每次彩排之后从部长、台长到各工种人员都要开三四个小时的总结会，每次彩排后节目都会有新的改动，每次改动都凝聚着大家的心血，每次上下道具的场工都像冲锋的战士，我的内心就愧疚不已！我总想："假如当时……"伴随着痛苦的记忆会比欢乐更深刻，这是我一生铭记的教训。

标题：揭示主题。

开头：追溯"春晚"，概括地表明基本观点，为深入探讨该主题奠定基础。

过渡段，承上启下。

主体：以第一届"春晚"为切入点，融入与"春晚"相关的故事，用欢歌笑语、难忘今宵突出"春晚"的主题，阐明"春晚"精神。借助回忆，直言自己对"春晚"的切身感受，由羡慕到亲身经历，体会到"春晚"的分量。

---

① 改编自张泽群央视网博客（2017 年 3 月 14 日），文字略有改动。

"春晚"是个大舞台，是艺术的舞台，更是人生的舞台。小时候我总不理解为什么要"敢于胜利"，人们都渴望胜利，怎么会不敢呢？现在我明白了，胜利是需要勇气的，站在"春晚"的舞台上也是需要勇气的，这是承担、奉献和牺牲的勇气。这种承担、奉献和牺牲已经成为电视文艺工作者的一种精神。我向这种精神致敬，更追随这种精神。还有不到半年，又会有人举起"春晚"的大旗，传承这种精神。

结尾：弘扬、传承"春晚"精神，升华主题。

思考与讨论：请在课前以"叶燮，迎春""莫言，过去的年"为关键词，通过网络搜索引擎搜索并阅读叶燮的《迎春》和莫言的《过去的年》，再以"关于征集公司春节联欢晚会节目的通知"为关键词搜索几则通知，感受关于"春节"这一主题的不同写作形式，讨论什么是写作，什么是应用文写作。

一、写作的内涵

写作，从字面来看，含有"制作""记写"的意思。《诗经·小雅》云："作此好歌。"其中的"作"即用心创造的意思。《韩非子·十过》云："子为我听而写之。"其中的"写"是记写的意思。"写""作"二字连起来指的就是把用心创造的东西记写下来。案例1.1.1就是作者根据自己的内心感受写就的一篇文章，文章虽为个人写作行为，却传达了很多中国人的心声，其命题是宏大的，寓意是深刻的。

写作即运用语言文字符号反映客观事物、表达思想感情、传递知识信息。将思维和语言文字联结在一起的精神劳动，其成果就是文章，其目的在于传播信息、交流思想。

陈独秀提出："文之大别有二，一曰应用之文，一曰文学之文。"由此，写作可以划分为以下三种类型。

（1）基础写作。基础写作主要研究写作的普遍规律和基本方法，着力阐述写作的基本原理，提高人们对一般文章的写作能力。叶圣陶为了便于教师在教学中为学生分析文章、讲解作文，将文章分为记叙文、议论文、说明文等，对这些文体的写作也就是本书所说的基础写作。

（2）文学写作。文学写作是基于基础写作的专业写作。文学写作关注现实生活，可以想象未来；可以以景起兴，借景抒情；可以重章叠句，回环往复；可以描写情节；更可以创设意境。小说、散文、诗歌、戏剧等均属于文学写作文体。

（3）应用文写作。应用文写作是写作的一个分支，是专门研究应用文写作的特点、规律、过程与方法，为处理有关具体事务，解决实际问题而从事的写作活动。其英文为"practical writing"，直译为"实用写作"。应用文写作的第一要义是"put to use"，即"使用"。

二、应用文的发展历史

裴显生在《现代实用写作学·绪论》中提到："应用文是指国家机关、企事业单位、人民群众在日常生活、学习、工作中经常使用的具有某种惯用格式和直接应用价值的文章。"应用文的发展经历了以下几个时期。

要点总结

表1.1是对写作分类和表达方式的简单总结。

表1.1　写作分类和表达方式

写作类型	文体	表达方式
基础写作	记叙文 议论文 说明文 ……	以叙述、描写、说明、议论、抒情为主
文学写作	小说 散文 诗歌 戏剧 ……	以叙述、描写、议论、抒情为主
应用文写作	日常应用文 工作事务文书 行业、职业应用文 行政公文 ……	以叙述、说明、议论为主

1. 启蒙期

在文字产生之前，人类社会就有了应用文。殷墟出土的商周时期的甲骨卜辞是我国有据可查的最早的应用文。上古时期人们采用一种可视的方式来记录工作与生活中发生的事情。郑玄的《周易注》中有这样的记载："结绳为约。事大，大结其绳；事小，小结其绳。"先秦时期的《尚书》收录了自尧舜到夏商周各代的典、谟、训、诰、誓、命等，是我国第一部以应用文为主体的文章集。

2. 成型期

秦始皇统一天下后，下令统一文字，统一文书体制，使得应用文在秦汉时期基本成型。此时，应用文的各种文体已经比较完备。"公文"的称谓就是在这一时期出现的。"制""诏"等都是皇帝的命令。皇帝自称为"朕"，下臣上书为"奏"。应用文写作至此有了完整的规范体制，如汉高帝的《求贤诏》、贾谊的《论积贮疏》、晁错的《论贵粟疏》、司马相如的《上书谏猎》等。

3. 发展期

魏晋六朝时期是应用文的发展期，人们对应用文写作有了比较自觉的认识，形成了有关应用文文体的理论与观念，如诸葛亮的《出师表》、李密的《陈情表》、刘勰的《文心雕龙》等。《文心雕龙》是我国第一部涉及应用文写作的理论著作，奠定了我国古代应用文写作理论的基础，成为应用文写作发展的里程碑。

4. 成熟期

南宋张侃提出"骈四俪六，特应用文耳"。（《拙轩集·跋陈后山再任校官谢启》）

唐宋时期是应用文写作发展的成熟期。唐代韩愈的《上宰相书》、柳宗元的《答韦中立论师道书》、白居易的《请赎魏征宅奏》、李白的《与韩荆州书》、刘禹锡的《陋室铭》，宋代日常应用文中的"序跋文"，如欧阳修的《新五代史·伶官传序》、李清照的《金石录后序》、文天祥的《指南录后序》等，均是其中的代表作。

5. 稳定期

元明清时期为应用文发展的稳定期。清代刘熙载在《艺概·文概》中说："辞命体，推之即可为一切应用之文。应用文有上行，有平行，有下行。"这一时期出现了许多应用文大家和名作，如沈括的《梦溪笔谈》、朱世杰的《算学启蒙》、王祯的《农书》、海瑞的《治安疏》、宗臣的《报刘一丈书》、夏完淳的《狱中上母书》、龚自珍的《与吴虹生书》、林觉民的《与妻书》等。

6. 繁荣期

汉语言在辛亥革命后发生了巨大变化。封建色彩减少，民主意识增强，文言文变为白话文，以白话文为载体的新文种和公文程式产生；语体形式更加贴近生活；反映经济文化生活的文体大量产生。新中国成立后，我国的公文制度先后多次修订，不断完善，各种公文体裁的用途或使用范围日益规范化。

三、戴着锁链跳舞的应用文写作

刘勰在《文心雕龙·书记》中说应用文"虽艺文之末品，而政事之先务也"。应用文写作是以有效地指导行动为目的的，自古以来就被各种规章、制度以及应用文写作的惯用格式约束和限制；但是在一定的空间内，它又具有一般文体所不具备的特点，发挥着不一般的作用。

1. 应用文写作的特点

相对于其他写作形式，应用文写作有以下几个特点。

（1）真实性。有人说应用文"笔下有财产万千，笔下有毁誉忠奸，笔下有是非曲直，笔下有人命关天"。应用文是为解决实际问题而写的，所涉及的材料、观点、解决问题的具体方法都会影响问题最终能否被解决，所以应用文必须真实、客观、实事求是。

（2）行业性。应用文中的许多文种都具有明显的专业性、行业性，多由具有专门行业职能的机关团体、企事业单位使用，其内容涉及很多行业知识、专业术语。例如法律文书、经济文书、科技文书、涉外文书等就属于这类应用文文种。

> **名言录**
>
> 写文章要"有真意、少粉饰、少做作，勿卖弄"。
>
> ——鲁迅

（3）被动性。应用文的多数文种通常都是因工作所需，受命于领导而写作的。在写作过程中，表达什么观点，运用什么材料，提出什么建议，发出什么请求，都是受有关单位、领导、部门的意见影响的，"立言"要能准确地表达领导、单位的意图，这对写作者提出了较高的要求。

（4）实用性。应用文最大的特点在于实用，这也是应用文与其他文学作品的主要区别之一。文学作品的创作往往"有感而发"，诗歌、散文、小说等文学作品表达的主要是人们的喜怒哀乐。而应用文写作主要为了解决实际问题，是"有事而发"，无事则不发。例如信写给谁，合同和谁签，都要有明确的对象；而一般文学作品的阅读对象往往是不确定的。

（5）时效性。一般文学作品的写作时效性不强，例如欧阳修的《醉翁亭记》写好后搁置了很长时间才发表，《红楼梦》写了十年之久才初步成形。当今社会市场竞争激烈，信息只有反馈及时，才能给企业带来效益。应用文是为了解决实际问题而作的，所以它的时效性很强。一旦出现问题，必须及时反映，否则就会给生活、工作、生产带来不良影响。

（6）程式性。应用文写作有其特定的、惯用的格式，这些格式或是长期以来约定俗成、相沿成习的，或者由国家有关部门统一规定，不能像文学作品的创作那样随意编排、自由联想、打破时空观念。当然，随着社会的发展，人们生活习惯和观念的变化，应用文的格式也会发生变化。这些变化都是以顺应社会的发展为宗旨，以更加方便人们表情达意为出发点的。

2. 应用文的作用

应用文具有标识社会生活主体的行为发展趋势，记载社会生活主体的行为发展过程，评价社会生活主体的行为发展结果，约束社会生活主体的行为发展变化空间，沟通、协调社会生活主体之间的关系的作用。具体来说，应用文的作用体现在以下几个方面。

（1）宣传教育作用。很多应用文在使用过程中发挥了宣传教育作用，如公文通知、通报、批复、意见、函和会议纪要等就具有宣传贯彻党和国家的路线、方针、政策的作用。有些行业文书，如公益广告、海报等既可以用来解决工作中的实际问题，也可以净化心灵，提高人们的整体道德水平，起到宣传教育作用。

（2）规范行为作用。社会生活与工作的正常运转离不开相关的应用文。应用文具有规范人们的行为、维护正常的社会秩序的作用。除了要靠国家法律创设和谐的社会生活环境外，规范公民的行为更需要如公告、通告、通知、通报、批复、规章制度、市民守则、公益广告、经济合同等文种的制约，正如俗话所说："没有规矩，不成方圆。"

（3）交流信息作用。应用文已经成为机关团体、企事业单位，以及个人之间商洽、联系工作的一种重要手段。例如签订协议合同、策划广告、写商务信函等，以此来促进业务的开展，协调各方的关系。

（4）依据凭证作用。应用文是一种确定的文字记录，它可以以文字材料的形式作为今后检查和开展工作时解决、处理问题的凭证。上级下达的文件、党和政府颁布的法规、有关方面的规章制度等都可成为开展工作和检查工作的依据，一些条据、合同文本、公证材料等也是开展业务工作的凭证。

四、文学写作与应用文写作的区别

刘半农说："应用文是青菜黄米的家常便饭，文学文是肥鱼大肉；应用文是无事三十里的随便走路，文学文是运动会场上大出风头的一英里赛跑。"（《应用文之教授》）

文学写作不以直接办理事务为目的，而是以塑造艺术形象、反映社会生活为宗旨的。一首诗你可以不去读，但为了开展工作，一个简单的规章制度你却必须要了解。如果说文学写作是让人有所感、有所悟、有所知，那么应用文写作就是让人有所用。文学写作与应用文写作的区别表现在以下几个方面。

（1）写作目的不同。文学作品可以让读者陶冶情操，欣赏世界，感悟生活，愉悦精神；以塑造艺术形象、反映社会生活为宗旨，其作用是间接的。应用文是用来指导社会生活实践、改造世界的，能够让社会生活主体有规矩可循，有法可依，得以成方圆；行于所当行，止于所当止。

（2）写作原则不同。应用文写作具有"约定俗成"性，"约定"体现了应用文写作自身的功能和性质，"俗成"则体现了应用文在发展过程中的稳固性、保守性。而文学写作提倡创新思维，不拘一格。

（3）写作材料来源不同。应用文写作的材料必须是生活中的真实材料。文学写作材料来源于生活而高于生活，是基于生活基础的艺术再加工。它可以虚构，可以夸张，可以创设典型环境中的典型人物。

（4）语体风格不同。大多数应用文具有简练、鲜明、具体、平实、庄重、得体的语体风格，而文学作品则具有生动、形象、诙谐、幽默、含蓄的语体风格。

（5）思维方法不同。应用文写作要求写作者善于运用逻辑思维，文学写作更强调形象思维。

（6）写作格式不同。应用文写作的格式常常是约定俗成的，而文学写作除旧体诗外没有固定的格式要求。

 文化长廊

长春职业技术大学赋

张立华

夫巍巍长职，净月之滨，伊水之畔。玉树琼花，廊亭曼道，星河潋滟。

律转鸿钧，继往开来。铸诚精艺，知行双举，明德至善。昔聚众庠之英华，筚路蓝缕，殚精竭虑，拓荒抚耕。改革不断，创新不辍，遂今赫赫煌煌。

发滥觞于思想，树职教之旌幡。群楫竞远，旗舰引航，运宏筹于未雨。德如弓弩，才似箭镞，展帷幄于疆场。笃教章思，道深技强。大师渊薮，工匠摇篮。摘冠折桂，才俊辈出。喜吾长职，清风浩浩，正气堂堂，声名遐迩，四海流芳。

桃李殿阁，红楼密瓦，秀木融翠，古风雅韵。筑职业之梦想，绘蓝领之未来。精工琢业，揽万象于方寸；中国制造，寓涵泳于匠心。博识通商，殖富好行其德。知书礼行，梦系九州方圆。智信志成，网域中原四境。品润食尚，旨甘味美无瑕。车载平安，福祉达于万家。和合尚礼，文畅古今神州。吐辞为经，举足为法。学思践悟，格物致知。知己不足而后进，望山远岐而前行。

潮平两岸壮阔，风正一帆高悬。噫吁乎！钟灵毓秀，岸芷汀兰。博观约取，慎思明辨。因时而变，随事而制。以智启技，技以载道。示范为本，德才配位。为者易成，行者常至。奋进不息，求索不已。朝霜暮雪，不改气节。弄潮儿向涛头立，烟波腾跃瀑齐飞！浩渺行无极，扬帆但信风！

青青子衿，悠扬弦诵。春蚕不老，昼夜怀丝。行万里而铭校训，操千曲而驭长风。人生贵有技艺，心底涓流不息。诗品年华，心瞩远方。今朝至，唤学子闻鸡，师魂更起，永续示范风流！

【感悟升华】

一、填空题

1. 写作包括（　　）、（　　）、（　　）三种类型。
2. 应用文写作的特点有（　　）、（　　）、被动性、（　　）、（　　）、（　　）。
3. 应用文写作的作用有（　　）、（　　）、（　　）、（　　）。

二、讨论题

1. 非中文专业的大学生有没有必要学习写作知识？
2. 文学写作与应用文写作有哪些区别？

三、实践训练

1. 阅读、欣赏文化长廊中的《长春职业技术大学赋》，结合本校特点，请你为自己所在的学校写一篇赋（或散文、抒情诗等），表达对母校的歌颂与赞美之情。
2. 大学生活刚刚开始，学生会要组织一场迎新晚会，请你以学生会的名义给全校同学下发一则通知，题目自拟。写作要求：主题明确；条理清晰；表达方式适用于应用文写作；采用书面语言，简洁明了。

第二节　应用文写作基础

【学习目标】

知识目标：了解应用文写作的基础知识，掌握应用文写作材料的选择、主题的确立、结构的安排、语言及表达方式的运用技巧。

能力目标：能够将应用文写作的知识转化成应用文写作的能力，提升应用文的鉴赏水平。

应用文写作在工作中用处非常大，所以当代大学生有必要努力学习并掌握应用文写作基础知识，为走向工作岗位打下坚实的基础。

一、应用文写作的基础知识

"研究一篇应用文的生成就必须回答它是怎样由生活中散乱、无形的元素容纳为脑中的感知之物，继而又怎样由感知之物加工成意象之物，最后又怎样把意象之物物态化，使之成为定型身外的应用之文的。"（林可夫，2002）

> **名言录**
>
> 大学毕业生不一定要能写小说、诗歌，但是一定要能写工作和生活中实用的文章，而且非得写得既通顺又扎实不可。
>
> ——叶圣陶

1. 材料

材料是形成主题的基础，是构成文章的要素之一，又是表现主题的支柱。古人所说"长袖善舞""多财善贾"就是对占有材料并能灵活运用的生动比喻。

一篇文章的质量如何，首先取决于写作者掌握材料的多少和好坏，"巧妇难为无米之炊"就说明了这个道理。所以，写作前必须积累大量材料，运用多种方法，广泛收集生活、工作中的有用之材，选择能揭示事物本质特征、反映社会生活主流、合乎逻辑的材料，将它们运用于应用文写作中。

2. 主题

主题是集中体现写作意图、表明写作者的写作观点与意向、构成文章思想核心的内容。在叙事性文章中，"主题"被称为主旨、中心思想；在说明性文章中，"主题"被称为说明中心；在议论性文章中，"主题"被称为中心论点；在应用性文章中，"主题"被称为基本思想。应用文的主题是指写作者在说明问题、发表主张或反映生活现象时，通过文章内容所表达出来的基本意见或中心思想。应用文写作的主题要单纯、重点要突出。

3. 结构

结构即文章的内部构造，是写作者的思路在文章中的反映。文章的结构包括两个方面，表现为思维形式的叫作逻辑结构，表现为语言形式的叫作篇章结构。常见的结构形式有以下两种。

（1）纵式结构。纵式结构即按照事物产生、发展、变化的过程或时间先后顺序写作，这种结构能够形象地再现事物的原貌，写出的文章可读性较强。

（2）横式结构。横式结构根据内容的特点和矛盾的不同性质，按事物的逻辑关系进行分类、归纳，把主体分成几个部分，然后把材料横向排列起来，逐一阐述，最后从总的方面集中说明一个中心思想。

4. 语言

"工欲善其事，必先利其器。"写作语言是写作者和读者交流思想感情的媒介，任何文章都要以语言作为表情达意的工具，没有好的语言，再好的思想、材料、结构都无法呈现。文章思想内容的多种表达方式，决定了文章具有不同的体裁形式和不同的语体风格。

5. 表达方式

文章写作的表达方式主要有叙述、描写、抒情、说明、议论。这五种表达方式各具特点，在写作中有时单独使用，有时又是多种表达方式的综合运用。应用文写作常用的表达方式主要有叙述、说明、议论。

（1）叙述。应用文写作的叙述方式与一般文章写作的叙述方式基本相同，包括顺叙、倒叙、插叙、补叙等。但应用文写作中的叙述，要求写作者有一个立足点和观察点，要么从自身出发，要么从与叙述对象平行的地位出发。

（2）说明。说明是对事物、事理和人物所作的具体的、概括的介绍或解说。常用的说明方式有定义说明和诠释说明，具体可以细分为概貌说明、程序说明、局部说明、举例说明、比较说明、数据与图表说明等。

（3）议论。议论是写作者通过事实材料及逻辑推理阐明道理，表明自己的见解、主张，以及驳斥别人观点的一种表达方式。

二、应用文写作的要求

具体而言，应用文写作有以下几点要求。

（1）材料真实。文学作品的取材，可以"上下几千年，纵横数万里"，而应用文写作的取材则十分严谨，主要是现实的、与本部门有关的材料，必须绝对真实，不允许有半点儿虚构，时间、地点、顺序及细枝末节等都不能有所谓的"合理想象"。只有保证材料绝对真实，写出的应用文才有说服力。

（2）主题专一。一般来说，应用文要求一文一事，即使是较长的文件，也要求只有一个中心思想。这样做可以突出重点，防止行文关系混乱，提高工作效率，有利于问题的解决。应用文写作要紧扣主题，围绕中心，不蔓不枝，一气贯通，防止多中心，防止下笔千言、离题万里。

（3）结构严谨。结构严谨是指结构要完整，简单明了，层次清楚。写作者在动笔前要先构思，分析、归纳零散的材料，根据内容与需要，把它们组织成一个有机的整体。应用文写作要做到既有"断"，又有"联"，分之为一段，合则为全篇。

（4）用语庄重。用语庄重是指应用文的内容与功能的特点，决定了应用文写作的语言表达要有分寸，要做到准确、鲜明、庄重、典雅、朴实。应用文写作要用最少的文字，准确、严谨地表达丰富的内容。

要点总结

表 1.2 列举了应用文写作中的常用词语。

表 1.2　应用文写作中的常用词语

用语名称	作用	常用模式化词语
领起语	用于文章开头或段首	"为了""根据""依据""遵照""按照""兹有""兹就""……收悉"
过渡语	用于段落层次间承上启下	"为此""现就……如下""现将……如下""综上所述""总之"
结尾语	用于应用文结尾，表收束	"当否，请批示""特此通知""特此报告""此复""函复为盼"
称谓语	表示第一、二、三人称称谓	"我""我们""本""贵""你""你们""该""他""他们"
表态语	表明对事件的态度	"不得""禁止""同意""暂缓实行""可行"

【感悟升华】

一、判断题（对的打"√"，错的打"×"）

1. 材料是形成主题的基础，是构成文章的要素之一，又是表现主题的支柱。（　　）

2. 在应用性文章中，"主题"通常被称为说明中心。（　　）

3. 应用文写作常用的表达方式主要有叙述、说明、议论。（　　）

4. 在议论性文章中，"主题"通常被称为基本思想。（　　）

文化长廊
《陈情表》赏析

二、实践训练

1. 画出你所学过的写作知识图。（建议：可以以知识树的形式再现）

2. 结合案例 1.2.1 这篇讲话稿完成下列训练。

（1）文章的主题是如何体现的？

（2）作者是如何将材料恰当地运用到文章之中的？

（3）本文运用了哪些表达方式？

（4）本文的语言表达有何特色？

案例 1.2.1

感恩生命（节选，有改动）
于 丹

清明节了，这是一个慎终追远的节日。清明是一个多好听的名字啊，它清亮，它明朗。我们心中的那种怀念，我希望它不是沉重的，而是悠扬的，因为我们有感恩。

我说感恩生命，其实是因为在这个节日里，我想得最多的人是我的父亲。在一个男人的眼中，父亲如山，父亲是他的楷模，是他的榜样，是他作为男子汉的一种信念。但是在一个女儿的眼中，可以说一个女人，她对世界对男人的爱，很多最初的信念来自父亲。对女人来讲，她是否信任爱情，信任婚姻，信任人性，往往不是从她的初恋开始，而是从她的父亲开始，因为这是她生命成长中第一个认识的男人，这个人负责任吗？这个人会有一种温柔之爱吗？我要在说感恩之前，先说一个父亲，在一个任性的、娇惯的女儿的成长里，他先要忍受多少误读。我误读了我父亲很多年，甚至直到他辞世。我小时候对父亲是什么感觉呢？他严厉，因为小的时候最先让我背诗词的人是他，教我古文的人是他，我最早接触《论语》《庄子》也是因为他。后来我上了大学，读的是中文系，我上了研究生，读的是古典文学。父亲会给我改论文，他改论文的时候我心里很烦，因为他不是在给你改这些文辞的意思而已，他还会说你哪个字倒插笔了，我当时觉得他很迂阔，按他这种改法，每个标点符号要改，哪个字间架结构不好，他要给你写一个，哪个字看出倒插笔了，他会给你重新写出一个笔画来，这多烦呀！我从来没想过他烦不烦，我所有的论文都是他这样改过的，但他给我的印象还是严厉。

所以其实成长是一件很有意思的事情，过去说"不养儿不知父母恩"，我生命中很大的遗憾就是我的父亲没来得及看见我的孩子。我自己有孩子以后我才知道，我那个时候对父亲很不屑，因为他颤颤巍巍拄着拐杖走在街上，总去逗别人怀里的孩子，我总觉得很烦，我老拉着他快点走，我说你别去打搅人家，他就张着嘴呵呵地拉着人家孩子的小手不放。我真的觉得很遗憾，他没有看见我的孩子。所以我说清明这个节日，我希望在这一天更懂得我的父亲。

所以我要说，在清明这一天感恩生命。我们感恩父母，感恩世界，感恩这片土地，感恩我们相遇的每一个人，让这种感恩去多理解我们的父亲，理解今天还来得及懂得的人，理解我们自己的心，理解未来。

第三节 经济应用文写作基础

【学习目标】

知识目标：了解经济应用文的内涵、特点、种类和作用，掌握经济应用文的写作要求。
能力目标：学会经济应用文写作在实践中的运用。

在经济专业领域内，为了处理业务、传递信息、研究对策、指导工作，相关工作人员经常要使用经济文书，以反映经济活动内容，直接为经济工作服务，这也成了经济管理活动的重要手段。

经济应用文是应用文的重要组成部分。它是单位或个人在经济活动和社会经济交往中处理经济事务，反映经济情况，研究、解决实际经济问题的具有特定格式的专业应用文体。

经济应用文写作是一种以人的经济活动为反映对象，以语言文字为表达手段，通过文章的形式，以反映经济生活、推动社会经济发展、进行信息传播为目的的社会实践活动。

一、经济应用文的特点

经济应用文是应用文的一个分支，它除了具有应用文的一般特点，如行业性、实用性、时效性、程式性等之外，还有其自身的特点。

（1）内容的专业性。作为经济专业领域的专用文体，经济应用文是以国家的有关经济政策、法规作指导，以反映会计、财税、金融、审计、物流、营销等经济信息和经济活动为主要内容的文体。因此，内容的专业性是经济应用文的本质特点。拥有经济方面的专业知识以及经济专业领域的实践经验，对于经济应用文的写作来说是至关重要的。

（2）情况的真实性。经济应用文是为经济管理服务的，也是为特定的经济关系服务的，所以它必须客观真实地反映经济情况，总结分析经济活动规律或预测经济发展趋势。这就要求资料是可靠的，分析的态度是科学的，反映的情况是真实客观的。

（3）数据的充足性。经济应用文反映经济活动，自然离不开数据。在经济活动过程中，数据占有举足轻重的地位。各种经济运行指标都是靠数据得以展现、确认的。没有充足的数据，经济应用文就体现不出经济运行的全过程，也无从反映经济活动的本质规律。

（4）语言的规范性。经济应用文中常常会用到财经专业术语，如成本、核算、预算、决算、信贷、利率、汇率、银根、贴现等，这些都属于经济专业领域的特定概念，运用得当，可以使语义表达准确、明了；同时从写作的角度看，不同文种也有自己的写作术语，如合同中的"标的"、广告中的"诉求重点"、产品说明书中的"附文"等。

二、经济应用文的种类

经济应用文是专门用于开展经济活动或传递经济信息的。常见的经济应用文有以下种类。

（1）报告类，如市场调查报告、可行性研究报告、财经工作总结等。

（2）契约类，如经济合同、投标书、招标书、意向书、委托书等。

（3）策划类，如市场营销策划书、计划书等。

（4）沟通类，如广告文案、商业海报、产品说明书、商务信函等。

> **名言录**
>
> 学会经济应用文写作，就是学会了处理商务世界中的问题。
>
> ——佚名

三、经济应用文的作用

经济应用文在现代职场上发挥着巨大的作用，具体表现在以下几个方面。

（1）沟通情况，提供信息。社会经济的发展与各种经济信息的快速传播是分不开的，及时地掌握经济信息，就能够在激烈的市场竞争中掌握主动权。经济应用文作为经济信息的主要载体之一，对经济的发展起到了很大的促进作用。

（2）协议约定，留存凭证。各种经济合同、协议等以文字形式固定下来，签署生效后，就对当事人的经济行为具有约束力。经济应用文作为一种严肃的凭证，不仅是开展工作的依据，而且是日后核算的凭据，具有备查作用。

（3）分析研究，总结规律。对经济专业领域的某些问题和现象进行分析研究，从中发现症结，把握关键，总结规律，找出对策，借以指导经济工作，这也是经济应用文的重要作用之一。

四、经济应用文的写作要求

经济应用文的写作不仅仅体现在一个字、一个词、一句话、一篇文章上，更体现在学会做人、学会生活、学会沟通上。其写作具体要求如下。

（1）要有较高的理论水平。经济应用文的写作者要认真学习党和国家的有关方针、政策，不断提高自身的思想和理论素养，拥有观察、分析、解决问题的能力，做到认识清、反应快、判断准。这是写好经济应用文的前提。

（2）要有较高的业务水平。经济应用文的内容涉及财经业务活动的诸多方面，有较强的学科性。写作者需要掌握专业理论，有扎实的专业知识，特别是对本系统、本部门的业务知识要了如指掌，做一个精通业务的内行，这样才有可能达到意到笔随的境界。

（3）要有扎实的写作基础。写作者要以应用文写作基础知识、熟练的写作技能为铺垫，不断地提高写作水平，培养与写作有关的各种能力，如调查取材能力、逻辑思维能力、结构安排能力、语言表达能力、文章修改能力等。既有"外功"，又有"内功"，写作者才有可能写好经济应用文。

（4）掌握写作的惯用格式。应用文不同的文种有约定俗成的惯用格式，这些格式一般来说是相对固定的。恰当的语言表达方式对于经济应用文的写作来讲也是至关重要的。

【感悟升华】

一、填空题

1. 经济应用文的特点包括（　　　）、（　　　）、（　　　）、（　　　）。
2. 常见的经济应用文可以分成四大类，包括（　　　）、（　　　）、（　　　）、（　　　）。
3. 经济应用文的写作要求有（　　　）、（　　　）、（　　　）、（　　　）。

二、判断题（对的打"√"，错的打"×"）

1. 经济应用文不属于应用文写作范畴。（　　　）
2. 经济应用文写作既是一种经济活动，也是一种写作实践活动。（　　　）
3. 经济应用文具有协议约定、留存凭证的作用。（　　　）
4. 经济应用文写作只需要掌握写作知识即可。（　　　）

三、实践训练

分析、鉴赏一篇你所熟悉的经济应用文。题目自拟，内容、字数不限。

在就业市场找到一份可以实现自我、与自己兴趣相符、有满意收入的工作，是许多人梦寐以求的。求职信、个人简历是打开就业大门的钥匙，书面自我介绍更是自我推销的利器。

第二章 职场文书写作

第一节 自 我 介 绍

【学习目标】

知识目标：了解首因效应在自我介绍中的重要性，了解自我介绍的种类。
能力目标：能抓住自我介绍的时机，掌握自我介绍的技巧和方法，拥有与人沟通的能力。

古希腊德尔菲神庙的门楣上刻着这样一句话："认识你自己。"认识自己并不像照镜子那样简单，因为我们没有一面可以照到心灵的镜子。要想认识自己，需要自我反省，也就是既要把自己当作审查者，又要把自己当作被审查者。只有认识自己，才能内心饱满、圆融地介绍自己。

案例 2.1.1

本书作者的自我介绍

尊敬的各位同学：

大家好！

首先，请允许我作一下自我介绍。我是商学院负责教授"大学语文""口才交际礼仪与形象设计"课程的教师，我叫张立华。说到我的名字，还真有些历史渊源。南北朝时期，南朝陈后主陈叔宝的一位妃子就叫张丽华。她是一个旷世美女，南京市玄武湖畔的"胭脂井"就因她而得名。陈后主的《玉树后庭花》便是为她而作。杜牧在《泊秦淮》中还运用了"后庭花"这一典故。人们给予张丽华的最终结论是"红颜祸水"，可是生活中的我与她截然不同。

王国维在《人间词话》中写道："古今成大事业、大学问者，必经过三种之境界：昨夜西风凋碧树，独上高楼，望尽天涯路；衣带渐宽终不悔，为伊消得人憔悴；众里寻他千百度，蓦然回首，那人却在灯火阑珊处。"这是我人生的信条，我想把它送给同学们。在我的精神和知识极度空虚匮乏的时候，我再一次走进校园，于是今天我与同学们有着同样的身份，体会着做学生的幸福和快乐。人说"桃李不言，下自成蹊"，这是我人生中的一大快慰。不管是做教师还是当学生，我都喜欢在这一过程中走进"有我之境"和"无我之境"，体会什么叫"泪眼问花花不语，乱红飞过秋千去"，寻找"采菊东篱下，悠然见南山"的意境。唐朝司空图在《二十四诗品•豪放》中说："天风浪浪，海山苍苍。真力弥满，万象在旁。"所以我认为不管是学习还是生活，都要入情、入境，更要合情、合理。

我一直信奉培根所说的"知识就是力量"，但现实要求我们把知识转化成能力。什么决定一个学生在大学时代的沉浮？我想是目标，是动机。所以同学们迈入大学时应有明确的目标，如果没有明确的目标，那么沉沦也就开始了。这就要求我们学会认知，学会做事，学会做人。

佛教禅宗有这样几句箴言："见山是山，见水是水；见山不是山，见水不是水；见山还是山，见水还是水。"我希望同学们在完成学业走出校门的时候，能够悟出其中的道理，做一个"腹有诗书气自华"的人。

天空没有痕迹，但鸟儿已经飞过。让我们以此来共勉吧！

自我介绍，作为社交活动中给人的第一印象，常会产生微妙的影响。好的自我介绍是驰骋社交场合的一张漂亮的通行证。苏轼曾写道："水光潋滟晴方好，山色空蒙雨亦奇。欲把西湖比西子，淡妆浓抹总相宜。"自我介绍就要"淡妆浓抹总相宜"。每个人都有自己鲜明的特色、个性和气质，要想准确无误地介绍自己并不容易。

一、注重首因效应

"首因效应"是美国心理学家洛钦斯提出的,指交往双方形成的第一印象对今后交往关系的影响。"首因效应"是决定一个人形象好坏的关键所在。

心理学家做过一个实验,分别让以下几个人站在马路边搭车:一位是戴金丝眼镜、手持文件夹的青年学者;一位是打扮时尚的漂亮女郎;一位是挎着菜篮子、脸色疲惫的中年妇女;还有一位是留着怪异发型、穿着邋遢的男青年。结果显示:漂亮女郎、青年学者搭车的成功率很高,中年妇女稍微困难一些,那个男青年则很难搭到车。

从这个实验中我们不难看出,不同的仪表代表了不同类型的人,他们会面临不同的机遇和结果。

二、了解自我介绍的种类

> **名言录**
>
> 我见青山多妩媚,
> 料青山见我应如是。
>
> ——辛弃疾

按照不同的分类标准,自我介绍可进行如下划分。

1. 依据语言的使用形式划分

自我介绍依据语言的使用形式可分为口头和书面两种。

要想做好口头自我介绍需要做精心的准备,要提前打腹稿,同时还要考虑口头自我介绍时自己的言谈举止(如声调、态度、表情等)所展示的魅力,并考虑自我介绍的时间、地点、氛围等。

当需要比较全面地向用人单位或某种特殊场合的特殊群体介绍自己的时候,我们通常会使用书面自我介绍。书面自我介绍最忌讳平淡无奇,一定要写出自己的个性和特点,还要体现出文字功夫,尽量增加一些文学色彩,这样才能让自我介绍更加吸引人。

2. 依据介绍的内容划分

自我介绍依据介绍的内容可分为礼仪性自我介绍和自传性自我介绍两种。

礼仪性自我介绍是指在社交场合遇到并不熟悉的人,而根据场合、氛围有必要将自己介绍给大家的时候,以尊重为原则,正式且简单地介绍自己,话不需多,准确、有礼貌即可。偶尔的私人聚会只需礼节性地打个招呼,没有必要详细地介绍自己,若是对方对你有兴趣,他会表露出想要与你交往的意愿。

自传性自我介绍是指以众多事件为中心,突出个性特点,彰显人生全部意义和内涵的自我介绍。许多名人都写过带有自传性质的自我介绍,如许渊冲的《梦与真》、杨绛的《我们仨》等。其实,《鲁迅自传》《老舍自传》也属于自传形式的自我介绍。

三、抓住自我介绍的时机

抓住恰当的时机介绍自己很重要。恰当的时间、地点、场合、氛围会让自我介绍拥有天时地利人和,从而能达到更好的效果,给别人留下更好的印象。

(1)初次利用大众传媒向社会公众进行自我推荐、自我宣传时,如应试求学、应聘求职、演讲辩论、开会发言等。

(2)在大型的比较正式的场合,介绍自己以方便大家认识,显示对该活动的重视和尊重时,如新闻发布会、学术交流会、产品推介会、商务谈判等。

(3)在社交场合与不相识者相处,对方表现出对自己感兴趣或要求自己作自我介绍时,如婚礼、宴会、剪彩活动、欢迎仪式活动等;在出差、旅行途中,与他人不期而遇,并且有必要与之建立临时接触时。

(4)交往对象因为健忘而记不清自己,或担心这种情况出现时。

（5）前往陌生单位进行业务联系，或者拜访熟人遇到不相识者阻挡，以及对方不在而需要请不相识者代为转告时。

四、掌握自我介绍的技巧

及时进行自我介绍能体现出对对方的体贴和友好。自我介绍要视情形、场合而定，更要掌握相应的技巧。

1. 梳理自我，评价自我

认识自我，给自己一个准确的定位，对自己进行有意识的梳理，才能更好地介绍自己。我们通常可以采用以下方法加深对自我的了解。

（1）调查了解法。通过向父母、老师、同学、乡邻调查询问"我"过去的表现及对"我"的评价来了解自己。

（2）发散回忆法。从家庭、学校、社会等各个角度去回忆"我"在不同时期、不同方面的所作所为来了解自己。

（3）自我剖析法。通过分析自己过去的一言一行来剖析自己，如日记中的记载就是很好的素材，它能避免随岁月的流逝而产生的记忆失真。

（4）辩证思考法。用变化的眼光审视自己面向未来的发展优势，用辩证的态度来评价自己。

> **赏心悦目**
>
> 阅读下面的一段文字，体会孔子的自我介绍，谈谈你的感想。孔子说："吾十有五而志于学，三十而立，四十而不惑，五十而知天命，六十而耳顺，七十而从心所欲，不逾矩。"

2. 层次分明，详略得当

自我介绍的内容应合理有序，符合逻辑。口头自我介绍时要挑选对方最感兴趣、最想了解的内容，复杂的内容可以借助书面自我介绍来表达。

案例 2.1.2

大学里，丰富多彩的校园生活和井然有序的学习环境，使我得到不同程度的、多方面的锻炼和考验。为人正直是我做人的原则，沉着和冷静是我遇事的态度，广泛涉猎是我充实自己的方法，结交不同的朋友是我学会与人交往的关键。

点评： 本例中的自我介绍自然展开，逐步显露个人特点，层次分明，没有罗列感；详略得当，内容适中，介绍了听众所需要了解的信息。

3. 重点突出，个性鲜明

自我介绍要想做到重点突出、个性鲜明，可以选择以事件为中心，介绍足以表现个人情感、理念的事件，这样更能证明你在某些方面的与众不同，成为让人刮目相看的理由。

案例 2.1.3

我是一个乐观向上、对待工作充满热情、对未来有美好向往的年轻人。我喜欢参加各种文体活动，积极参加学校的新生入学接待工作，在校期间我还创办了经济论坛平台，喜欢和高素质、有思想、有实战经验的人一起学习交流。

点评： 这样的自我介绍话不多，但是个性很鲜明，也能让人从中领悟到其介绍的宗旨，做到了重点突出、个性鲜明。

4. 简洁明快，富有文采

无论是口头自我介绍还是书面自我介绍，最忌平淡无奇，要尽量使其具有文学色彩，做到生动而感人，让人回味无穷。

案例 2.1.4

我想我是一个比较独立的经济学家，研究理论是我分内的事，行动中更是要砥砺前行。所以我认为做事情要以李冰父子为榜样，能做一件事情就尽你的力量去做，这样会对未来有很大的贡献。正所谓"纸上得来终觉浅，绝知此事要躬行"。

点评：经济学家的自我介绍言简意赅，内容生动，感情真挚，富有感染力。

五、自我介绍的方法

自我介绍不仅仅是展示自己的手段，同时也是认识自我的手段。古人云："知人者智，自知者明。"自我介绍的方法有很多种，我们要依据不同的情境，选用不同的方法。

1. 基本信息介绍

把基本信息按部就班地介绍给他人，突出个性和自身特点及优势，这些特点和优势可以是你的学历、工作阅历、学术观点等，以加深别人对你的印象。

案例 2.1.5

厉以宁的自我介绍

1930 年 11 月 22 日我出生于江苏省南京市。1955 年毕业于北京大学经济系，然后留校任教。我当过资料员、助教、讲师、副教授、教授和博士生导师。我这一辈子都在北京大学，1985 年至 1992 年担任北京大学经济学院经济管理系主任，1993 年至 1994 年担任北京大学工商管理学院院长，1994 年至 2005 年担任北京大学光华管理学院院长。先后还承担了北京大学战略研究所、中国民生研究院学术委员会、中国企业改革与发展研究会的工作。我的理想是经世济民，社会繁荣，百姓安居。我个人认为，人民群众的认同感和风雨同舟感会给经济运行带来巨大力量……

点评：北大知名教授、中国著名经济学家厉以宁以自己的成长阅历作为切入点来介绍自己，让读者对自己有了全方位认识。

2. 角色定位

进行自我介绍时，首先要真正了解自己，找准自己的角色定位。作为一个人，一个社会人，尤其是一个职业人，我们必须学会不时地问一下自己"我是谁"。不管是定位过高，定位过低，还是角色错位，都会影响个人形象。

案例 2.1.6

我叫董宇辉，来自陕西偏僻、平凡、贫穷的农村。秦岭大山深处人的生活状态甚至和十几年前一样，我的童年就是那样度过的。在你没有看过更大的世界的时候，你就没有那么多的欲望，因此也不会产生那么多的痛苦，我的童年非常快乐。掏鸟窝，下河摸鱼。但凡回家能挨打的事我是一件都没少干……

点评：本例中董宇辉交代了自己的出身、家境、经历和成长环境，真实、自然、坦诚，语言很有亲和力。

3. 自嘲容貌

俗话说，"人不可貌相，海水不可斗量"。进行自我介绍时，我们可以借助自嘲容貌来活跃现场气氛，彰显自信与智慧。介绍自己时勇于自嘲、善于自嘲，既是一个人自信与宽容的表现，又是一种智慧和幽默的艺术。

4. 借助地域文化

地域常常与文化相关联。地域文化专指特定区域源远流长、独具特色、传承至今，且仍在发挥作用的文化传统。进行自我介绍时，巧妙地借助地域文化，会使你的自我介绍更加生动且富有文化底蕴。

有一位来自陕西关中地区的大学生在招新会上这样介绍自己："我叫秦嬴，生长在历史悠久、有着丰富民俗文化特色的地方，我们那里面条像腰带，锅盔像锅盖，帕帕头上戴，房子半边盖，姑娘不对外，唱戏吼起来。大家猜猜我来自哪里啊？"这种借助地域文化来介绍自己的方式常能给人留下深刻的印象。

案例 2.1.7

我是来自山东青岛的学生。俗语说"靠山吃山，靠海吃海"，可是我一点儿都不喜欢吃海产品，我最喜欢的是妈妈做的小鸡炖蘑菇，以及我家鸡下的蛋。到学校后，我发现学校的水没有我家的好喝，还发现学校食堂的小鸡炖蘑菇不如我妈妈做得好吃，就连鸡蛋也没有我家的有味儿。所以我想说真是"一方水土养一方鸡"啊。

点评：本例中这位学生在借助地域文化介绍自己的同时，表达了一种思乡之情，让人听后难忘，给人留下了深刻的印象。

5. 示弱揭短

所谓的示弱揭短，就是用揭示自己身上的缺点或弱点的方式来介绍自己，也可以是对自身的一种反讽，以让别人更加了解自己。

案例 2.1.8

大家好，我叫刘果果，就是老刘家的一个果。在我之前，我的母亲一连生了三个姐姐，到我出生终于结了一个不一样的果。可惜我这颗果子又瘦又矮，常常被人嘲笑为歪瓜裂枣，但我要告诉大家的是，我可是跆拳道高手啊！

点评：本例中这位同学对自己"示弱揭短"，以自己之口揭自己之"短"，在诙谐、幽默中向他人介绍了自己。

案例 2.1.9

已故台湾作家林清玄在一次演讲中这样介绍自己。我站着演讲，这样你们可以看到我英俊的样子！我刚才进来的时候听到一位同学说："林清玄怎么长成这个样子？"我告诉各位同学，如果你们坚持写作，到 50 岁还能像我这样英俊就不错了。还有一次演讲结束，有一位漂亮女孩塞给我一封信，我当时很兴奋，回酒店打开一看："亲爱的林老师，我觉得您像周星驰电影里的火云邪神。"

点评：作者在"示弱揭短"中介绍自己，更显其强大、幽默风趣。

 文化长廊

自我介绍礼仪小常识

1. 介绍时应先向对方点头致意，得到回应后再向对方介绍自己的姓名、身份、单位等。

2．介绍时尽量说与工作有关的话题，要学会吸引对方的注意力，不影响对方的兴致，不刻意打断对方的提问。

3．介绍时要长话短说，并区分情况，若只是偶然遇见，礼节性地打个招呼即可。

4．求职时的自我介绍比证件、名片之类的东西更重要，它可以达到"先声夺人"的效果。

如何推销自己

在如今竞争激烈的时代，每一个人除了需要具有专业知识、专业技能外，要想成功地推销自己，还应该掌握一些推销自己的技巧和原则。这些技巧、原则经过自己的努力学习是可以掌握的，这也是职场人际沟通中必备的素质。

在竞争激烈的环境下推销自己，勇气是获得成功不可缺少的素质，这一点尤为重要。善于从别人的角度来考虑问题，也是成功的必要条件。不管从事何种工作，总要与人交流、沟通，所以与人说话的方式、语音、语调就显得很重要了。叙事生动、坚定自信会让人觉得你充满激情，具有进取精神。怯懦或不自信的声音则会让人觉得你很软弱，当然你所做出的任何承诺都将难以令人信服。工作中充满热情，对大家尤其是对新入职的年轻人来说非常重要，也最为宝贵，这种热情会感染身边的人甚至是潜在的客户，让他人对你充满期待。

努力工作是将自己的能力转化为财富的重要途径。如果不付诸行动，知识、技能、勇气、自信、热情都将化为乌有。实际上，你获得财富的数额和你所付出的努力往往是成正比的。

【感悟升华】

一、情境模拟

结合你的专业特点，模拟某一用人单位招聘员工，你和你的同学前去应聘，面对考官进行自我介绍。请你生动形象地作自我介绍，努力使大家记住你。

二、实践训练

1．借助网络，搜集运用"基本信息介绍""角色定位""自嘲容貌""借助地域文化""示弱揭短"等方法作自我介绍的案例，点评这些案例的自我介绍技巧，并学以致用。

2．根据个人爱好、特点，分别选择不同的自我介绍方法，写一段自我介绍。

3．明代吴承恩的《西游记》写了唐僧师徒四人去往西天取经的故事。在书中，作者把慈悲执着的唐僧、除恶务尽的孙悟空、懒惰贪吃的猪八戒、任劳任怨的沙和尚塑造得栩栩如生，给人留下了深刻的印象。假设这四个人要找工作，现分别有公司经理、办公室主任、企划部主任、公司业务员等岗位，请你选出其中一人，以其名义写一篇求职应聘时的自我介绍，字数在200字左右。

赏心悦目

扫描二维码，学习更多自我介绍的方法和技巧，结合自身特点尝试用多种方法介绍自己。

自我介绍个性化组合拳

第二节　个人简历

【学习目标】

知识目标：了解个人简历的种类和构成要素；掌握个人简历的写作技巧。

能力目标：学会制作个人简历；学会推销自己。

个人简历是人事档案的重要组成部分，关乎个人的前途与发展，是对一个人整体形象的概括。借助简历，用人单位可以快速地了解一个人的学习、成长以及工作经历。

案例 2.2.1

许渊冲简历

许渊冲，1921年出生于江西南昌，就读于西南联大期间曾在飞虎队任翻译，1943年毕业于西南联大外文系，1944年考入清华大学研究院外国文学研究所，1950年获得巴黎大学文学研究文凭，从此致力于翻译工作。

1999年被提名为诺贝尔文学奖候选人。

2010年获中国翻译协会"翻译文化终身成就奖"。

2014年获国际翻译界最高奖项之一的"北极光"杰出文学翻译奖。

先后在国内外出版了《诗经》《楚辞》《李白诗选》《西厢记》《莎士比亚选集》《红与黑》《包法利夫人》《追忆似水年华》《约翰·克里斯托夫》等中、英、法文学作品120余部，被誉为"书销中外百余部、诗译英法唯一人"。

致力于将中国诗词译成英法韵文，把中国的东方美传递到西方，甚至全世界。94岁动笔，用一年时间，于2017年完成自传《梦与真》。

标题：人名、文种。这是以第三人称为成功人士写的简历。

前言：高度概括个人经历、基本情况，定位准确。

主体：重点概括生活、工作经历，揭示其人生中的重要事项。

结尾：交代工作近况。

个人简历，也称个人履历，是对自己的生活、学习、工作、经历、优点、成就，以及有关的个人材料所进行的简洁概述，也是求职者在求职应聘时向用人单位提供的不可缺少的一份重要资料。简历就像一张名片，能让用人单位快速地对你有所了解。

一、拓展广度与厚度

一个人的眼睛有两种功能：一种功能是向外看，另一种功能是向内看。这提醒我们在成长过程中要无限宽广地拓展自己的视野，无限深刻地发现自己的内心，拓展自己人生的广度与厚度。

拓展人生厚度的方法之一就是勤奋，要注重知识的积累，广泛涉猎生活，使自身阅历广博，实现丰富多彩的人生。正所谓水滴石穿，读万卷书，行万里路，我们应从当下做起。

二、设计适合自己的个人简历

设计适合自己的个人简历是指依据个人专业、性格特点，以及所要应聘的单位来决定采取何种形式、何种方法制作个人简历。

1. 个人简历的种类

个人简历多种多样，可以从不同角度进行分类：从内容看，个人简历可以分为时间顺序型、职业技能型、复合型；从形式看，个人简历可以分为条文形式、表格形式、条文+表格形式。

案例 2.2.2

点评：二维码中所示是一份表格形式的个人简历，适用于求职时附在求职信的后面，让用人单位对求职者有一个快速、全面的了解。该简历明确写出了个人的教育背景、获奖情况、专业技能、工作经历、求职意向等，内容重点突出，表达准确、清楚，版面设计简洁，有效传递了信息。

2. 个人简历的构成要素

一般而言，个人简历由以下几个要素构成。

（1）标题。个人简历的标题可以直接写成"个人简历"，也可以在简历之前冠以姓名和称谓。

（2）个人基本信息。个人基本信息是指对求职者的基本情况作简要介绍，包括姓名、年龄（出生年月）、性别、籍贯、民族、学历、学位、学校、专业、身高、毕业时间、政治面貌、职务、职称、兴趣、爱好等。

（3）学习经历。学习经历主要介绍求职者的受教育程度，可以以时间为顺序，尤其要体现与自己将要应聘的工作相关的经历或学习过程，包括所学专业课程、自修课程等相关知识。

（4）实践经验。实践经验是求职者职业精神、沟通能力、团队合作意识等的综合表现，是用人单位录用一个人时最看重的要素之一。

（5）求职意向和自我评价。求职意向和自我评价是指求职者结合自身特点，针对所要应聘的工作职位表明态度、看法，以利于双方达成共识。

（6）证明材料。证明材料包括毕业文凭、专家推荐材料、专业技能等级证书、所获得的各种奖励证书和荣誉证书等。这一项是证明求职者综合素质与能力的第一手佐证材料。它能让求职者的求职请求变得更加有说服力。

（7）联系方式。联系方式要便于用人单位与求职者联络。

案例 2.2.3

个人简历

姓　　名：李　苹	性　　别：女
出生年月：20××年 6 月 25 日	民　　族：汉
籍　　贯：广东	学　　历：本科
政治面貌：中国共产党党员	健康状况：好

学习经历：20××年 9 月—20××年 6 月　就读于××市实验高中
　　　　　　20××年 9 月—20××年 6 月　就读于××财经大学商学院

专业课程：消费心理学、市场营销学、经济法、商务谈判等

任职情况：校园超市经理

获奖情况：多次获市级、校级三好学生荣誉证书

社会实践：品牌导购、农博会产品介绍员

语言水平：大学英语四级、普通话水平测试一级乙等

信息技术：能熟练使用 Word、Excel 等常用的办公软件

特长爱好：喜欢演讲、主持，擅长人际沟通、推销商品

求职意向：营销员或业务经理助理

通信地址：××市××路××号	邮政编码：××××××
电　　话：××××××××	电子邮箱：××××××

标题： 个人简历。这是一份条文形式的个人简历，突出了个人优势，条理清晰，表意明确，语言简洁，重点突出，富有诚意。

前言： 交代个人基本信息。

主体： 交代学习经历、教育背景、实践经验、与专业相关的技能与爱好，表明求职意向。

结尾： 交代联系方式。

三、个人简历的写作技巧

个人简历看似简单，但我们在写作时还需讲究以下几个技巧。

（1）彰显个性，独具魅力。简历

 要点总结

前言：个人基本信息（包括最高学历、毕业学校等）。

主体：学习经历（包括教育背景、能力专长、专业认证、实践经历等）、求职意向（适合自己的工作）。

结尾：联系方式。

犹如个人素描，少一笔难尽翔实，多一笔会显累赘烦琐，最好能一语中的。

（2）针对单位，有所侧重。这是指求职者的专业特点、实践经验、个人阅历越是符合用人单位的岗位需求，越能够被用人单位看好。所以我们在写作个人简历时，要考虑从用人单位的特点出发，从应聘岗位的需求出发，从自身专业特点出发，做到有针对性。

（3）扬长避短，平中见奇。无论是专业特点还是兴趣爱好，每个人肯定都是尺有所短、寸有所长。那么我们在写作个人简历时，就要突出自己的专业优势，有选择地介绍自己的特长，以真实为前提，为求职目标服务。

（4）突出"简"字，清晰醒目。个人简历从内容到形式都要求清晰醒目，简洁明了。无论是综合素质的体现，还是专业特长的介绍，都要重点突出、言简意赅。

 文化长廊

章太炎的"另类简历"

清朝末年，章太炎流亡日本期间，有日本警察到他的住所查户口。在被要求填写登记表时，章太炎如此填写了信息：职业——圣人，出身——私生子，年龄——万寿无疆。

这篇"另类简历"大胆幽默，生动体现了章太炎特立独行、桀骜不驯的个性特点，令人忍俊不禁。

【感悟升华】

一、讨论题

1. 个人简历是由哪些要素构成的？

2. 个人简历的写作有哪些技巧？

二、实践训练

1. 阅读案例 2.2.4 中的重要信息，结合网络信息查询，将其归纳整理为一份个人简历。

案例 2.2.4

曾任新东方英语教师的董宇辉，2021 年 12 月成为东方甄选直播间主播。2022 年，以董宇辉为代表的新东方老师，凭借中英文双语教学式带货，同时覆盖地理、历史、文学、音乐等知识内容，让东方甄选直播间成功出圈。董宇辉老师也曾多次接受央视网《云顶对话》《中国青年》等访谈，并参加中华全国青年联合会主办的"一带一路"美丽乡村国际青年论坛等活动。董老师的精彩言论中满载春夏秋冬的充盈储备，写满唐诗宋词的诗情画意，而又蕴含启人深思的人生哲理。这些都离不开他对读书的深刻理解，对人生的深情感悟。

2. 依据所学专业特点，为自己设计一份个人简历。

第三节　求　职　信

【学习目标】

知识目标：了解求职信的结构，明确写作求职信前应做的准备。

能力目标：掌握写作求职信的技巧及与人沟通、交往的能力。

案例 2.3.1

求　职　信

尊敬的××公司领导：

　　您好！

　　非常荣幸能在××网上看到贵公司拓展业务、广纳贤能的招聘广告。本人欲应聘市场营销部营销经理一职，希望我的求职信能成为我与贵公司沟通的桥梁，让我早日成为贵公司的一员。现将我的个人情况介绍如下。

　　我是一名即将毕业的大学生，所学专业是市场营销。大学期间，凭着农家孩子特有的坚韧和执着，我积累了丰富的知识，掌握了扎实的专业技能，商务英语、消费心理学、计算机技术等方面的技能尤为突出。目前我顺利完成了学业，成绩优异，已考取市场营销师资格证，获得了大学英语四级证书、全国计算机等级考试二级证书，并多次获得国家励志奖学金。

　　在大学期间，我多次参加社会实践活动，曾经在多个大型商场从事销售工作，也借助网络平台直播带货，参与"双十一"促销活动策划，获得了公司经理的好评。这些社会实践活动巩固了我所学的专业知识，使我积累了丰富的经验。我真心希望能有机会参与贵公司的营销工作。

　　年轻而富有朝气是我的特点，"以诚待人、以理服人、以德感人"是我的品格。自信而不狂傲，稳重但又热情。我性格开朗，爱好广泛，班长这份工作让我拥有了责任感，凡事勇于担当，提高了组织协调能力，增强了合作创新意识。如果这次我有幸应聘上营销经理，我一定能在工作中与同事们融洽相处，营造愉快而高效的工作氛围。

　　"良禽择木而栖！"贵公司良好的企业形象、出色的销售业绩、广阔的发展前景、科学的管理模式及合理的用人机制深深地吸引了我。

　　"长风破浪会有时，直挂云帆济沧海。"我真诚地希望能成为贵公司的得力助手，为贵公司的发展添砖加瓦。更愿我成功的路上有您的鞭策与鼓励，我将以兢兢业业的工作态度来回报知遇之恩。期待与您相见的机会！

　　祝贵公司事业蒸蒸日上！

　　此致

敬礼！

李　伟
20××年×月×日

附　　　件：三好学生证书、全国计算机等级考试二级证书、营销师资格证书

手　　　机：×××××××××

邮　　　箱：×××××××××

住　　　址：××××××××××××

侧栏批注：

标题：简洁、醒目。

称呼、问候语。

前言：讲述获得招聘信息的渠道，表达求职愿望。

主体：个人基本情况、学历、专业、技能等。

社会实践经验、创新意识。

阐明自己的人生观、价值观，体现自己的团队合作能力、与人沟通的能力。

结尾：再次表达强烈的求职愿望，希望能获得面试机会。

祝颂语。

礼貌用语。

落款：署名、日期。

附件：与求职相关的能力、荣誉证明。

联系方式：便于双方沟通。

一、知己知彼，百战不殆

　　法国思想家伏尔泰说过："书信是生命的慰藉。"求职信对于求职者来说是为谋求某一职务，向用人单位或单位领导陈述自己的经历、学识、才干，向用人单位推销自我，表达求职愿望，陈述求职理由，提出求职要求的一种书信。

　　求职信具有自荐性、针对性、独特性的特点。求职者要勇于推荐自己，寻求适合自己的

岗位，写出与众不同的求职信。求职者只有做到知己知彼，才有可能百战不殆。

怎样才能成功地推销自己呢？我们认为应该做好以下三个方面的工作。

（1）了解你是谁，要找什么样的工作。首先要做到自我了解，给自己一个准确的定位；然后要让用人单位了解你是谁，为什么你就是这一份工作最合适的人选。这就要求求职者说明自己的基本情况、所在学校和所学专业，如"我是××职业技术学院电子商务专业应届毕业生"。

（2）了解用人单位，表明你对单位的认识。首先，你必须对该行业、单位有一定的了解，了解它的过去、现在，预测它的未来。在求职信中归纳总结对该单位的认识和了解，列举该单位较新的、重大的发展，谈谈自己独特而新颖的见解，让招聘人员感受到你对单位颇有了解和认识，给他们留下好的印象。

（3）争取面试机会。要想求得这一职位，一定要先获得面试的机会。在求职信中，求职者一定要强调对该职位的强烈兴趣和想与用人单位进一步接洽的愿望，让他们安排一次面试，表示你会主动再与他们联系，而且渴望收到他们的回复。与此同时，还要详细告知用人单位自己的联系方式，便于他们随时联系到你。

二、内容丰富，形式完美

求职信的结构形式相对固定，但内容丰富与否却因人而异。

1. 标题、称呼、问候语

在一篇文档中，标题处于第二行的中间，即标题上、下各空一行。鲁迅先生认为，这样的作文格式给人以天宽地阔、眉清目秀的感觉。标题中需写明"求职信"三个字。

称呼是对读信人的称谓。求职信通常要顶格写明用人单位负责人的姓，后面加上职务，如"尊敬的××经理"。如果不了解用人单位负责人及其具体职务，可以统称为"尊敬的××负责人"，称呼后另起一行空两格写"您好!"。

2. 正文

正文是求职信写作的主要内容，它包括前言、主体、结尾。

（1）前言，主要写求职的缘起，就是求职者获得招聘信息的渠道，包括网络、报纸、人才市场发布的相关信息，或者经人介绍等。这部分需明确表达自己的求职目标，即要应聘什么单位的什么职位。

（2）主体，就是针对用人单位给出的招聘条件，介绍自身符合该职位要求的条件，向用人单位展示自己的能力与才华。这部分需重点介绍自己在校期间所学的专业知识，拥有的专业技能，积累的实践经验，具备的沟通能力、创新意识、团队合作精神，以及个人的爱好和特长等，当然最好能与所应聘的职位相关。

（3）结尾，要再次表达自己对所应聘职位的喜爱之情及获得该职位的强烈愿望，期盼获得面试机会，以引起用人单位的高度关注。

> **要点总结**
>
> 前言：求职的缘起，求职愿望。
>
> 主体：个人基本情况，详细介绍学历、专业、技能、社会实践经验等。
>
> 结尾：再次表达强烈的求职愿望，希望获得面试的机会。

3. 祝颂语、落款

祝颂语通常写"祝身体健康，事业有成"或"祝事业蒸蒸日上"等。另起一行空两格写"此致"，再另起一行顶格写"敬礼"。

落款包括署名、日期，写在正文的右下角，先署名，后写日期。

4. 附件、联系方式

附件包括个人简历，获奖证书，技能等级证书，发表或出版的论文、著作等。

联系方式包括通信地址、邮政编码、电话号码、电子邮箱等。

三、精诚所至，金石为开

以情打动人、以美吸引人、以诚感染人，这是一封成功的求职信应该具备的。因此，写作求职信应该讲究写作技巧。

1. 重视谋篇布局

根据求职目的谋篇布局，把重要内容放在显眼的位置并加以证实；对相同或相似的内容进行归类组合，段与段之间按逻辑顺序衔接；从阅信人的角度出发组织内容。

2. 彰显个人特色

求职信要具有个人特色，并且能彰显求职者的专业水平，切不可过于随意，也不能拘泥于某种固定的写法，在保持礼貌的同时达到求职的目的是最重要的。

3. 语言饱含感情

在求职信中，语言表达要直接、简明、清晰，更要富有感情，尽量做到文情并茂，多用谦辞、敬语；对希望获得这份工作的表达要积极，充分显示出自己是一个乐观、有责任心、有创造力和通情达理的人。

4. 引起阅信人注意

书信是智慧的闪光，字里行间流露着写作者对生命的理解。求职信中感人至深的语句、具体而有说服力的事例常能吸引阅信人的注意力，尽显求职者的真诚。句子的结构和长度应富于变化，使阅信人始终保持兴趣，对求职信印象深刻。

案例 2.3.2

求 职 信

尊敬的××领导：

　　您好！

　　最近我在《人才市场报》上看到了贵单位招聘营销经理的招聘启事。本人愿意应聘这一职位。感谢您在百忙之中，抽出宝贵的时间来阅读这封求职信，谢谢您的赏识，给了我一个展现自己的机会！相信您一定是最好的伯乐，我一定不会让您失望的！

　　我是××职业技术学院××××级市场营销与策划专业的学生。从入校的那天开始，我就知道大学是一个藏龙卧虎的地方，要想在竞争如此激烈的环境中生存，就必须不断地完善自我、提升自我，拥有真正属于自己的优势。所以在学校里，我从来不敢有半点松懈、半点马虎，对于专业课的学习更是如此。皇天不负有心人，我的付出得到了回报……每年度我都拿到了学校的一等奖学金，上学期我还顺利拿到了中国市场营销经理助理资格证书和大学英语四级证书。

　　在当今社会，文凭对于很多企业而言是衡量人才质量的一个重要指标，而作为专科生的我也并没有因此放弃提升自我的机会。从进大学的那一天开始，我就开始准备市场营销专业的自考，我的坚持让我拿到了本科文凭，我相信这个艰辛的过程不仅有利于进一步巩固我的专业知识，更可以增加你们对我的肯定！

　　我在人际交往方面的表现是较好的，因为对于性格外向、口齿伶俐的我来说，

标题： 表明文种。

称呼、问候语。

前言： 交代求职的缘起，表达谢意，用赞美和期许性的语言表达求职的诚意，过渡到下文。

主体： 介绍个人的基本情况，如专业技术、技艺、技能、特长等。有理、有情、有力、有据地全面分析介绍个人的成长与发展，为用人单位提供真

我最擅长、最乐意做的事就是交朋友。在同学眼里，我永远是他们的开心果。我一直都知道，没有实践的理论是空洞的，特别是对于我们这个专业的学生而言。在校期间，我多次主持新生入学文艺晚会、校园模特大赛。我利用业余时间积极参加社会实践活动，做肯德基的服务员是我的第一份工作，它让我明白了忍耐与坚持的重要性；做商场促销员教会了我与人沟通……

实可信的用人依据。

最后，再一次谢谢您的耐心"倾听"，谢谢您给我一次自我介绍的机会，希望我的自我推销可以引起您的兴趣，促成一段美好的合作，静候佳音！

结尾：表达愿望，希望获得面试机会。

祝身体健康，事业有成！

此致

敬礼！

祝颂语。

李　明

××××年×月×日

落款：署名、日期。

附　　件：本科毕业证书、个人简历、大学英语四级证书

手　　机：××××××××××　　通信地址：××××××××××

电子邮箱：××××××

附件：相关材料、联系方式。

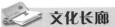 **文化长廊**

以"低的身份"求职

一位留美的计算机博士，毕业后在美国找工作，结果被多家公司拒绝录用。想来想去，他决定收起所有的学历证明，以一种"低的身份"去求职。

不久，他被一家公司录用为程序输入员。这对他来说简直是"高射炮打蚊子"，但他在工作中仍一丝不苟。不久，老板发现他能看出程序中的错误，非一般的程序员可比。这时他亮出了学士学位证书，老板便让他做与他专业对口的工作。过了一段时间，老板又发现他时常能提出许多独到的有价值的建议，远比一般的大学生要高明。这时他亮出了硕士学位证书，老板见状又提拔了他。又过了一段时间，老板觉得他还是与别人不一样，就向他"质询"，此时他才拿出博士学位证书。

此时，老板对他的水平已有了全面的认识，于是毫不犹豫地重用了他。

【感悟升华】

一、讨论题

1. 结合自身实际情况，请你谈谈怎样才能成功地推销自己。
2. 求职信的写作技巧有哪些？

二、实践训练

1. 根据个人所学专业的特点与求职意愿，写一封求职信。
2. 依据求职信的写作要求，修改案例2.3.3所示的病文。

案例2.3.3

我是一名大四学生，我出生于风景秀美的边陲小城，我能有幸同贵公司一起共创明日的辉煌。我希望贵公司就是我成功的起点。

入学以来我翻开了我人生新的篇章。一直担任班级的团支书，积极参加学校组织的各项活动，并鼓励同学参与，繁忙的工作不仅培养和锻炼了我的工作能力，在日常生活中，我能够紧密团结同学，锻炼我解决问题的能力，缜密思考，这一切对我专业的选择都产生了深刻的影响，相信集体的力量是强大的。

社会需要的是具有综合素质的管理人才，学好专业知识的同时，主攻英语和计算机，因此在英语方面，我加强培养听、说、读、写能力；在计算机方面，我从基础知识入手，在选完专业后，为了拓宽自己的知识面，在不断地学习。我希望贵公司能给我一个施展才华的机会，我一定勤奋学习专业知识，不负公司对我的厚望。

3. 根据任务单 2.1 的要求，独立完成该任务，完成后和同学们进行交流。

任务单 2.1

任务单

任务名称	求职信、个人简历	完成时间	
姓　　名		班　级	

布 置 任 务

任务描述	**敦豪物流有限公司上海分公司招聘启事** 　　DHL Supply China 是德国邮政敦豪集团（DHL）旗下的物流公司，是一家合同物流供应商。有约 50% 的福布斯 500 强企业都是敦豪的客户。 　　DHL Supply China 从 1984 年开始涉足中国市场，为客户提供特有的供应链解决方案，其中包括备件物流、温控仓管理、生产支持物流方案、供应商管理库存（VMI）、反向物流、国内派送、供应链解决方案设计、网络优化和咨询服务等。优秀的公司欢迎优秀的您加入敦豪集团大家庭！ 　　招聘岗位及人数：配送调度员、仓储管理员、会计各 1 人。
	招聘要求： 　　1. 具有物流专业大专以上学历，有扎实的物流专业知识或会计专业知识，拥有一定的实践经验； 　　2. 工作认真负责，吃苦耐劳，具有良好的团队合作精神和创新意识； 　　3. 联系方式： 　简历请发送至：×××××× 　地址：上海市浦东新区康桥秀浦路×××号　　邮政编码：×××××××× 　联系人：王先生　　　　　　　　　　　　联系电话：×××××××× **以班级为单位完成以下任务：** 　　1. 选 5~7 人组建敦豪物流有限公司上海分公司招聘团队，制订招聘计划，布置招聘现场，进行招聘工作分工； 　　2. 其他同学完成角色扮演； 　　3. 完成自己的求职信或自荐信的写作； 　　4. 体验应聘的基本流程。
有备无患	1. 搜集求职应聘案例及制作多媒体课件； 2. 到人才市场亲身体验招聘现场的招聘过程； 3. 整理求职应聘过程中应注意的问题； 4. 搜集求职信息并掌握整理信息的方法； 5. 了解求职信的结构以及封面设计技巧。

续表

	布 置 任 务
完成 形式	一封求职信、一份个人简历
具体 要求	1. 学会倾听，把握交流对象讲话的主要内容； 2. 在与人交往的过程中大方得体、条理清楚地表达自己的想法、观点； 3. 准备自我介绍，充满自信地向别人介绍自己； 4. 积极主动地参与招聘的全过程，要有极强的团队合作意识； 5. 理清思路，制订计划，完成任务。
学生 评语 笔记	
教师 评语 笔记	
完成 任务 总结	谈谈招聘过程中、应聘以及写作求职信时遇到的困惑及获得的感悟、感受

注：本任务单只供读者完成任务时做笔记使用，完整任务单见本书配套资料。

孔子说："博学于文，约之以礼。"中华礼仪，天、地、人，无所不包。千百年来，礼从形式走向了修身、齐家、治国、平天下的更高境界，奠定了中华民族的文明底蕴。志于道，据于德，依于仁，游于艺，讷于言，敏于行，喻于义，敬于学。万卷古今消永日，占尽风情向小园。

第三章 礼仪文书写作

第一节 祝 词

【学习目标】

知识目标：了解祝词的特点、种类、结构。

能力目标：掌握祝词的写作技巧，与人沟通的能力以及基本礼仪知识。

在酒会、宴会、纪念性活动上，在节日以及某些特定的日子中，到场的人总是要对即将开展的活动或已经到来的日子表示祝贺，说明祝贺的理由或原因，进行适当的评价或指出其意义，给予被祝贺者以鼓励与期待。这时就需要祝词了。古时王维送友人元二出使，千言万语化作一句"劝君更尽一杯酒，西出阳关无故人"。一席祝酒词，道尽万般情。李叔同在《送别》中写道："一壶浊酒尽余欢，今宵别梦寒。"几多离愁别绪，几多祝福牵挂，都融于祝酒词中，真可谓"千杯美酒壮行色，一曲长歌天际留"。

案例 3.1.1

毕业典礼致辞

尊敬的各位领导、老师，亲爱的同学们：

大家好！

今天是一个特别的日子，是我们××××届学子向母校道别的日子。在这个隆重而热烈的庆典上，我非常荣幸代表××××届全体毕业生在这里发言，向我们的母校道别，向我们的师长道别，向朝夕相处的同窗道别，也向这段永远不能忘怀的青葱岁月道别！

三年前，我们手捧大学录取通知书，怀揣梦想，从祖国的大江南北来到×××职业技术学院。时光如白驹过隙，三年转瞬即逝。在这三年里，我们学会了分析，学会了思考，学会了竞争，学会了合作，学会了继承，学会了创新，更学会了不断地超越自己。琅琅的读书声似乎还在校园上空缭绕，键盘的敲击声伴随着我们的成长与收获，李白的"天生我材必有用""直挂云帆济沧海"激励着我们奔向未来！

在此，请允许我代表××××届全体毕业生，向三年来传授我们知识，赋予我们智慧，给予我们关怀的老师们表示最诚挚的谢意！一日为师，终生难忘！

"为天地立心，为生民立命，为往圣继绝学，为万世开太平！"这是古代志士仁人的理想，更是我们这代人的伟大抱负。亲爱的同学们，毕业既是一个终点，又是一个新的起点。离开了学校就意味着离开了老师和同学的呵护与宽容，前方也许有坎坷、有泥泞，但有老师们的嘱托，有同学们的相互鼓励，有我们热切期待的事业，这一切都将成为我们战胜困难的强大力量。

同学们，让我们牢记学院领导、老师们对我们的殷切期望；让我们牢记母校"铸诚精艺"的校训，带着对美好未来的憧憬，扬帆远航吧！

"雄关漫道真如铁，而今迈步从头越。"请母校放心，我们一定会踏踏实实做人，认认真真做事，无愧于母校对我们多年的培养，为母校争光！为老师们争光！为我们××××届全体毕业生争光！

最后，衷心祝愿我们的母校再写新篇，再书华章！

标题：表明祝词的种类。

称呼、问候语。

前言：运用排比句式，直奔主题，表达祝福与激动的心情。

主体：回顾过去的成长、收获，展望未来。语言魅力四射，展现出深厚的写作功底，感情真挚、现场感强。

结尾：深化主题，再次表达谢意和祝福之情。

祝愿学院的领导、老师们身体健康，万事如意！

祝愿××××届全体毕业生一帆风顺，事业辉煌！

宋××

××××年×月×日

落款：署名、日期。

一、祝词的特点

祝词泛指对人、对事表示祝贺的言辞或文章。祝词也可以写作祝辞。"词"强调其内容，"辞"除了强调内容，还强调表达方式。祝词和贺词在某些场合可以通用，但它们所包含的意义并不相同。祝词一般是事情未果，表达祝愿、希望。而贺词一般是事情既果，表示庆祝、道喜的意思。祝词具有以下特点。

（1）真实性。写作者要将美好的祝愿、真挚的感情借助一定的表达方式融于祝词之中，自始至终体现对所祝对象的美好祝愿。这就要求祝词涉及的人和事都应该是真实的，写作者表达的情感也应该是真实的。

（2）目的性。祝词是写作者为某一个人或某一项活动、仪式而写的，其目的是表达写作者对所祝对象的祝福、企盼等。祝词能增进感情，交流思想，促进事业发展，所以写作者在写作祝词时目的应相当明确。

（3）仪式性。"祝"是中华民族的一种传统礼仪形式，古人祈祷万物齐生会祭天祭地，祈祷光明普照会拜迎日出，祝告子孙多福无疆会祭祖献食。后来，"祈"神转向了"祝"人。每一种祈福都有相对应的"祝"的形式，形式不同，内容就不同。

> **名言录**
>
> 一句漂亮话之所以漂亮，就在于所说的东西是每个人都想过的，而所说的方式却是生动的、精妙的、新颖的。
>
> ——布瓦洛
>
> 思维的浅陋让我们的语言变得粗俗而有失精准；而语言的随意凌乱，又使我们更易于产生浅薄的思想。
>
> ——乔治·奥威尔

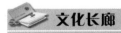

文化长廊

生活需要仪式感

刘宇希

什么是仪式感？也许很多人都向往过上有仪式感的生活，但是最终却忘了实施。仪式感就是让某一天与其他的日子有所不同，使某一刻与其他时刻大相径庭。仪式感是我们热爱生活的态度，是我们点亮生活的一种方式。

仪式常常被很多人忽略，正因为被忽略，所以也就无感可言。古人在开展重要活动前都要沐浴更衣，今天的我们更应如此。林徽因每次在夜间作诗前都要做足仪式。有仪式感的人生，使我们切切实实有了存在感。这不是给他人留下印象，而是让自己的心真切地感知生命，充满热忱地面对生活。王小波曾经说："一个人只拥有此生此世是不够的，他还应该拥有诗意的世界。"仪式感不需要太多的物质做基础，它体现的是我们对生活的尊重和热爱。一顿营养美味的早餐，餐桌上的一束鲜花，开学前的新书包，上课前班长的一声"起立"，春节时门上贴的一副对联……这一件件小事，都能赋予生活仪式感。在平凡又琐碎的日子里，仪式感能让你心怀期望，幸福满满。其实，在生活中，我们都需要用一份恰如其分的仪式感，度过平淡的日子。

在一个幸福的家庭中，也少不了仪式感。为什么生活需要仪式感？答案是为了让生活成为生活，而不是生存。一盏茶，一把琴，一本书，一个人的精神世界，都能影响他对生活的态度。重视仪式感的人，会更加用心过好每一天。穿着优雅的衣服，精心打扮，去做自己喜欢的事，这是

> 赫本的仪式感。给生活一点儿仪式感，我们或许会收获更多的惊喜与感动。生活的意义，要自己去赋予。生活不只有一地鸡毛，更有散落的碎钻；生活不只有袅袅炊烟，更有徐徐清风；生活不能只有家长里短的琐碎，更需要有偶然绽放的惊喜。

二、祝词的种类

依据所祝对象，祝词通常分为两大类：一类是祝人的祝词，另一类是祝事的祝词。

1. 祝人的祝词

这类祝词是指对所祝对象的生日、婚礼等的直接祝福。常见的有以下四种。

（1）祝酒词。祝酒词是指单位或个人在有特定意义的事件中，借助酒会或宴会表达对某人的美好祝愿之词。

（2）祝寿词。祝寿词是指单位或个人为年长者的生日或某个特定的日子举行宴会活动时，所表达的祝福健康长寿之词。祝寿词多回忆往昔，盘点岁月，思考人生。祝寿词不是散文，却有着散文一样优美的语言；祝寿词不是家书，却能表达比家书更真切的情感和意境。

赏心悦目
毕业典礼致辞二则

（3）节日祝词。节日祝词是指在特定的节日，亲朋好友欢聚一堂，表达对过去以及未来美好生活的赞美、祝福节日快乐之词。

（4）婚礼祝词。婚礼祝词是表达对所祝对象婚姻生活的美好祝愿之词。

2. 祝事的祝词

所谓"祝事"，是指所祝对象不是某个人，而是单位、集体活动或大型活动等。常见的有以下三种。

（1）奠基祝词。奠基祝词是在某一工程开工仪式上所发表的讲话，以此表达该奠基活动的意义以及对该工程的美好祝福之意。

（2）会议祝词。会议祝词是对某一特定会议表达祝福，或祝愿会议胜利召开，或祝贺会议圆满结束等。

（3）庆典祝词。庆典祝词是在各行各业为某一活动或某一特别日子举行庆祝或纪念性活动时，表达祝福、祝愿之词。庆典祝词是赞美诗，绮丽华美，能唤起人们的激情和勇气，更能使庆典气氛欢腾澎湃。

三、祝词的结构

祝词一般包括标题、称呼、问候语、正文、落款等五个部分，解决"谁祝福""祝福谁""祝福什么"的问题。

1. 标题、称呼、问候语

标题包括单行标题或双行标题，如"祝词""生日祝词""××庆典致辞""××奠基仪式祝词"等就属于单行标题，东北财经大学原校长夏春玉的《之远——在2017届毕业生毕业典礼上的讲话》采用的就是双行标题。正标题"之远"揭示祝词的主题，副标题"在2017届毕业生毕业典礼上的讲话"交代了所祝对象、场合以及文体。

称呼是所祝对象的名称，另起一行顶格写。称呼可能是单位或者个人，可以在称呼之前加上敬语或职务名称，以表示对所祝对象的尊敬，如"尊敬的王老师""尊敬的××经理以及全体同志们""尊敬的女士们、先生们"等。

问候语要根据会议或活动时间来选择，如"早上好""下午好""晚上好"等。

2. 正文

祝词的正文包括前言、主体和结尾三部分。

祝词的前言要开门见山地交代本次活动（会议等）的名称、祝福者的身份、所代表的层面、此时此刻的心情等，向与会者表达祝福之意，起着引起下文的作用。例如，"谢谢你们叫我回校，让我有幸再次聆听老师的教诲，分享我亲爱的学弟学妹们特殊的喜悦，并向即将步入社会的你们表达我衷心的祝福！"

祝词的主体通常包括以下内容：表达对所祝对象或所祝事情、活动的真诚祝愿之情，可以对相关的人或事的深刻意义予以概括，赞美其优点、所取得的成绩或者行将取得的成就，表达对所祝对象的关心、仰慕、敬重等。

案例 3.1.2

我想说的是站在这样高的起点上，由北大中文系出发，你们不缺前辈大师的荫庇，更不缺历史文化的熏陶，《诗经》《楚辞》的世界，老庄孔孟的思想，李白、杜甫的诗词构成你们青春激荡的时光。我不需要提醒你们，未来将如何以具体琐碎消磨这份浪漫与绚烂；也不需要提醒你们，人生将以怎样的平庸世故消解你们的万丈雄心；更不需要提醒你们，走入社会需要如何变得务实与现实——因为你们终将一生浸润其中。在你们走向社会之际，我想说的只是，请看护好你们曾经的激情和理想。在这个怀疑的时代，我们依然需要信仰。

（节选自卢新宁《在怀疑的时代依然需要信仰——北大中文系 2012 年毕业典礼致辞》，略有改动）

点评：本例是祝词的主体部分，主题鲜明，内容深邃。写作者在这里表达了对所祝对象过往青春的怀想之情，真实地描述了毕业生们所处的时代与环境，高度赞美了其所拥有的丰富的知识与内涵，也表达了对莘莘学子的殷切期望。

祝词的结尾宜用简短的祝颂语对所祝之人或所祝之事再次表达祝颂。莫言在诺贝尔奖颁奖典礼后的晚宴上的致辞结尾中是这样说的："文学和科学相比，确实没有什么用处。但是我想文学最大的用处，也许就是它没有用处。"结尾扣题"文学因无用而伟大"，莫言用这句话结束了他极其简短的致辞，可谓高屋建瓴。

案例 3.1.3

最后，我想将一位学者的话送给亲爱的学弟学妹——无论中国怎样，请记得：你所站立的地方，就是你的中国，你怎么样，中国便怎么样；你是什么，中国便是什么；你有光明，中国便不再黑暗。

（节选自卢新宁《在怀疑的时代依然需要信仰——北大中文系 2012 年毕业典礼致辞》）

点评：在这篇祝词的结尾，写作者以过来人的身份表达其对青年学子的嘱托与叮咛，让学弟学妹们懂得个人与国家休戚相关。当然，祝词可以运用更富有个性的结尾。

3. 落款

正文结束后，在右下角写上名字，另起一行在右下角写上日期。如果是待发表的文章，则可以将名字写在标题下中央处。

案例 3.1.4

母亲节祝词

亲爱的妈妈：

　　您好！

　　今天是母亲节，我发自心底地为您祝福。世界上只有一位最好的女性，她便

標題：表明祝词种类。

称呼、问候语。

是慈爱的母亲；世界上只有一种最美丽的声音，那便是母亲的呼唤。经历过这么多的风风雨雨，您似乎更年轻了，不但是外貌，而且是心灵。透过额角的皱纹，还有银鬓华丝，我仿佛看见了您那颗水晶般的心。"莫道桑榆晚，为霞尚满天。"您就像一棵绿叶如盖、摇曳生姿的大树，枝蔓一直伸到天边，"苍龙日暮还行雨，老树春深更著花""慈母手中线，游子身上衣"，在这样的日子里，您该歇歇了。在这美好的一天，摘一颗星，采一朵云，装入思念的信封里，献给您！我总相信，一片树叶厚过一本诗集。我为您祝福，您经历了痛苦、付出才养育了我，使我从此懂得了生命和情感。在您的节日里，我为您送上深深的祝福。

　　您是我心目中最好的妈妈。也许我很任性、固执，令您操心，惹您生气，也许我总爱自作主张，自作聪明，把您的话当成啰唆；但是在我的心里，我其实很爱您！您常在我痛苦的时候给我一个理解的注视，您不愿我忧伤，您常说快乐是最好的礼物。欢乐就是健康，如果我的祝福能为您带来健康，我愿日夜为您祈祷！感谢您对我的养育之恩！在您的节日里，我愿意采撷一朵最芬芳的丁香，别在您素雅的衣襟上，让您无怨无悔的一生更加璀璨夺目！即使岁月的流逝使您的皮肤布满道道皱纹，在我心目中的您也永远年轻、漂亮！

　　今天，我要送上一个甜甜的笑，温暖您的心！轻轻一声问候，将我心中的祝福化作阳光般的温暖，永恒地留在您的眼中，您的心中……

　　此致

敬礼！

女儿：兰兰

××××年×月

前言：	直抒胸臆，表达对慈爱母亲的讴歌、赞美，遥寄写作者深深的思念和祝福。
主体：	回顾成长的岁月，感谢母亲给予深思明辨、人生信条。感谢母亲的养育之恩、深情的抚爱和谆谆教导。
结尾：	再次表达美好的愿望和祝福。祝颂语。
落款：	署名、日期。

四、祝词的写作技巧

　　语言交流总是双向的，既有说或写的一方，也有听或读的一方。因此，说/写者就不能一厢情愿地想说什么就说什么，而要从对象的年龄、职业、思想、性格等不同特点出发，说恰当的话，正所谓对什么人、什么事说什么话。

　　（1）充分了解所祝对象。我们在写作祝词之前要充分了解所祝之人和所祝之事，以便能够恰到好处地表达对所祝对象的祝愿与期望。祝词的称谓也会随着所祝对象的不同而有所变化。例如对机关单位领导和同志们的祝福可以直接称"尊敬的各位领导、各位同志"，但要注意后面不可加"们"，否则就会出现重复。

赏心悦目

祝酒词里的
中国文化

　　（2）表情达意，重点突出。祝词中所祝之人与所祝之事不是截然分开的。所祝之人中一定有所祝之事，所祝之事中一定有所祝之人。人是做事情的，事情是人做的。但是在写作中，一定要有所侧重。祝人的祝词要重点表达对人的祝福和祝愿，祝事的祝词则要重点表达对事情的祝愿与期望。总之祝词写作要详略得当，重点突出。

　　（3）语言生动，感情真挚。祝福者与所祝对象之间的关系，决定了对所祝之人的情感和态度。祝福者在说话时，要把握好分寸。《周易·文言》中说："修辞立其诚。"写祝词要真诚，但还需恰到好处。例如在一位老先生的生日宴会上，一位年轻人特意点了一首自认为该老先生年轻时喜欢的歌，以表祝贺之情。掌声响过，歌声骤起，"西边的太阳就要落山了，鬼子的末日就要来到"，听到此歌词，主人顿时容颜大变，现场的整个气氛十分尴尬。所以，祝词一定要能让被祝福者感到温暖和美好。

案例 3.1.5

元 旦 祝 词

各位朋友：

　　大家好！

　　成绩斐然的一年向我们挥手告别了，充满希望的新的一年正向我们走来。值此新年到来之际，我谨代表公司董事会，向工作在第一线的全体员工以及你们的家人表示衷心感谢！感谢你们的努力进取和勤奋工作，感谢你们对公司领导的真诚信赖和热情支持，再次向你们致以深深的谢意！

　　过去的一年，公司运营状况良好，这既源于每一位员工的认真工作，也源于每一位客户的真诚合作。今天我们取得的阶段性成绩是大家共同努力的结果，更是我们所处的伟大的时代、国家和产业所带来的巨大机遇的结果。我们将带着感恩的心感谢这个伟大的时代！在这里，我更要感谢全体员工一年来的不懈努力！我坚信诚信缔造伟业，更坚信创新成就未来！

　　各位员工，我们接下来还有很长的路要走，今天我们所创造的所有市场开发纪录还会被我们自己在明天打破！我们的路很长很长，我们始终在路上……机遇与挑战同在，光荣与梦想共存！我们靠着优秀的企业文化，通过实施多元化、国际化的发展战略，定会迎来更加灿烂辉煌的明天！

　　永远不要忘记我们的使命——创建国际一流品牌，让我们的产品在国内、国外撑起一片蓝天。

　　最后祝你们及你们的家人新年快乐，万事如意！

董事长：李程
××××年×月×日

标题：表明文种。

称呼、问候语。

前言：总结、回顾、展望，总领全篇，开宗明义地表达感激之情，用语简洁明了。

主体：回顾过去，肯定成绩，表达真诚的谢意，递进复句起到了强调主旨的作用。

结尾：阐明观点，展望未来，抒情、议论相结合，再次对所祝对象表达祝福。

落款：署名、日期。

【感悟升华】

一、多项选择题

　　祝词的写作技巧包括（　　　）。

　　A. 充分了解所祝对象　　　　　　B. 议论与说明相结合

　　C. 语言生动，感情真挚　　　　　D. 表情达意，重点突出

二、实践训练

　　1. 代表你们的班级为学校的中秋晚会或元旦晚会写一篇祝词。

　　2. 为你的外公、外婆或爷爷、奶奶写一篇生日祝词。

　　3. 请你以学生代表的身份，为即将毕业的学长们做毕业典礼致辞。

　　4. 修改案例 3.1.6 所示病文，要求重新组织语言写出合格的祝词。

案例 3.1.6

尊敬的各位朋友、亲友团：

　　按照邀请函上的程序，用简单的算术算了算，我约有五六分钟的讲话时间，所以我首先得赶紧把握主题。

昨天晚上我准备为我即将出版的两本书熬夜到天亮。至今脑中一片空白。不过基于主办方的委托和职责，我必须代表没有到场的朋友讲几句话。当然我可以锦上添花地言不由衷地讲一些赞美之词，但考虑来考虑去，本着良心去还是讲几句实话。这一次的广告大赛的作品，虽然也有极精彩之作，但整体水平上并没有超过上几届，评委们都有些惆怅。期待下一届能有更精彩的作品出现。最后，再度恭喜获奖者！

第二节　主　持　词

【学习目标】

知识目标：了解主持词的内涵，明确主持词的种类，掌握主持词的结构。
能力目标：掌握主持词的写作技巧，具有一定的与人沟通的能力。

主持词是一门瞬间的艺术，主持词写作者既要具有一定的写作能力，又要具有一定的策划能力。主持人更需要有口语表达能力、控场能力，优秀的主持人可以让晚会或活动化平淡为新奇。主持词是幽默、风趣、智慧的结晶，更是写作者各种能力的综合体现。

主持词是一门综合性艺术。它是写作者为了方便主持人主持节目、串联活动环节、调节现场气氛、掌控节目进程而写作的一种应用文。主持词既有书面语言的特点，又有口语的特点。主持词能够起到突出主题、丰富活动内容、活跃现场气氛的作用。它具有现场感、组织性、协调性、沟通性、灵活性、艺术性等特点。

一、主持词的种类

划分标准不同，主持词的种类也不同。

根据活动的形式，主持词可以分为舞台晚会主持词、运动会主持词、宴会主持词等。

根据活动的内容，主持词常见的有以下几类：①演讲论辩活动主持词；②商务活动主持词，如签约活动、开业仪式、剪彩仪式、交接仪式、庆典仪式，以及产品促销广告宣传活动、车展活动等；③会议、聚会主持词，如商务会议、洽谈会、新闻发布会、展览会、赞助会、茶话会、同学或朋友聚会等；④婚丧祝寿主持词，如婚礼、葬礼、祝寿活动等。

二、主持词的结构

主持词的结构包括标题、称谓、正文。

1. 标题

主持词的标题有单行标题和双行标题两种形式。

单行标题一般有以下三种形式。

（1）时间+单位（活动地点）名称+内容+文种，如《××××年××电视台迎新春文艺晚会主持词》《××××年乌镇"世界互联网大会"开幕式主持词》。

（2）单位（活动）名称+活动内容+文种，如《联华超市开业庆典主持词》《××电视台大型赈灾文艺晚会主持词》。

（3）活动主题+文种，如《大型综艺节目〈典籍里的中国〉主持词》。

双行标题通常由正标题+副标题构成。正标题揭示活动或节目的主题，副标题补充说明活动内容，如《十三邀——对话一个不一样的韩红主持词》《赏中华诗词、寻文化基因、品生活之美——〈中国诗词大会〉主持词》。

2. 称谓

称谓是主持人在节目开场之前对在场人员的一种称呼，可根据现场活动的参与对象，确定主持词的称谓。

3. 正文

主持词的正文包括前言、主体和结尾。

前言也叫开场白，在整篇主持词中起着打开场面，引入正题，在主持人与听众之间建立感情桥梁的作用。前言可以以一个故事、一个人、一项活动，甚至一道风景、一个比喻引出活动内容，进入主持正题。

案例 3.2.1

"千门万户曈曈日，总把新桃换旧符。"《中国诗词大会》是与大家一年一度的相约，今年已经是第四个年头了，我们携手走过了一个又一个春夏秋冬。一起看"人面桃花相映红"；一起听"稻花香里说丰年"；一起叹"霜叶红于二月花"；一起盼"风雨送春归，飞雪迎春到"。季节有四季，诗词也有四季，代代相传，生生不息，就让我们在《中国诗词大会》花开四季的舞台上，再一次来感受中华文明的璀璨辉煌，品诗意人生，看四季风光。

点评：本例是《中国诗词大会》（第四季）第一场主持人董卿的开场白。此开场白以诗句开头，烘托气氛，赞美历届诗词大会的广泛影响及深远意义，寄希望于本届大会举办得更加美好，语言优美，充满诗情，过渡自然。

主体是该项活动的主要内容或所主持活动的主要事项，如运动会的进程、婚礼的举行、大型会议的具体程序等，应根据所主持活动的具体内容进行安排。其原则是不能偏离主题，也不能喧宾夺主。

结尾用于总结该项活动的意义，展望未来，表达美好的祝愿，以及对下一次活动或会议的期待，要将活动主题或意义推向高潮，留给听众、观众回味的空间。

名言录

主持词注重的是情感的交流和心灵的沟通。优秀的主持人可以让晚会化平淡为新奇。

——佚名

三、主持词的写作技巧

优秀的主持词能够帮助主持人拉近与听众或观众之间的心理距离。主持词写作者要换位思考，从观众、听众的角度出发，用心去体会、交流、感悟，用语要有现场感，让听众或观众感到亲切自然，与主持人以及活动的主题产生情感共鸣。这样才有可能写作出受人欢迎的主持词。

1. 主题突出，营造气氛

主持词的内容要体现活动的主题，并且要将这一基调贯穿主持词的始终，营造与之相适应的场景氛围，烘托气氛，表达情感。

案例 3.2.2

男：当朝阳捧出青春的晨光
　　那晨光点燃了心底的梦想
女：四月的原野生机盎然、和风阵阵
　　播撒着学子们火一样的激情
男：四月的天空如此湛蓝、旌旗猎猎
　　鼓荡着师生们群山般的信仰

女：未来在我们的前方频频呼唤
　　绚丽的花环将装点母亲的面庞
男：运动场啊，你深沉的海洋
　　就要扬起出征的橹桨
女：看！接受检阅的运动员队伍走来了
　　他们精神焕发、斗志昂扬

点评： 本例是运动会的开幕式主持词，其以抒情为主，结合描写、叙述、议论等多种表达方式，烘托出运动会的盛大场面，表达了一种欢乐、团结、进取的精神。该主持词现场感很强，轻松中带有一些竞技的气氛，给人以身临其境之感。

2. 情景交融，移情入景

主持人所说的主持词具有引导整个活动进程、调动场内观众或听众情绪的作用。所以无论表达什么样的主题或者想要达到什么样的目的，主持词都要用最真诚的态度、最真实的情感、最打动人心的语言与现场观众、听众沟通、互动，形成默契，做到情景交融，移情入景。

案例 3.2.3

同学们，大学生活是充实美好的，同时又是无比艰辛的，
丰富的学习内容，严格的纪律要求，
健康的体魄、坚定的毅力、执着的追求，
迎难而上的勇气和永不言败的斗志。
领悟一切行动听指挥、团结就是力量的真正意义。
这是充实的大学生活，这是意志力的磨炼，更是自信力的洗礼。
这将成为你们人生成长历程中一道最美的彩虹，一处最亮丽的风景。

点评： 本例是学生军训动员大会的主持词中的一段内容，主持词将现场观众的情绪调动了起来，仿佛也将学生带入了让人热血沸腾的军训生活中。

3. 灵活机智，处变不惊

主持人要能够掌控秩序，把握活动进程，灵活运用主持词，根据具体情境做适当调整，使场面活跃而不混乱，激情而不颓废，使节奏紧凑而不慌乱，明快而不松散。杨澜有一次主持节目，中途在下台时摔倒了，引起场内一阵哄笑。只见她非常沉着地站起来，笑着对观众说："真是人有失足，马有失蹄呀，我刚才的狮子滚绣球还不算精彩，但台上的节目会更精彩，不信，你们瞧。"话音刚落，场内便爆发出一阵掌声。可见杨澜的心理素质很好，控场能力很强，否则真的就是"一失足成千古恨"了。

4. 注重环节，过渡自然

主持词要注重环节的安排，做到过渡自然流畅，始终围绕活动的主题，紧紧抓住观众或听众的注意力。

名言录

跟自己结合的、跟我们生活结合的东西是最容易打动人心的。文化类节目还是需要有一些现实意义的，所谓经典观照现实，最后才能够以文化人。

——董卿

案例 3.2.4

古往今来，有太多的文字在描写着各种各样的遇见。"蒹葭苍苍，白露为霜，所谓伊人，在水一方"，这是撩动心弦的遇见；"这个妹妹，我曾见过"，这是宝玉和黛玉初次见面时欢喜的遇见；"幸会，今晚你还好吗？"这是《罗马假日》里安妮公主糊里糊涂的遇见；"遇到你之前，我没有想到过结婚；遇到你之后，我结婚没有想过和别的人"，这是钱锺书和杨绛之间决定一生的遇见。所以说，遇见仿佛是一种神奇的安排，它是一切的开始。

（节选自中央电视台综艺节目《朗读者》第一期《遇见》开场主持词，有改动）

点评：朗读是值得尊重的生命和文字的完美遇见，这段主持词始终没有偏离"遇见"这一主题，以朗读的形式呈现出各种"遇见"，环环相扣，过渡自然。

5. 升华主题，再现高潮

结尾运用一定的写作技巧，将活动或会议的主题推向高潮。

案例 3.2.5

同学们，在漫长的人生长河中，短短的 15 天只是一朵小小的浪花，但它将成为你们永恒的记忆！饱满的热情、坚强的意志、认真的态度、刻苦的精神，是我们对军训的要求。15 天后的你、我、他将拥有军人的气质、军人的修养、军人的作风和军人的团队精神。

我们期待一份令人满意的答卷：锻炼身体，增强体质，强化本领，陶冶情操。让我们举起双手，用掌声为你们激昂的青春喝彩！

我宣布军训誓师大会到此结束。谢谢各位！

点评：本篇主持词的结尾让军训活动成为同学们的一种期待，富有鼓动、激励作用，给人以期盼，留给人回味和思考的空间。

案例 3.2.6

××学院校园文化艺术节文艺晚会主持词

开场白

扬起你的风帆
放飞你的希望
抒发你的情怀
展现你的风采

尊敬的各位专家、领导、来宾，
亲爱的老师、教官、同学们：
大家晚上好！

我是××
我是×××

又是一年丹桂香，我们在希冀中播种理想；
又是一年枫叶红，我们与学院共同收获荣光；

标题：标题表明了活动名称、活动内容、文种。

开场白用排比的句式，营造文化氛围。

称呼、问候语：表示对来宾的尊重。

前言：主持人自我介绍，运用对偶句，引出活动的主题，用诗化的语言概括主旨，引出节目。

今夜，我们欢聚一堂，载歌载舞；
今夜，我们激情满怀，心潮澎湃。

让我们唱起美妙的歌曲，跳起欢快的舞蹈，一起融进这欢乐的海洋；
让我们歌唱伟大的祖国，歌唱美丽的校园，歌唱我们共同的大学时代。

1.《东方红》
滔滔江河水，流不尽浩浩中华魂；
巍巍昆仑山，锁不住阵阵华夏风。
长江，黄河，气势恢宏；
长城，泰山，谁与争雄。
请欣赏舞蹈《东方红》，
演出单位——信息学院。

2.《夜空中最亮的星》
夜晚的星空浩瀚、深邃、沉静，
这里是梦想开始的地方，同行的是你和我。
青春的路上有艰辛、幸福、快乐、忧伤，
请相信总有一颗星照亮你前行的路。
请欣赏歌伴舞《夜空中最亮的星》，
演出单位——旅游学院。

3. 礼仪展示
商贸分院礼仪队的表演，曾受到领导的好评。
今天，她们将艺术性地展现商务礼仪中的鞠躬、坐姿、站姿、手势、递接文件等优雅的姿态与举止。
下面请欣赏商贸学院的礼仪展示。

4. 模特表演
踏着青春的节拍，
每一颗躁动的心都焕发出缤纷的色彩。
和着青春的风采，
世界在我们眼前灿烂地舒展。
一路欢歌，一路笑语，走进时尚的动感地带。
请欣赏模特表演，
演出单位——汽车学院。

5. 大合唱《歌唱祖国》
中华大地上经久不息的旋律是歌唱祖国。
这些耳熟能详的歌曲，这些激扬向上的旋律，伴随我们奋斗，伴随我们成长。
请欣赏大合唱《歌唱祖国》，
演出单位——汽车学院。

主体：从不同侧面展现校园文化的丰富性，主持人的风格迥异，主持词的内容也丰富多彩。

用大合唱的串联词将校园文化艺术节推向高潮。

结束语

总有一种激情让我们感动；

总有一种生活令我们向往。

愿今天的晚会和我们的笑脸，

能够成为彼此一份珍贵的回忆。

祝愿同学们在这里收获累累硕果！

祝愿各位领导、老师身体健康、一切顺利！

祝愿我们的学院蓬勃发展，走向辉煌！

祝愿我们的祖国永远繁荣、永远富强！

结尾：用排比句，形成排山倒海之势，将文化艺术节晚会的主题引向深入。

案例 3.2.7

"昆山杯"全国大学生优秀创业团队大赛吉林省赛区选拔赛主持词

女：尊敬的各位领导、各位来宾。

男：亲爱的老师、大学生朋友们。

合：大家上午好！

女：我是×××。

男：我叫×××。非常荣幸能主持今天的"昆山杯"全国大学生优秀创业团队大赛吉林省赛区选拔赛。

女："昆山杯"全国大学生优秀创业团队选拔赛自启动以来得到了我省各高校的积极响应。

男：截至今天，我省已有 17 所高校的 54 个团队报名参与比赛。

女：比赛自有胜负，但我觉得结果并不重要，重要的是选手们参与比赛的过程。

男：这是一次经历，是一场相逢。

女：这是一种历练，是一番面对，是一个连通资本与人才的创业舞台。

男：每一个成功者都有一个开始。勇于开始，才能走向成功的未来。

女：人生伟业的建立，不在能知，而在能行。世界会为那些有目标、有远见的人让路的。

男：生命之灯因热情而点燃，生命之舟因拼搏而前行。

女：拥有梦想只是一种智力，实现梦想才是一种能力。

男："I believe I can fly，I believe I can touch the sky…"

女：俞敏洪明白了生命中最重要的是梦想，曾说："如果我能看见梦想，我就能够实现梦想；如果我相信梦想，实现梦想并不遥远……"

男：把生命比作一片广袤的沙漠，努力在自己的沙漠上打一眼深井，使水源源不断地流出，你就可以把沙漠变成绿洲。

女：激情成就梦想，努力创造未来。下面我宣布"昆山杯"全国大学生优秀创业团队大赛吉林省赛区选拔赛，

合：现在开始。

标题：表明活动名称、具体内容、文种。

称呼、问候语：表示对来宾的尊重。

前言：主持人分别作自我介绍。运用对话的形式引出此次活动的主要内容。

主体：明确并突出大赛活动的主题，介绍参赛的情况。主持人用诗化且富有哲理的语言概括本次比赛的深刻寓意，充满文化气息。引经据典的内容也丰富了主持词的内涵，成功导入比赛。

结束语

女：扬起你创业的风帆，放飞你创业的希望。

男：抒发你创业的情怀，展现你创业的风采。

结尾：升华大赛的主题，将现场气氛推向高潮，

女：让我们乘着"昆山杯"全国大学生优秀创业团队选拔赛的东风，在"励志、成长、创业"的主题文化中富省强民，发展区域经济，振兴吉林。

男：长风破浪会有时，直挂云帆济沧海。

女：江山代有才人出，各领风骚数百年。

男：不经一番寒彻骨，怎得梅花扑鼻香。

合：纸上得来终觉浅，绝知此事要躬行。

男：各位来宾、各位朋友，"昆山杯"全国大学生优秀创业团队大赛吉林省赛区选拔赛圆满结束。

合：谢谢，朋友们再见！

让此项活动成为与会人员今后的一种期待，鼓舞人心，给人留下难以忘怀的印象。

【感悟升华】

一、情境模拟

1. 模拟主持人主持某一栏目，写作该栏目某一话题的主持词的开场白和结束语。
2. 完成任务单 3.1 布置的任务，模拟会议主持，撰写该节目的主持词。

任务单 3.1

主持词项目任务单

任务名称	根据所给的信息材料，撰写电视节目《典籍里的中国》主持词	完成时间	
学习小组		组　长	
小组成员		完成时间	

布 置 任 务

任务描述	信息一：《楚辞》是首部浪漫诗歌总集，其中屈原所作的《离骚》《天问》等名篇，对后世影响深远。《离骚》中"路曼曼（漫漫）其修远兮，吾将上下而求索"的精神，成为后世中华儿女上下求索的精神典范。《天问》中 170 多个问题，其中"明明暗暗，惟时何为"是对宇宙奥秘的好奇与探索。 信息二：天文学家南仁东，主持建造了世界上最大的单口径射电望远镜中国天眼，被称为"天眼之父"。在《典籍里的中国》的戏曲故事中，南仁东曾引用《楚辞》中的名句，他这样说："'路曼曼（漫漫）其修远兮，吾将上下而求索'，求索无穷，我将用一生寻找答案。中国天眼就是我们留给后人寻找答案的眼睛。"
任务准备	（1）请根据节目形态编写主持词； （2）依据所给信息材料，确立主题； （3）恰当处理所给信息材料来源； （4）注意主持词口语表达的特点。
完成形式	写一篇主持词，同时结合节目样态进行情境表演
具体要求	选定主持活动对象	
	确立主持词主题基调	

续表

		布 置 任 务
具体 要求	其他要求	（1）了解节目的受众人员，体验节目流程； （2）掌握节目主持人所讲主要内容，明确主题，确定主持基调； （3）明确该节目的目的和任务，做好写作主持词的准备工作； （4）积极主动参与模拟《典籍里的中国》节目策划过程； （5）拥有团队合作意识； （6）充分准备，完成写作任务。
学生 互评 笔记		
教师 评语 笔记		
完成 任务 总结	谈谈写作《典籍里的中国》主持词时所遇到的困惑及获得的收获	

注：本任务单只供读者完成任务时做笔记使用，完整任务单见本书配套资料。

二、实践训练

1．为班级的新春联欢晚会或中秋文艺晚会写一篇主持词。

2．请以"月是故乡明"为题，举办一场中秋文艺晚会，可以选择2～4位主持人，并为本次晚会写作主持词。

3．某大学准备举办题为"一带一路，再展国威"的演讲比赛，请你为这次比赛写作主持词的开场白和结束语。

第三节 演 讲 稿

【学习目标】

知识目标：了解演讲稿的内涵和结构形式。

能力目标：具备演讲稿的选题能力，掌握演讲稿的写作技巧，拥有与听众沟通的能力。

元代文人乔梦符在谈到"乐府"的章法时提出了"凤头""猪肚""豹尾"之说，这是对文章好的开头、主体、结尾形象生动的比喻。其实，演讲稿也要具备"凤头""猪肚""豹尾"。一次成功的演讲除了需要演讲人具备一定的演讲技巧外，更需要一篇好的演讲稿作为支撑。

案例 3.3.1

我的故事以及背后的中国梦
——白岩松在耶鲁大学的演讲（节选，有改动）

过去的 20 年，中国一直在跟美国的三任总统打交道，但是今天到了耶鲁我才知道，其实他只跟一所学校打交道。但是通过这三位总统我也明白了，耶鲁大学的毕业生的水准也并不很平均。

接下来就进入我们这个主题，如果要起个题目，应该叫"我的故事以及背后的中国梦"。

我要讲 5 个年份，第一个要讲的年份是 1968 年。那一年我出生了。那一年世界非常乱，美国总统肯尼迪遇刺[1]；但是那一年我们更应该记住的是马丁•路德•金先生遇刺，虽然那一年他倒下了，但是"我有一个梦想"这句话却真正地站了起来，不仅在美国站起来，也在全世界站起来。

1978 年，10 年之后我 10 岁，依然生活在我出生时那个只有 20 万人的小城市里。它离北京有两千千米。1978 年中国与美国宣布建交，中国改革开放开始。

1988 年，那一年我 20 岁。我从边疆的小城市来到了北京，成为一名大学生。这个时候的美国已经不再是一个很遥远的国家，它变得很具体，这个时候我已经尝试过可口可乐，而且喝完可口可乐之后会觉得中美两个国家真的是如此接近，因为它几乎就跟中国的中药是一样的。这一年也标志着中国离市场经济越来越近了。这一年对于耶鲁大学来说格外重要，因为你们耶鲁的校友又一次成为美国的总统。

1998 年，那一年我 30 岁。我已经成为中央电视台的新闻节目主持人。更重要的是我已经成为一个一岁孩子的父亲。那一年在中美之间发生了一个非常重要的事件，主角就是克林顿。也许在美国你记住的是性丑闻，但是在中国我记住的是他那一年访问了中国。

我在直播结束的时候，说了这样一番话，我说看样子美国需要对中国有更多的了解，有的时候要从语言开始，而对于中美这两个国家来说，面对面永远要好过背对背。

2008 年这一年，我 40 岁。很多年大家不再谈论"我有一个梦想"这句话了，但在这一年我听到太多的美国人在讲。看样子奥巴马的确不想再接受耶鲁"占领"美国 20 年这样的事实了。他用"改变"以及"梦想"这样的词汇，让耶鲁大学的师生在为他当选总统之后，举行了游行，甚至庆祝。

而这一年也是中国梦非常明显的一年。它就像全世界所有伟大的梦想都注定要遭受很多挫折一样显现出来。无论是期待了很久的北京奥运会，还是神舟七号让中国人第一次在太空当中行走，那都是很多年前我们期待了很久的一个梦想。但是，突如其来的汶川大地震，让这一切都变得没有我们期待中的那么美好。8 万多条生命的离开，让整个 2008 年中国人度日如年。更多的中国人也明白了，梦想很重要，但是生命更重要。

---

[1] 原文有误，肯尼迪遇刺是在 1963 年。

在过去的很多年里头，中国人看美国，似乎在用望远镜看。美国所有美好的东西，都被这个望远镜放大。美国人似乎也在用望远镜看中国，但是我猜测可能拿反了。因为他们看到的是一个缩小了的、错误不断的、有众多问题的中国。他们忽视了 13 亿非常普通的中国人，改变命运的这种冲动和欲望，使这个国家发生了如此巨大的变化。但是我也一直有一个问题：为什么要用望远镜来看彼此？

中国有的城市里流行一种面叫加州牛肉面。一部分中国人认为，从美国来的东西一定非常好吃，所以他们都去吃了。直到有越来越多的中国人来到美国，才知道加州是没有这种牛肉面的。于是这个连锁店在中国，现在处于陆续消失的过程当中。这就是一种差异。但是当人来人往之后，这样的一种误读就会越来越少。

所以最后我只想再说一句。40 年前，当马丁·路德·金先生倒下的时候，他的那句"我有一个梦想"传遍了全世界。但是，一定要知道，不仅仅有一个英文版的"我有一个梦想"。在遥远的东方，在一个几千年延续下来的中国，也有一个梦想。它不是宏大的口号，并不是仅在政府那里存在，它属于每一个非常普通的中国人。它是用中文写成的"我有一个梦想"。

> 用"望远镜"作比喻，影射美国人看待中国人不够客观，希望听众看到一个真实的中国。主体部分内容堪称"猪肚"，旁征博引、内容丰富、语言犀利，为演讲增光添彩。
>
> **结尾：**借助马丁·路德·金的名言，篇末点题，至此将演讲推向高潮；呼应开头，升华主题，发人深省，富有感召力。

演讲稿是演讲者为某次演讲活动事先准备的稿件，它是演讲者演讲时的依据。写好演讲稿是演讲者演讲成功的关键，也是演讲者应该具备的基本写作能力。演讲者在演讲之前做好充分的准备，有助于演讲时更好地发挥。可以说，好的准备是演讲成功的一半。

一、演讲稿的结构

一篇演讲稿一般由标题、称谓、问候语和正文构成。

（一）标题、称谓和问候语

演讲稿的标题通常要体现演讲的内容或明确演讲的主题。鲜活的主题能够起到吸引听众、烘托气氛的作用，为演讲成功打下良好的基础。如《有一种信仰叫我爱你中国》，故宫博物院原院长单霁翔的演讲《让传统文化活在当下》，清华大学新雅书院 2022 级新生开学典礼梅赐琪老师的演讲《在琳琅满目中做出选择》，俞敏洪的演讲《相信奋斗的力量》，董宇辉的演讲《定力，决定你能走多远》等，都是非常能吸引观众或听众的。

演讲稿的称谓很重要，要针对不同的演讲对象运用不同的称谓。演讲学家李燕杰去监狱对犯人们演讲，他突然意识到不能像以往那样称呼他们为同志们了，因为"同志"有志同道合之意。所以他临场发挥，称他们为"亲爱的犯了错误的朋友们"，没想到场上掌声雷动。

另外要针对演讲面对的听众，恰当地使用问候语，如"大家好""早上好""晚上好"等。

（二）正文

演讲稿的正文通常包括开头、主体和结尾三部分。

1. 开头

演讲稿的开头要用最少的语言、最短的时间把听众吸引过来，快速编织演讲者与听众之间的情感纽带。高尔基说："最难的是开场白，就是第一句话，如同音乐，全曲的音调都是它给予的。"开场白应达到三个目的：一是拉近距离，二是建立信任，三是引起兴趣。只有这样才能为下面的演讲做好准备。

案例 3.3.2

通过电视或网络，我想在座的各位对遥远的高密东北乡已经有了或多或少的了解。你们也许看到了我的 90 岁的老父亲，看到了我的哥哥姐姐、我的妻子女儿，以及我的一岁零四个月的外孙。但是有一个此刻我最想念的人，我的母亲，你们永远无法看到了。我获奖后，很多人分享了我的光荣，但我的母亲却无法分享了。

点评：本例为莫言在诺贝尔奖颁奖仪式上的演讲开头。莫言从最能打动人心的亲情入手，以"分享"为契机引出故事。这样的开头非常有气势，语言平实，却十分具有吸引力，能起到先声夺人的作用。

案例 3.3.3

刚才学生代表、校友代表、教师代表都对同学们未来的发展谈了他们的感悟、希望和寄托，接下来我想谈谈人生的所思所想、所感所悟。也许未来的你们会和我有同样的感受，也许我们今天的探讨会对未来的你们有所帮助。或许 25 年后当你们重返母校的时候，想起曾经有个王老师所讲的一切，在你的人生历程中得到了同样的实践，甚至你们比我有更深刻的感悟。接下来我要讲三点感悟：情怀、毅力、创新。（王老师，指西安交通大学前校长王树国）

点评：该演讲开头紧接前面代表发言，快速引入演讲下文，吸引听众，活跃了现场气氛，连接了演讲者与听众的情感。

常见的开头方法如下。

（1）引经据典法。演讲开头如果能恰到好处地引用富有哲理的名人名言，不失时机地抛出寓意深刻的典故，就会使演讲有声势、有威力。莫言在阐述作家的文学创作时"入乡随俗"地引用了《圣经》箴言篇第 4 章第 9 节的文字："她必将华冠加在你头上，把荣冕交给你。"这样的引用适合运用在中西文化的交流与沟通之中。

案例 3.3.4

生命是有各种活法的，哪怕你坐在书斋里一辈子，也要让自己的生命变得伟大。陈景润一辈子没出过书斋，不也成了世界上伟大的数学家？所以，不管在什么状态下，都要像一首诗写的那样"相信未来，热爱生命"。我们的生命只有在有了期待以后，才会有进步。有的时候，我们选择前进，不是因为我们有多么坚强。有这么一句话让我很感动，也变成了我的座右铭："坚持下去不是因为我很坚强，而是因为我别无选择。"

点评：本例是俞敏洪在同济大学的演讲片段。演讲稿中引用了名人故事和座右铭，丰富了演讲的内涵，吸引了听众。

（2）制造悬念法。如果你想迅速吸引听众，激发听众浓厚的兴趣和强烈的好奇心，那么就要在演讲开场白中制造悬念。你可以描绘一个异乎寻常的场面，透露一个触目惊心的数据，栩栩如生地描述一件骇人听闻的事情，造成"此言一出，举座皆惊"的艺术效果。这样，听众不仅会蓦然凝神，而且还会侧耳细听，更多地关注你的演讲内容，探询你的演讲原因。人都有好奇的天性，在适当的时候解开悬念，使听众的好奇心得到满足，会使演讲内容前后照应，浑然一体。

案例 3.3.5

"大家知道这是什么吗？我可以肯定地说没有人知道。"（停顿了片刻，接着说）"这是我从云南农村的一所小学带回来的，我为什么要把这件东西带回来？因为这是我在那里看到的最让我惊异而且无法释怀的东西。是的，这是一件奇特的东西，这是那所小学唯一的体育器材——足球。你们见过世界上还有这样的足球吗？因为穷，孩子们买不起足球，老师就想出法子，用旧报纸和废塑料制作成这样一个世界上独一无二的足球。至今为止，孩子们已经踢坏了121个这样的足球。"

点评：本例是电影演员佟大为演讲的一段内容。他拿出一个用旧报纸和废塑料裹成的圆球，借此阐述了让他无法释怀的情结，观点不言自明。从悬念的制造到解开，故事强烈地吸引着听众，让人感慨万千。整个故事感人至深，寄予和表达了一种深刻的思想和强烈的情感。

（3）借助修辞法。精彩的演讲必须有精美的语言，要想语言生动活泼，就要发挥修辞的作用。在意境方面，用比喻、夸张、设问、反问、借代等修辞手法，调剂语言韵味，让听众听得有趣；在形式方面，用对偶、排比等整齐的句式，增强演讲的气势，让听众听得振奋。

（4）故事开头法。演讲稿的开头通过跌宕起伏的故事情节，将听众引入一种忘我的境界，并将自己的思想、观点不动声色地融入故事中，起到"随风潜入夜，润物细无声"的作用，真正达到演讲的目的。

2. 主体

主体是演讲稿的中心部分，也是决定演讲能否成功的关键部分。写作者要根据演讲对象、环境、主题、演讲者自身的特点来选择材料，确定演讲方式。演讲者要做到条理分明、层次清晰，注意书面语与口语的区别，把握好节奏感。例如莫言在一次演讲中，重点讲述了几个有代表性的故事，如"我记忆中最早的一件事""我记忆中最痛苦的一件事""我记得最深刻的一件事""我获奖后发生了很多精彩的故事"，让整篇演讲稿充实而不浮夸。

3. 结尾

演讲稿的结尾力求做到简洁、明快、精彩，要善于运用感情色彩浓郁的词语，以及排比、反复、比喻等修辞手法，鼓动听众，产生"余音绕梁，三日不绝"的功效，给人留下深刻的印象。

常见的结尾方式有总结式、展示前景式、借用名言式、哲理升华式、风趣幽默式、激励号召式、余味无穷式等。

案例 3.3.6

语言是文化战争中最基本的武器。我们可以用它去塑造中国的形象。我们每一个人身边都可能有外国的朋友，我们有责任告诉他们，真实的中国是什么样的，让他们不要去相信那些被西方的主流标题所概括出来的、不是中国的中国。那不是我们。我相信我们今天在座的这么多的媒体朋友，还有今天正在工作的那么多的媒体同人，你们一定会坚持更多的你们的原则和力量，保护中国的形象。因为如果我们拿的是步枪，你们拿的就是核武器。我相信只要我们一起运用语言的力量，一起用这份最坚实的力量守护我们脚下的土地，我们一定可以实现那个我们共同期待的美好的中国梦。

点评：本例选自梁植的演讲《语言的力量》，结尾铿锵有力，激励人心，深化主题，耐人寻味。

案例 3.3.7

我是一个讲故事的人。因为讲故事我获得了诺贝尔文学奖。我获奖后发生了很多精彩的故事，这些故事，让我坚信真理和正义是存在的。在今后的岁月里，我将继续讲我的故事。谢谢大家！

点评：本例摘自莫言赴瑞典领取诺贝尔文学奖时发表首次演说的演讲稿，该结尾言简意赅，水到渠成，篇末点题。

二、演讲稿的选题

演讲稿的选题很重要。演讲者在准备演讲稿的过程中，最好将自己的生活和经历融入所要演讲的内容中，搜寻自己生活中有意义、有人生内涵，以及能体现丰富经验的材料，然后汇集由这些经验汲取来的思想、概念等，对题目加以深思，使演讲稿的选题更为恰当，内容更为丰富和生动。

1．明白别人想要听什么

演讲是讲给别人听的，而不是讲给自己听的。这就要求演讲者在准备稿件时要揣摩听众心理，研究听众此时、此地最关心什么，演讲者说什么才能够产生与听众一拍即合的效果。只有抓住听众心理去准备演讲稿才是上策。

2．明白自己要达到的目的是什么

有位记者评价莫言说："一个个不同的故事，都彰显着获奖者的性情与傲骨。今天，莫言用了一种最为平实的方式，叙述了自己成为'讲故事的人'的历程，简简单单，却透彻心扉。"

说话不同于写文章，文章写完可以字斟句酌，再次修改；而说话是"一言既出，驷马难追"，所以演讲要达到什么目的，就要为此目的准备相应的材料。

3．明白自己适合讲什么

知道自己该讲什么，适合讲什么是非常重要的。也就是说，你一定要为自己的演讲做一个定位，坚信自己的特长，坚持自己的方向，全力以赴，坚决不讲自己不懂的东西。"始终保持创新意识，用自己的眼光关注世界，而不随波逐流。"

> **名言录**
>
> 演讲的主题犹如人的灵魂。一个人即使是有血有肉、活生生的，如果没了灵魂，也就不过是行尸走肉。
>
> ——邵守义

4．明白题材的范围是什么

选好演讲题目后，下一步就是把题目所包含的范围确定下来，并做到不越雷池一步。千万别妄想讲一个什么都包含的话题，那是徒劳无益的。在生活中我们会发现，很多演讲都是因为范围不确定，涵盖了过多的论点与内容，头绪繁多，语无伦次，无法吸引听众的注意力而失败的。

三、演讲稿的写作技巧

要想演讲成功，演讲者除了要具有一定的表达、沟通能力外，还要掌握演讲稿的写作技巧。

1．立意深刻，主题突出

演讲学家邵守义认为演讲讲人也好，叙事也好，论理也好，都不能停留在表面，而应该挖掘其本质。演讲者要充分挖掘材料，使演讲的主题突出、立意深刻，凸显演讲的社会意义，这样自然就能引发听众反思，实现最佳的演讲效果。

案例 3.3.8

走到今天，我回头再看看我的这些经历、这些挫折，原来都是上天对我最好的安排。世界是一面镜子，照射着我们的内心，我们的内心是什么样子这个世界就是什么样子。选择抱怨，我们的内心就是痛苦、黑暗和绝望的；选择感恩，我们的世界就会充满阳光、希望和爱。

点评：本例是《超级演说家》节目嘉宾崔万志的演讲词，他通过自身坎坷的人生经历，总结出人生的道理，触动听众灵魂，主题突出，立意深刻。

2. 深挖材料，厚重演讲

深挖材料，将听众引入一个意想不到的境界中，给人一种眼前一亮的感觉。演讲者要注重从横向、纵向上对材料进行深入的挖掘，用智慧的语言碰撞出思想的火花。

案例 3.3.9

今人不见古时月，今月曾经照古人（节选）
董宇辉

李白小时候也会写这个，"小时不识月，呼作白玉盘"。后来在西安兴庆宫里，觉得自己一身武艺、百步穿杨，觉得自己可以为朝廷奉献力量的时候，结果唐玄宗把他叫进皇宫里，每天跟李龟年去写歌词。但他的期待不是当一个写歌词的，他特别难过，每天把自己灌醉，所以他写出了"花间一壶酒，独酌无相亲。举杯邀明月，对影成三人"。那两个都是他的影子，就他自己，他受不了。我当时只能依靠着这些东西来疏解自己的心情，但是我也按照自己的方法，笨拙地在坚持着，虽然不被看好。（央视网《青春大课》邀请董宇辉在中国传媒大学的演讲）

点评：有些材料看似平常，但挖掘起来却会给人一种厚重感。董宇辉以自己的方式诠释李白的故事，感悟人生，激励他人，正好验证了演讲者内心的追求——顺境中多做事，逆境中多读书。

3. 有诗有歌，有情有义

演讲稿的一个重要特征就是抒情性。演讲者通常采用间接抒情的写法，融情入物，融情入景，融情入事，融情入理，这样才容易被听众接受。

案例 3.3.10

鲁迅先生说汉字有三美：意美，音美，形美。意美可以感染我们的心灵，美在只可意会不可言传，美在"行到水穷处，坐看云起时"。音美可以愉悦我们的耳朵，美在"余音绕梁，三日不绝于耳"，美在"大弦嘈嘈如急雨，小弦切切如私语"。形美可以闪亮我们的眼睛，美在风骨，美在精髓，美在永恒，美在"笔落惊风雨，诗成泣鬼神"，美在"眉头无一事，笔下有千年"。

点评：本例是关于汉字之美的演讲，演讲者引用诗文，委婉含蓄地讲述了汉字之美，有情有义，生动形象，有理有据，为演讲添彩。

4. 讲究技巧，表达有方

要使演讲稿的立意深刻就一定要讲究技巧，通常可以采用开宗明义法、一语定旨法、反复申诉法、卒章显志法、正话反说法等。

案例 3.3.11

女士们、先生们、领导们：

下午好！

站在这儿，比较紧张。我是云南保山市腾冲县和顺镇的代表、和顺镇驻北京办事处的副处长，我叫崔永元，谢谢大家！

前面介绍的这几个小镇，我看被评为魅力小镇，绝对是名副其实，特别是北极村、宏村、西递村我都去过，比我们和顺镇确实强很多。来之前我也打过退堂鼓，我跟乡亲们说，那些地方我都去过，确实比我们和顺更有魅力，我们就不要参加这个评比了。后来乡亲们说："去说说吧！哪怕说说咱们的缺点，学学别人的经验，也是一个难得的机会。"那我现在就在这儿直言不讳、实话实说，说说我们和顺的缺点和弱项，希望其他的魅力小镇能给我们以帮助。

和顺有很多不足：第一是历史太短。和顺小镇只有600多年的历史，比美国的历史才多400多年。

第二是开放太早。和顺早在400多年前就已经开放了，当时乡里人就走出了国门。

第三是乡里人都不务正业。因为这地方是以农业为主的，大家应该种田，但经常是放牛的老人清晨上了山，把牛放在山上吃草，自己却到图书馆去看书。

农民家里最多的应该是农具，但是在我们镇上，家家都有文房四宝。他们不务正业我觉得和爱看闲书有关系，这已经有几百年的历史了。在20世纪20年代，我们和顺就有了图书馆，有了集邮社；在20世纪30年代，就有了音乐社、话剧社、足球队和篮球队；在20世纪40年代，他们演出了曹禺先生的《日出》、郭沫若先生的《孔雀胆》，到今天剧照还完整地保留着。

因为读书读得多，就读出了很多奇奇怪怪的人，比如有一个人大家都知道叫艾思奇，他写了一本《大众哲学》，他就是我们和顺人。他把哲学带到了延安，毛主席还写信向他请教，你说有这个时间挣点钱多好呢！还有张宝廷先生，他是翡翠大王，大家见到的翡翠，很多都是由他在缅甸发现、加工、制作，卖到北京、上海、广州、香港的。

这是我们和顺乡1946年自己出的报纸。（边讲边出示实物）这是毛主席任命人民政府委员时发的，这是他的签名和他的通知书。这是当年建公路时候的股票。这是在上海和香港住店的发票，到现在还没有报销。这是和顺乡自己办的刊物，1936年出的第一期，到今天还在出。这是当时的通行证。这是出国必看的一本书，叫《青年宝鉴》，我念四句，结束我的演讲：

　　　　百岁光阴有几何，何须苦苦营谋。
　　　　莫与儿孙做马牛，以免东失西走。

乡亲们说，我们评不上魅力小镇没有关系，但是希望魅力小镇最后的颁奖仪式能在我们和顺举行，乡亲们想看一看，到底中国还有哪个小镇比我们和顺更有魅力。

点评：本例节选自崔永元2005年代表云南保山市腾冲县（今腾冲市）和顺镇参加"中国十大魅力古镇"评选的演讲稿。按常理应该极力夸奖本小镇绝对有优势，而崔永元上来就说和顺镇不如其他小镇，到这里来主要是说己方的"缺点"和"弱项"、学习别人经验的。然而实际上，他所说的和顺镇的三个"缺点"，无论是历史太短、开放太早，还是不务正业，恰恰都是别的地方所没有的，是和顺镇的宝贵财富，也是和顺镇的巨大魅力。崔永元的《话说和顺》就是一篇成功运用正话反说写作技巧的演讲稿。

5. 幽默智慧，妙趣横生

作家林语堂说："幽默是人类心灵舒展的花朵，它是心灵的放纵或者放纵的心灵。"莎士比亚曾说："幽默和风趣是智慧的闪现。"一位领导曾接受东京广播公司（TBS）采访，当时记者提问："我正在学中文，听说中国人都喜欢唱歌。您最喜欢什么歌？能不能唱一段？"这位领导说："我最喜欢的是中国的国歌。如果我现在要唱的话，你们都得起立，我想我还是不唱了。"

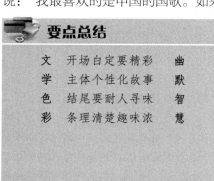

要点总结	
文	开场白一定要精彩
学	主体个性化故事
色	结尾要耐人寻味
彩	条理清楚趣味浓

知识拓展

什么样的演讲算是成功的演讲？
一、追求真、善、美，摒弃假、恶、丑。
二、展现演讲者的人格魅力。
三、演讲观点具有共鸣性。
四、悟出哲理，启迪人生。
五、充分调动听众的积极性，强化演讲主题。
六、激励他人，鼓舞自己。

幽默智慧

【感悟升华】

一、多项选择题

演讲稿常见的开头方法有（　　　）。

A. 引经据典法　　B. 制造悬念法　　C. 故事开头法　　D. 表情达意法

二、判断题（对的打"√"，错的打"×"）

演讲稿的写作技巧包括：

1. 立意深刻，主题突出。（　　　）

2. 深挖材料，厚重演讲。（　　　）

3. 说明为主，注重描写。（　　　）

4. 讲究技巧，表达有方。（　　　）

三、实践训练

1. 概括下面这段演讲稿的主题。

南京师范大学郦波老师有一段精彩的讲话："当人生得意时，我会提醒自己'不识庐山真面目，只缘身在此山中'；当人生失意时，我会提醒自己'雄关漫道真如铁，而今迈步从头越'；当面临非议与诋毁时，我会在心底告诉自己'谁怕？一蓑烟雨任平生'。"所以，诗词从来不是决定输赢、彼此攻击，甚至提供炫耀、以资骄傲的力量。诗词只给人以修养，给心灵以港湾，给灵魂以芬芳。

2. 结合当今社会讨论的热点话题，写一篇课前3分钟的演讲稿，在班级中进行演讲。

3. 以"我们都是追梦人"为题进行演讲，要求主题突出，运用一定的演讲技巧。

"塞外音书无信息，道傍车马起尘埃。"（唐杜牧《寄远》）"我寄愁心与明月，随风直到夜郎西。"（唐李白《闻王昌龄左迁龙标遥有此寄》）从古至今，人们传递信息的欲望多么强烈，方式也多种多样。无论如何，纵使穿越千山万水，也要把信息成功地传递到每个人的心中。

第四章 信息文书写作

第一节　海　报

【学习目标】

知识目标：了解海报的特点、种类和设计要素，掌握海报的结构。

能力目标：能够设计出图文并茂的、富有创意的海报。

案例 4.1.1

《我在故宫修文物》海报之一

城市热读公益讲座　弘扬中华传统文化

——中国美的历程

主讲嘉宾：张立华（××城市热读公益讲座特聘嘉宾）

主讲内容：中国美是一个整体的概念，它不是"中国"加"美"的概念解读，它是用一种独特的形象化的思想语言，带你穿越两千年的历史风尘，一起品味沉鱼落雁的女性之美，一起领略英俊伟岸的兵马俑的男性之美，一起寻找美丽精神。

主办单位：××××

时　　间：××××年×月×日

地　　点：逸夫楼 301 室

联系方式：××××××

这幅图是我国中央电视台出品的纪录片《我在故宫修文物》的海报，黑白印刷是不是看不出什么端倪？读者可扫描二维码，放大后仔细观察，看看能否发现海报中隐藏的"秘密"。

标题： 引题交代讲座的意义，正标题揭示讲座的主要内容。

前言： 省略。

主体： 交代主讲嘉宾、主讲内容，引发读者的思考，彰显主办方的文化理念。语言精美，富有内涵，充满艺术氛围。这是一份文化讲座海报。

结尾： 省略。

落款： 交代讲座主办单位、时间、地点、联系方式。

　　企业或其他组织宣传自己的渠道或方式有很多种，如电视、报纸、杂志、海报、新闻网站、短视频平台网站、手机 App、微信朋友圈等。其中，海报在线下广告中的使用非常普遍，不仅被商家广泛使用，也常常被高校中的各类社团用来宣传某项活动。很多网站的图片广告都源自纸质海报，可以说它几乎是其他所有平面媒体广告的源头。鉴于上述原因，本节对海报进行简要介绍。

海报又称招贴画或宣传画，是一种平面形式的宣传广告，也是一种能充分彰显个性的设计艺术形式。设计者在设计过程中可以注入一个国家的精神、一个民族的精神、一个企业的精神，或是设计者自身的精神。商业招贴海报具有一定的商业意义，其艺术性服务于商业目的，并为实现商业目的而努力。

海报是一种为了达到报道、广告、劝谕、教育的目的，或用来完成一定的宣传、鼓动任务而写作的或配有一定图画的应用文体。运用普遍的海报被称为瞬间的街头艺术，通常张贴于街道、影剧院、展览会、商业闹市区、车站、码头、公园等公共场所。

一、海报的特点

从内容和形式来看，海报具有如下三个特点。

（1）图文并茂。海报通常张贴在公共场所，在众多的画面形式中能给人以比较突出的视觉感受。写作者以及设计者通常会根据实际需要，确定海报的画面大小、色彩浓重等，并保持清晰可见，以满足人们在公共场合远视的需要；同时，还会添加能够突出主题的文字，以夺人眼球。

（2）创意独特。海报以在公共场合曝光为目的。这就要求写作者以及设计者在制作海报时富有独特的见解与创意，能够用最经济的版面、最有宣传效果的画面、最少的文字，实现突出海报主题、扩大海报宣传的目的。

（3）艺术升华。海报的画面以及文字的艺术性非常重要，因为海报要靠画面、文字吸引顾客或观众。因此，海报能给人留下深刻的印象，达到突出表达海报主题的效果就显得尤为重要。无论是简练的视觉流程的设计，还是留白的艺术手法的处理，以及强烈反差的色彩或者和谐的色彩的运用，都能使海报作品的艺术性得到升华。

赏心悦目
历史上的海报

提示：根据海报的特点、分类、设计要素等相应的知识点，仔细分析二维码中链接的几幅海报。

二、海报的种类

依据内容的不同，海报可以分为以下四种。

（1）公益海报。通过画面和文字表现特定主题，丰富人们的生活和精神领域的海报就叫公益海报，如"尊重生命，吸烟有害"等。

（2）政治海报。传播政治思想，提高人们的思想觉悟的海报就叫政治海报，如"红色记忆，喜迎国庆"等。

（3）文体海报。传递文化、体育信息的海报就叫文体海报，包括运动会海报、音乐节海报、电影海报等，如中央民族歌舞团演出海报——大型歌舞晚会《同心筑梦新时代》等。

（4）商业海报。通过宣传商品或商业活动信息，获取经济利益的海报就叫商业海报，如"正宗烤鸭在哪里，请您快去全聚德"等。

三、海报的设计要素

海报的设计通常包括以下三个要素。

（1）文字要素。文字要素能够起到说明的作用。

（2）图案要素。海报是视觉艺术，可以通过图案产生强烈的视觉效果。

（3）色彩要素。海报的色彩要素非常重要，使用恰当的颜色会使海报更具有象征性。

四、海报的结构

海报的结构通常包括如下内容。

（一）标题

依据海报内容、画面形式的特点，可将海报的标题分为以下两种。

（1）单行标题。①以文种作为海报的标题，居中直接写"海报"两个字。②以活动信息作为海报的标题，如"'北京意象——诗话海淀'将在中国美术馆展出"等。③以海报内容+描述活动内容的语句作为海报的标题，如"以文化自信和守正创新引领时代价值的《朗读者》同名书籍海外版正式启动"等。

（2）双行标题。①正标题+副标题。正标题揭示海报的主题，副标题是海报内容的提要，如"文化艺术的魅力，八旬老戏骨坚守舞台——明星版话剧《老舍五则》将在人民大会堂上演"等。②引题+正标题。引题交代活动的意义，是为引出海报的正标题服务的，正标题揭示海报的主题或主要内容，如"赏中华诗词，寻文化基因；品生活之美，人生自有诗意——中央广播电视总台热播节目《中国诗词大会》"等。

（二）正文

海报的正文包括前言、主体和结尾三部分。

1. 前言

海报的前言概括说明海报所涉及活动的主要内容、背景、依据及意义，如"'走向西部——中国美术馆经典藏品西部巡展·宁夏'，本展览是中国美术馆藏品走出去，发挥公共文化资源社会效益的一次有力举措，是中国美术馆典藏活化的一次成果展示，能让更多的人发现西部，认识西部，表现西部"等。注意，不是每一份海报都必须有前言。

2. 主体

海报的主体部分要突出海报所涉及活动的主题、主要内容，还要交代活动要素，如活动流程、主办单位名称等。主体部分的写作比较灵活，可依据内容确定形式。不论采取哪一种形式，都要求海报所写文字、所涉及内容必须真实。

海报主体通常有如下几种写作形式。

（1）概括式。概括式是以简短的语言，高度概括海报的主要内容。

案例 4.1.2

"新年京剧晚会"将在梅兰芳大剧院上演。我们一直致力于传承国粹艺术和弘扬中华优秀传统文化，此次我们也将努力为观众奉上一台京剧艺术的饕餮盛宴，喜迎新年的到来。

点评：本例是正文的主体部分，用最少的文字，高度概括了梅兰芳大剧院"新年京剧晚会"的主要内容，揭示了该海报的主题。

（2）条文式。条文式是指条理清晰地介绍相关活动的主要内容，包括活动的时间、地点、举办方式、注意事项等。

案例 4.1.3

话剧《王府井》

出品人：人艺实验剧场　　　　制作人：×××　　　　主演：×××、×××

演出时间：××××年×月×日　演出地点：北京人民艺术剧院

点评：本例交代了海报的主要内容，写清了该海报所涉及活动的具体时间、地点等相关内容，让人一目了然。

（3）短语式。短语式是指用最简短的语句突出海报的主题或主要内容。

案例 4.1.4

"视"必有你：中国巨幕·杜比全景声·体验周。置身于动人心魄的声音"视"界，亲历每一个精彩故事。长影电影院建立四周年。

点评：本例用最简短的语句交代了海报的主要内容，揭示了海报的主题，语言简洁，让人过目不忘。

3. 结尾

结尾处要写明海报所涉及活动的具体时间、地点或特别要求，如"活动仅限三天"等。如果在主体中已交代活动时间等内容，结尾处就可以不写。

要点总结

> 前言：活动背景、意义、依据。
> 主体：活动的主题或主要内容。
> 结尾：活动的具体时间、地点、联系方式等。

（三）落款

海报的落款包括海报所涉及活动的主办单位的联系方式、网址及活动地点等。

案例 4.1.5

圣诞童话《胡桃夹子》
中央芭蕾舞团演出

原创：德国霍夫曼《胡桃夹子与老鼠王》

编导：马里乌斯·彼季帕、列夫·伊万诺夫

作曲：柴可夫斯基

改编：赵明

剧情梗概：每年圣诞节来临之际，世界上所有的芭蕾舞团几乎都要演出几十场著名的芭蕾舞剧。其中，《胡桃夹子》是世界上最优秀的芭蕾舞剧之一。在圣诞节，女孩玛丽得到一个胡桃夹子。夜晚，她梦见这只胡桃夹子变成了一位王子，领着她和她的一群玩具同老鼠兵作战，后来又把她带到果酱山，他们受到糖果仙子的欢迎，享受了一次玩具、舞蹈和盛宴的快乐。《胡桃夹子》表现的是无忧无虑的儿童世界。中央芭蕾舞团总导演赵明把故事的发生地改成北京胡同内，一位西方客人到中国古董商家中做客，送给主人家的孩子一个胡桃夹子，由此引出一段富有童话色彩的故事。剧中将会出现扇子舞、丝绸舞等具有中国特色的舞蹈。

欢迎前来观看演出。

演出时间：××××年×月×日 19:30

演出地点：北大百年讲堂

票价：500元、100元，学生票50元

订票电话：××××××

标题：正标题揭示了海报的主要内容，副标题交代了演出单位。

主体：这是一份演出海报，交代了与本剧相关的内容，包括原创、编导、作曲、改编、剧情梗概等，以此来吸引观众、读者。海报所涉及活动的内容具体而清晰，凸显了文化品位。

结尾：以"欢迎前来观看演出"作结语。

落款：明确交代了演出时间、演出地点、票价、订票电话，收束全文。

【感悟升华】

一、填空题

1. 海报主体部分的写作形式有（　　　）、（　　　）、（　　　）。

2. 海报的设计要素通常包括（　　　）、（　　　）、（　　　）。

3. 常见的海报种类包括（　　　）、（　　　）、（　　　）、（　　　）。

二、实践训练

1. 完成任务单 4.1 布置的任务。

2. 结合校园生活开展系列海报制作，要求独立完成，完成后讲评自己设计的海报。在图书馆展览厅展出优秀作品，并评奖。

任务单 4.1

海报项目任务单

任务名称	商业海报创意设计	班 级	
学习小组		组 长	
小组成员		完成时间	

	布 置 任 务		
任务描述	海报已经成为当下人们从事商业及文体活动传递信息所不可缺少的工具，也成为商家更好的促销方式及手段。为了使同学们能更好地了解市场，为商家提供扩大销售、影响舆论的媒介，也为了使同学们未来在市场营销中能有更好的业绩，特委托同学们利用所学的专业知识，为自己所熟悉的某一商品或某一商业活动设计一份海报。同学们可以组建商业海报设计与创意公司，设经理 1 人，秘书 1 人，文员 3～4 人。公司经理负责组织完成如下工作： 1. 确定并深入研究商业对象； 2. 进行写作与设计前的准备，对本次活动做出详尽安排； 3. 进行网络信息的搜集与整理； 4. 进入海报的写作设计阶段。		
完成形式	制作一份海报，选派公司秘书用 PPT 以演讲的方式讲述作品		
具体要求	选定商业对象		
	海报主题基调		
	其他要求	1. 能明确提供生活中的商业信息； 2. 海报所涉及活动的时间、地点、联系方式等要清晰、准确； 3. 能准确、生动、形象地使用一定的文字揭示海报的主题或意义； 4. 色彩、图画要根据海报主题来选择，插图要温馨、吸引人。	
资讯引导	1. 欣赏纪录片《我在故宫修文物》的海报，借鉴其成功经验； 2. 通过互联网查找并欣赏南方黑芝麻糊广告系列海报，为海报的创意设计提供灵感。		
学生互评笔记			
教师评语笔记			
完成任务总结	谈谈在海报制作过程中遇到的困惑和获得的感悟		

注：本任务单只供读者完成任务时做笔记使用，完整任务单见本书配套资料。

第二节　启　事

【学习目标】

知识目标：了解启事的作用，明确启事的种类和结构。

能力目标：掌握启事的写作技巧，学会运用启事为生活、学习、工作服务。

启事具有悠久的历史，现代意义的启事是公开向人告白事情的一种应用文体。随着社会的进步和发展以及工作节奏的加快，人们的交往越来越频繁，启事也成为人们沟通交流时常用的一种应用文体。人们非常形象地把启事比喻为现实生活中传递与交流信息的"轻骑兵"。

案例 4.2.1

××银行××省分行××××年校园招聘启事 　　××银行××省分行是××省的一级分行，各项存款、贷款、中间业务的收入、利润均居省内同业第一，连续多年荣获全国金融系统文明建设先进单位等荣誉称号。××银行××省分行竭诚欢迎优秀青年加盟，携手共创美好未来！	**标题：** 发布启事的单位、启事的具体内容及种类。 **开头：** 概括地介绍用人单位。

　　一、招聘条件

　　（一）具备良好的政治素质、高尚的思想品德、较好的仪表气质，身体健康，具有较强的学习沟通能力及良好的团队协作精神。

　　（二）全日制普通高等院校××××年应届本科及以上学历毕业生，并获得国家认可的就业报到证、毕业证和学位证。

　　（三）具有良好的英语沟通能力，能熟练使用计算机办公软件。

　　（四）以经济、金融、管理专业学生为主，适当招收理工科等专业学生。

　　二、招聘岗位及程序

　　银行前台工作人员若干名。

　　（一）报名。统一采取网上报名方式，具体报名时间为××××年×月×日。

　　（二）简历筛选。根据招聘条件、报名人数等对应聘者简历进行筛选。

　　（三）笔试。总行将组织统一笔试。

　　（四）由省分行统一组织实施面试、体检及录用。

　　三、联系方式

　　电子邮箱：×××××　　　　联系电话：×××××

> **主体：** 明确招聘条件、招聘岗位及程序。
>
> **结尾：** 联系方式。

启事有两方面的意义：一是在无法确定具体告白对象，或已确定具体告白对象但不知此人身在何处的情况下，采用公开告白形式使告白对象闻讯；二是有些事情的告白虽有具体对象，但告白人有意将告白的内容广泛地面向社会大众公开。

"启"即告知、陈述的意思。启事是一种十分常见的告知性应用文，是国家机关、社会团体、企事业单位或个人，用简明的文字将需要公开说明的事情，或请求大家援助、支持或协助办理及参与的事情公之于众的一种应用文体。简而言之，启事就是公开地陈述事情。

一、启事的种类

启事的种类繁多，划分标准不同，种类也就不同。

（1）征招类启事，包括招聘、招生、招标、招商、征集、征婚、换房启事等。

（2）寻找类启事，包括寻人启事、寻物启事等。

（3）声明类启事，包括遗失证件、支票时，发启事告白社会有关方面，以声明作废。这类启事包括作废、迁移、更名、更期、更正、开业启事等。

（4）公布类启事，包括张贴启事、报刊启事、广播启事、电视启事等。

（5）鸣谢类启事，是指受别人祝贺、援助、恩惠之后，发启事以公开道谢，兼有表彰之意。

二、启事的结构

启事的结构一般包括标题、正文和落款三部分。

1. 标题

标题一般标明启事内容，如"征婚启事""遗失启事"等；也可只写文种"启事"或只写"招工""换房"等，如北京师范大学开展的"'大学悦读·阅读大学'活动启事"。

2. 正文

正文包括前言、主体、结尾，通常在标题下一行空两格开始写正文。

前言主要交代写作启事的目的、缘由。

主体的内容一般包括目的、意义、原因、要求、特征、待遇和条件等。如果内容较多，可分项逐一写明，有些关键的地方也要将细节写清楚。

结尾通常表明写作者的希望或态度，也可以不写。写作者可根据启事内容的需要，决定是否写结尾。

3. 落款

正文右下角处具名，写日期。

三、启事的写作技巧

启事的种类繁多，但各有各的写作技巧，具体如下。

（1）招工招生启事。这类启事应重点写招工、招生的原因、地点，并注明带上相关的证件以及招收的方法（面试、笔试）等。这类启事与招聘启事并无大的区别，只是招收对象不同，大多为专业技术人员，要求较高，待遇也较优厚。

（2）征文启事。这类启事应写清征文的目的、主要内容、具体要求、截稿时间、投寄方式、出版形式、如何奖励等。

（3）征订启事。这类启事要写明征订报刊书籍的性质、内容、特点、价目、征订单位、截止时间等。

（4）寻人寻物启事。这类启事应写明要寻找的人或物的基本特征、丢失的时间与地点、联系地址与电话号码、对协助寻找者的酬谢等。

（5）更名权利启事。这类启事应写明更改名称的原因、更改名称的全称、更改名称后的服务宗旨及业务范围等。若是经济实体，还要写明更改名称单位对债权和债务的权利与义务等。

案例 4.2.2

招商启事

由××商业大厦与××贸易公司联合成立的中东商城，位于××市繁华的商业黄金地段——台北大街27号。

中东商城，是经市场监督管理部门批准的以"无假货"注册命名的商

标题：表明这是征招类启事中的招商启事。

正文：本文重点突出，目标明确。启事的前言

城，在整个经营管理过程中贯穿"货真价实，真诚服务"的理念，勇于创设新型的商业企业。首批招商将各挑选10家生产金银珠宝、真皮制品、国际名牌化妆品、羊绒制品、真丝制品、烟酒食品、家用电器的企业入驻，真诚地希望各商家与我们联系。

地　　址：×××××　　邮　　编：××××××
联系电话：××××××　　联 系 人：×××

> 明确交代了招商单位的具体位置，主体部分交代了招商启事的具体事项。
> **结尾：** 用"真诚地希望……联系"表明了态度。
> **落款：** 写明了具体的联系方式、联系人等。

案例 4.2.3

毕业生就业洽谈会启事

××市定于××××年×月×日，在××市棉城小学举办集体大型人才市场大、中专毕业生就业洽谈会，欢迎国内外有志于××市建设的各类专业技术人才和大、中专毕业生及科研成果拥有者等到人才市场应聘、择业。

邮　　编：××××××　　联 系 人：××× ×××
地　　址：×××××　　联系电话：××××××

> **标题：** 表明这是一则关于招聘会信息的公布类启事。
> **正文：** 开门见山地交代了什么单位、在什么时间和地点、举办什么活动。内容简洁明了，格式规范。
> **落款：** 交代了联系方式、联系人等。

案例 4.2.4

服装设计大赛征稿启事

为了提高服装设计水平，即日起向全国征集服装设计稿。

（一）参赛内容：服装（包括针织、梭织服装，裘衣服装等）。

（二）征稿要求：个人参赛最少四款一系列服装；团体三个人以上集体参赛的，数量不限。

（三）作品要求：简洁、高雅、庄重。来稿请附8开彩色效果图及1：5比例裁剪图（附设计思想、面料小样）。

（四）投稿方法：

（1）投稿截止日期：××××年×月×日（以邮戳为凭）。

（2）注明姓名、单位、详细通信地址、邮政编码。

（3）报名和收稿地址：×××服装协会转××国际时装节服装设计大奖赛办公室。

邮　　编：××××××　　联 系 人：×××
地　　址：×××××　　联系电话：××××××

> **标题：** 征稿启事，表明了内容、种类、文种。
> **前言：** 交代了征稿目的，引出下文。
> **主体：** 这部分明确了征稿的具体要求以及投稿方式。
> **落款：** 交代联系方式、联系人等。

【感悟升华】

一、单项选择题

"启事"当中的"启"和"事"的意思就是（　　）。

A. 启，即"启发"；事，即"事情"。意思就是受启发于人

B．启，即"开启"；事，即"事情"。意思就是因事受启发而告诉他人

C．启，即"启告"；事，即"事情"。意思就是有事要启告于人

D．启，即"启动"；事，即"事情"。意思就是有事要开始做

二、实践训练

1．请你根据下述内容，为该公司写一则招聘启事。时间为××××年×月×日。要求启事内容完整，条件具体明确，格式规范。

　　××有限公司财务部最近业务繁忙，有大量的财务凭证、各种发票需要整理，有各种工作需要审核协调，目前需要招聘工作细致、思路清晰、沟通协调能力好、责任心强的大专或本科会计专业的学生前来实习或工作。工作地点在××市××区××路××号××广场。

2．某公司已更名，请你为其写一则刊登在报纸上的"更名启事"。

3．修改下面这则启事，并说明理由。

　　广州××音像诚聘业务助理：数名，大专文化，懂计算机操作，能熟练运用 Office 办公软件（限女性）。业务代表：数名，熟悉音像市场，有音像业工作经验者优先。有意者请带个人简历亲临面试。联系人：××　电话：××××××××××　地址：××××××

第三节　条　据

【学习目标】

知识目标：了解条据的种类、结构、作用，理解条据的法律意义。

能力目标：掌握条据的写作技巧，学会运用条据为生活、学习、工作服务。

　　条据是人们在日常工作与生活中使用最广泛的应用文体之一。它很常用，写起来简便，看起来方便，纸小而作用大。

　　条据是作为某种凭据或进行说明的便条。它是日常生活中常见而又比较简便的应用文。

案例 4.3.1

借　条	标题：应用文种类。
兹因本人近来资金周转不便，今向李林借款人民币贰万圆（20 000 元）整，预计在××××年×月×日前归还。借款期间利息按照国家四大银行定期存款利息计算，还款时一并支付。此据。	开头：开门见山交代借条的具体事项。
立据出借人：李林（签字、手印） 　　身份证号码：×××　联系地址：×××　电话：××× 　　立据借款人：王洋（签字、手印） 　　身份证号码：×××　联系地址：×××　电话：×××	主体：明确借条的凭证作用、制约性质、法律意义。
××××年×月×日	落款：借款日期。

点评：借条的出借人和借款人要明确，钱款数目以及归还日期要规范，以便充分发挥其凭证作用。

一、条据的种类

　　条据有多种，基本上可以分为两大类，即凭证式条据（如借条、欠条、领条、收条）和说明式条据（如请假条、留言条、托事条）。

　　（1）收条是收到东西时给对方开的凭条，要求写明什么时间收到何人何种钱币，数量多少，有的要标明原因、用途。

　　（2）领条是领到东西时，依据相关部门的要求，写明从何处领取到什么物品，并明确数量、质量、格式及写法等。

　　（3）借条是向他人或单位借钱物时，留给对方作凭据的条子；欠条是欠别人的钱物时留下的作为凭据的条子。借条、欠条都要写明借欠的原因，钱物还清之后要将借欠条收回，对方开具收条，以明责任。

　　（4）请假条是因故不能上班或上学时，向单位人事部门或学校老师等写的条子，需说明请假原因和时间。请假条宜用"望准假""请准假"等礼貌用语。

 **知识拓展**

借条和欠条的区别

　　借条与欠条之间有较大的区别。借条证明借款关系，欠条证明欠款关系。借款肯定是欠款，但欠款不一定是借款。借条形成的原因是特定的借款事实。欠条形成的原因很多，如因买卖产生的欠款、因劳务产生的欠款、因损害赔偿产生的欠款……当借条持有人凭借条向法院起诉时，对方要抵赖的话一般很困难。但是，当欠条持有人凭欠条向法院起诉时，欠条持有人必须向法官陈述欠条形成的事实。

　　（5）留言条可在联系工作、交代任务或访人不遇时使用，需明确交代意图、需求，语言简洁并留有落款。

　　此外，还有托事条、代收条等，写作格式请参考上述条据。

二、条据的结构及写法

　　1．凭证式条据

　　（1）一般在上下方各空一行，居中写条据的名称以表明条据的性质，如"收条""借条""欠条""领条"。

　　（2）正文开头空两格，写对方的名字或名称，以及涉及的钱物的数量，有的还要在数量后或正文写完后空两格另起一行，写上"此据"二字。

　　（3）正文右下方写开条人的名字或单位名称（盖章），另起一行写开条的日期。

　　（4）凭证式条据有惯用语，正文开头通常写"今收到""今领到""今借到"。

　　2．说明式条据

　　（1）说明式条据的标题一般上下各空一行，居中写明。

　　（2）正文开头空两格，简明扼要地写明要说明的事情，交代清楚写给谁、什么事。

　　（3）正文右下方署名，注明日期。

三、条据写作注意事项

　　（1）用于外单位的条据，单位名称要写全称。

　　（2）条据中出现的数字一定要大写（如壹、贰、叁等），数字前不留空白，后面写上计量单位名称（如元、台、件等），然后写上"整"字。依据具体内容，有的还要写上"此据"，以防添加或篡改。

（3）不可涂改，写错时需要重新写一张条据。如不得不涂改，需要在涂改处加盖公章（或签字、按手印）。

（4）文字要简明。一般只写事实，不抒情，不讲道理。

（5）书写时用钢笔或签字笔，忌用红色墨水，字迹要工整。

案例 4.3.2

收条

　　今收到财管专业××级 1 班李明同学所交学费人民币伍仟柒佰伍拾圆（5 750 元）整。此据。

收款人：财务处　张建群
××××年×月×日

标题：表明这是凭证式条据。
开头：使用惯用语。
主体：交代收了谁的钱、数额以及用途。
结尾："此据"为惯用语，表示收据正文书写完毕。
落款：收款单位及收款人、收款日期。

案例 4.3.3

请　假　条

张老师：

　　您好！

　　我今天因为感冒发烧，不能到校学习，特向您请假三天（×月××日至×月××日），请准假。

　　此致

敬礼

学生：王伟
××××年×月××日

标题：表明是说明式条据。
开头：称呼、问候语。
主体：说明请假原因、具体时间、期复性用语。
结尾：礼貌用语。
落款：请假人及日期。

【感悟升华】

一、多项选择题

借条具有（　　）属性。

A. 表明借款关系　　　B. 留给对方作凭据　　　C. 阐明借款原因　　　D. 议论说明

二、实践训练

1. 李红向张兰借了人民币 1 000 元，答应明年 5 月 1 日前归还。借款时间是××××年 2 月 10 日。××××年 4 月 29 日，李红将钱款如数还清，请你代李红和张兰分别写一张借条、收条。

2. 王平欠学校财务处人民币 500 元，请代王平写一张欠条。

3. 请根据下面的要点写一张借书便条。

借书人：王晓东
出借人：李晓芳
书　名：《红楼梦》
借书日期：9 月 1 日
还书日期：50 天后

第四节　短　信　息①

【学习目标】

知识目标：了解什么是新媒体文化，理解短信息的内涵、特点和作用。

能力目标：掌握短信息的写作技巧，学会依主题编写短信息，拥有与人沟通的能力。

案例 4.4.1

不知何时，短信息帮了人们的大忙，人们想尽一切办法让短信息变得品位十足，于是中国古代诗词曲赋都成了短信息的写作素材。例如南唐陈后主李煜的《相见欢》被人改成"夜深关了霓虹，太匆匆，怎堪朝来寒雪晚来风。无奈泪，相留醉，几重时？自是人生长恨水长东！"，这首词成了爱情短信息的典范。南宋诗人林升的《题临安邸》也被人修改为"山外青山楼外楼，爱你永远没尽头；秋风吹得我陶醉，想你念你真受罪；对你情深意似海，真情永远放光彩；只盼牵着你的手，幸福甜蜜永相守"。

点评：这样的改用确实为短信息增添了文学色彩，但要考虑对古代文人和古代文化的尊重，一定不能让高雅的文化变得低俗。因此，短信息的写作要讲究艺术与技巧。

写作史上并不缺少表情达意的文体，但手机短信和 QQ、微信等即时通信工具催生了短信息这一独特的新文体。唐代诗人李中在《碧云集·暮春怀故人》中写道："梦断美人沈信息，目穿长路倚楼台。"那个时代没有手机，不知这一信息要等到何年才能传播出去。如今，"有空给我发微信"已成为司空见惯的一句话，而短信息的创作被当成"新媒体文化"之一，短信息也成为人们传情达意的便捷方式。

所谓新媒体文化，就是借助现代传播媒介，向客户传播信息和娱乐服务的传播形态和媒体形态。只言片语的文字交流，短小精悍的视频，构建了新媒体文化的奇观。它们是新媒体文化的具象缩影，也是碎片文化的精神延伸，看似微不足道，实则排山倒海，以一种雅俗共赏的方式呈现在我们面前。短信息已经成为人与人传播信息、沟通情感的重要手段之一，虽是"小文种"，却有着大作用。

一、短信息的特点

短信息已成为现代人交流信息的一种方式。人们通过短信息来传递信息、释放情感，并将它誉为"空中语言"。短信息具有以下特点。

1. 言简意赅

现代人的时间和精力都十分有限，也就不可能有太大的兴趣去阅读长篇大论式的信息。

---

① "短信息"一般指手机短信，本节泛指手机短信和利用 QQ、微信等即时通信工具传送的简短文字消息，常用于节日祝福、日常问候、客户关怀、业务联系等诸多场景。当前，有不少商家会在一些短信息中嵌入自己的广告。

这无形中树立起一个潜规则，即要求短信息写作者精心组织文字，追求只著数字而尽得风流的审美境界。哪怕用一词一字，用几个标点符号，只要能充分地表情达意，完成交流和沟通的任务就可以了。

案例 4.4.2

以粗茶淡饭养养胃，用清新空气洗洗肺，让灿烂阳光晒晒背，找群朋友喝个小醉，像猫咪那样睡一睡，忘却辗转尘世的累，祝你天天快乐！

点评：这条短信息包括标点在内一共 61 个字，大概意思是奉劝朋友好好休息，别再为工作拼命。文字不多却充分地表达了情意，满足了人们的情感需求，真可谓方寸之间尽得风流。

2．幽默风趣

短信息更多的时候是作为一种娱乐休闲的沟通方式出现的，幽默风趣是其突出特点。现代人生活压力越来越大，这种压力郁结于心，需要释放，需要发泄。人们借助短信息表达对未来的美好设想，对轻松生活状态的期盼，能够促使幽默感的与日俱增。因此，幽默短信息开始成为人们的"新宠"。

3．以情感人

短信息写作者从身边的亲情、友情、爱情出发，抓住一个"情"字，写出的短信息往往具有可读性，生动有趣，与人分享后能够广泛传播。短信息的言语不多，却能充分地表情达意，完成交流和沟通的任务。

案例 4.4.3

不是每一次等待都会换来回应，就像不是每一次离别都会迎来再聚。毕业后，不是每一个女孩都舍得耗尽青春来等你，但我是一个幸运的男生。毕业后，我留沪工作，每一个到上海打拼的人都有一个家的梦想。年轻人想要在上海买房是多么不容易，经过多年的努力，我还是攒够了首付，终于有家可居。还好，女朋友一直陪伴我，与我一起努力，这让我明白了一个道理：世界太大，有她的地方才是我理想的家，"我爱我家"。

这条短信息（实际上是一条广告）以第一人称叙述了男生和女友之间的感情历程，感慨在一线城市买房的困难。其实这就是现实生活的写照，能让读者感同身受，在传情达意方面颇具真实感。

4．创意灵动

短信息的语言是灵动的思绪，它创意丰富，联想翩跹。语言的随意性，材料的丰富性，使得短信息轻舞飞扬。语言形式的"新"与"奇"是短信息刻意追求的表达效果。

短信息由于减少了外来的束缚，发挥了写作者的自主性，往往在构思上更精巧，在行文上更活泼，个体语言也更富创造力。与其他语言相比，短信息在词汇、语法和修辞上具有创新之处。例如"珍珠项链，不倾城，亦不倾国，只是一见倾心。老家在海南，新家在哪里？且遇且珍惜。"这条短信息内容极富创意，语言简短，准确生动。

> **名言录**
>
> 纸短情长，长话短说；言简意赅，收拢万千情谊。
> ——佚名
> 手机微信，方寸之间尽显风流。
> ——佚名

5．及时迅捷

传统文学从创作到发表，要经历一个复杂的过程和很长的周期，而短信息写作者需要迅速抓住对方的需求，并使其快捷地获取自己想表达的信息，同时还要给对方提供做出及时回应的机会和可能性。正是由于人们对快捷的追求，短信息才变得如此简约和通俗浅显，形成了及时迅捷的特点。

6. 实用方便

人们发短信息，就是图方便、实用。当某人不好意思当面求人办事时，他可以借助短信息"出面"；当某人不好意思当面赔礼道歉时，他也可以借助短信息"在线道歉"。为了达到实用性的目的，短信息应力求方便、快捷，短小精悍、不说废话，同时也要言之有物、目的明确。受众主体的回复也要干脆利落，简洁实用。

案例 4.4.4

深深的一句祝福，道声晚安，您辛苦了。愿您忘记一周以来所有的辛苦劳累，用舒缓的音乐、轻松的郊游来修复自己，过一个清闲、愉快的周末。

点评： 这条短信息比较大众化，适用的范围相当广泛。其立意深远，思想内涵丰富，适合广大读者阅读。

7. 消遣娱乐

当前，短信息已经成为人们精神生活中必不可少的一部分。短信息的隐秘性，使得精神压力大的现代人摆脱了平时社会角色的束缚，敢于无所顾忌地开自己或朋友的玩笑，幽默调侃、自嘲挖苦，故意制造前言不搭后语的语言片段，造成正反跌宕、不伦不类、滑稽可笑的幽默效果。人们在轻松滑稽和游戏调笑的短信息中寻求开心一刻，享受快乐瞬间。这种召之即来的快乐和安慰，在一定程度上满足了人们在娱乐方面的需求。

二、短信息的作用

当代文化是一种典型的快餐式文化，这使得人们的生活习惯和审美活动也变得快餐化。追求时效性和快捷性已经成为人们的一种生活方式，这在很大程度上催生了人们对即时性文学的消费需求。短信息在弹指间便可以传递给收信人，其作用概括起来有如下几方面。

（1）沟通联系作用。有很多短信息毫无功利性，完全是出于和朋友沟通感情、表达美好祝福的需要。

案例 4.4.5

在你生日来临之际，祝你百事可乐，万事芬达，天天娃哈哈，月月乐百事，年年王老吉，心情似雪碧，永远都脉动。

点评： "百事可乐""芬达""娃哈哈""乐百事""王老吉""雪碧""脉动"等都是知名品牌饮料的名称，利用这些品牌名称表达出只可意会、不可言传的生日祝福，沟通了朋友间的情感，保持了与朋友的联系，可谓独辟蹊径，形成了独特的表达效果。

（2）传递信息作用。在这个信息爆炸的时代，每个人的生活都深受知识浪潮的影响，而手机、互联网则是永不过时的课堂。"语录体"式的即时表述，更加符合现代人的生活节奏和习惯。人们在工作和生活中使用微信、QQ、微博来传递信息，在节省时间的同时还能节省费用。

（3）广告宣传作用。借助短信息达到扩大销售、影响舆论的广告宣传作用，这已经成为商家使用的营销手段之一，而且能够产生小投入大收益的效果。大型商场往往以短信息的方式及时发布打折活动等信息，同时将个别客户所需要的信息及时传递给对方，以此留住客户。如房地产开发商借助短信息发布售楼信息，迎合了更多购房者的需求。当然，广告短信息很多时候会被人们当成垃圾信息。

（4）愉悦心灵作用。尽管短信息已成为许多商家的获利手段，但是从使用及写作角度来说，更多的人使用短信息还是以传情达意、愉悦心灵为目的的。短信息的写作有别于其他应用文文种，它带来了一个真正的全民狂欢的时代。作为一种交流方式，它走进了普通民众的生活，使个人的言论自由权利得到了极大的发挥。在各种节庆之日，或在对个人而言比较重要的日子里，短信息都发挥着愉悦心灵的作用。

三、短信息的写作技巧

短信息不同于一般的口语交际语体和其他传媒语体。要想给信息接收者带去新鲜感并使其牢牢记住，短信息写作者往往需要使用非同寻常的表达方式和技巧。例如对固有的、习以为常的、规范的言语表达进行某种程度的改变甚至"破坏"，从而打造出特殊的语言形式，产生更好的表达效果。

1．音调和谐有新意

音调和谐有新意是指在写作短信息的时候，采用谐音构成特殊的表达方式，表达特定的语义内容，给人耳目一新的感觉。

案例 4.4.6

"送你个甜点！主料：我爱你。配料：思念。辅料：煎熬加孤单少许。生产日期：从见到你的那天起。保存日期：无限期。产品标准号：5201314。""5201314"的谐音即"我爱你一生一世"。

点评：本例对毫无感情的干巴巴的数字"5201314"加以利用，顿生新意，含蓄地表达了"我爱你一生一世"的浓烈之情。

2．巧搭词汇有深意

巧搭词汇有深意是指在写作短信息的时候，不论是形式还是内容抑或具体语言的再运用，都要打破通常的用语习惯，巧搭词汇，使其寓意深刻。

案例 4.4.7

遇见你是无意，认识你是天意，想着你是情意；不见你时三心二意，见到你便一心一意；如果某天有了退意，至少还有回忆！

点评："无意""天意""情意""三心二意""一心一意""退意"中的"意"就是相同词素的词语，为了追求语言的外在形式美，"退意"应运而生，打破了人们通常的用语习惯，给人耳目一新的感觉。

3．词义新解有创意

词义新解有创意是指在写作短信息的时候，打破原有词义的内涵，赋予其新含义。

勇于创新是现代人的特点之一。人们常以不同的视角对短信息的写作内容做出一番全新的解释，使其词义变得与之前迥然不同。

案例 4.4.8

春节到，我的祝福先送到，送上一份"舒、肤、佳"：一祝"舒"服过大年，二祝"肤"色永健康，三祝"佳"人携手爱美满！

点评："舒肤佳"在人们的心目中就是日常生活中所用的香皂，可谓耳熟能详。短信息写作者别出心裁，另辟新意，通过联想将"舒"和"舒服"，"肤"和"肤色"，"佳"和"佳人"联系在一起，给朋友送出了一份特别的祝福，对词义做了全新的解释，很有创意。

4. 省略符号有情意

有意省略标点符号，一气呵成，表达对信息接收者的真挚祝福。

案例4.4.9

前前后后分分秒秒平平安安朝朝暮暮恩恩爱爱日日夜夜健健康康岁岁年年潇潇洒洒永永远远快快乐乐时时刻刻风风光光生生世世顺顺畅畅

点评：本例中没有使用任何一个标点符号，短信息写作者将所有的祝福用60个字连缀起来，一气呵成，读起来并未让人有累赘之感。

5. 巧用修辞有真意

短信息的突破常规的用法，为我们带来了一种全新的表达方式。从修辞的角度来说，各种修辞手法在短信息中的运用，充分体现了修辞手法的魅力，产生了谐趣，拓宽了视野，丰富了含义。

（1）比喻。"私德有如内衣，脏不脏自己知道；声名有如外套，美不美他人评定。"虽是通俗的白话，但俗中见雅。将"私德"比作"内衣"，"声名"比作"外套"，化抽象为具体，浅中见深，耐人寻味。

（2）对偶。对偶是用语法结构基本相同或者近似、音节数目完全相等的一对句子，来表达一种相对立或者相对称的意思。运用对偶的修辞手法可以使语言简练，形式匀称，结构整齐，音韵和谐，易于记忆，具有增强语言感染力的作用。

案例4.4.10

上联：我爱的人名花有主。下联：爱我的人惨不忍睹。横批：命苦。

点评：这条短信息运用对偶的修辞手法，形式对称，音节整齐，语言精练，便于吟诵，易于记忆。其内容让人忍俊不禁，不免让读者发出同样的慨叹：真是"命苦"啊！

（3）排比。运用排比的修辞手法可以营造一种气势，使语意贯通，表达酣畅淋漓，富于节奏感，效果突出。

案例4.4.11

茶，要喝浓的，直到淡而无味；酒，要喝醉的，永远不想醒来；人，要深爱的，下辈子还想接着爱的；朋友，要永远的，就是看手机的这一个！

点评：这条短信息一共有四个短句，运用了排比的修辞方法，句式匀称，语意贯通，在潜移默化中表达了短信息写作者的心声。尤其是最后一句"朋友，要永远的，就是看手机的这一个"，极大地升华了情感，表达了真意。

（4）对比。在短信息写作中，运用对比的修辞手法更能形成鲜明的表达效果。

案例4.4.12

四叶草代表幸福，而康乃馨则代表健康，不一样的花语，相同的心意。

点评：这条短信息中的"四叶草"和"康乃馨"在形状上形成鲜明对比，在表达祝福时则有异曲同工之妙。

（5）反语。运用反语的修辞手法能够达到风趣幽默的效果，从而能缓解人们紧张的工作压力。

案例 4.4.13

你是我心中的太阳，可惜下雨了；你是我梦中的月亮，可惜被云遮住了；你是我心中最美的花朵，可惜开过了；你是天上的嫦娥降临人间，可惜脸先着地了……

点评：本例运用了非讽刺性反语，形成语意的转折，文中的"你"成了"我"调侃的对象。但这些"愉快的反语"不仅不会让收到短信息的人生气，反而会让其嘴角挂起笑容，可谓别有一番滋味。

（6）顶真。将顶真的修辞手法运用到短信息的写作中，会给人一种情意绵绵的感觉，特别适用于短信息写作者向对方表达美好的祝福之情。

案例 4.4.14

幽幽的云里有淡淡的诗，淡淡的诗里有绵绵的喜悦，绵绵的喜悦里有我轻轻的问候，祝元旦快乐，新年大吉！

点评："幽幽的云""淡淡的诗""绵绵的喜悦"相连续，有如《诗经》中"兴"的笔法的运用。"幽幽的云""淡淡的诗"都不是短信息写作者的真实用意，其最终要表达的是"我"对"你"深情的问候以及深深的祝福。

（7）双关。一语双关向来是中国人比较常用的委婉的说话方式，如"儿子，既然上网吃得饱，晚餐我就不煮了"等。将双关用于短信息的写作中会使短信息更有韵味。

案例 4.4.15

在鼠年，祝愿我亲爱的祖国、家人、朋友、同学、同事有"鼠"不尽的繁花似锦，"鼠"不尽的开心快乐，"鼠"不尽的荣华富贵，"鼠"不尽的事业蒸蒸日上！

点评：本例运用的是谐音双关。行文中的"鼠"与"数"构成谐音双关语，在表达美好祝福的同时，更显短信息写作者语言之幽默。

【感悟升华】

一、多项选择题

短信息的特点包括（　　　）。

　　A. 言简意赅　　　　　B. 幽默风趣　　　　　C. 消遣娱乐　　　　　D. 议论说明

二、简答题

1. 短信息有什么作用？
2. 结合文中案例，说说短信息的写作技巧有哪些。
3. 通过小组讨论，谈谈如何提高短信息写作者的写作能力及道德修养。

三、实践训练

某地即将举办新春祝福短信息大赛，具体要求如下。

（1）以辞旧迎新、祝福祈愿为创作基本立意和主题，倡导文明风尚、社会和谐；表达亲情、友情、爱情等人间最真挚的情感；抒发美好祝愿和对新年的美好希冀。

（2）拜年对象明确、内容健康有益、积极向上，语言真挚生动、活泼诙谐、节奏明快、感染力强，形式喜闻乐见、适合传播。

（3）参赛方式：以中文为主，形式不限，70字以内（不含空格及标点符号），超过70字的不能参与奖项评选。

第五节　微　　博

【学习目标】

知识目标：了解微博文化，理解微博的内涵、特点和种类。

能力目标：掌握微博的写作技巧，学会策划微博，培养与人沟通的能力。

鉴于很多组织机构都把微博（新浪微博是国内最大的微博平台，通常所说的微博多指新浪微博）作为发布消息的重要媒介，故本节简单介绍一下微博。

微博的产生源于信息爆炸。人类记录文明的载体从洞穴石壁、甲骨、竹片、纸张、胶带到CD碟片，再到数据库、云端信息工厂；书写传送工具从自然颜料、印刷机、打字机、电话、电视到计算机以及手机，且一切还在演变中。当今，人们更需要简单、快速的沟通方式和获取信息的捷径。从2007年中国第一家带有微博色彩的饭否网成立，到2009年"微博"这个全新的名词应运而生，微博以摧枯拉朽的姿态闯进了人们的生活之中。

微博是微博客（micro-bloging）的简称，是通过关注机制，借助一定的平台分享简短的实时信息，记录个人生活琐事，表达人生感悟，抒发某种情感，表明某一观点，交流某种思想的一种应用性很强的文体，也称博文。微博内容可简单，可复杂，亦可图文并茂。

微博最早源自美国。根据相关公开数据，中国微博用户总数已排名世界第一。

微博的出现，让网民拥有了一个可以独立自主且相对自由地发表言论的渠道，这一特点使其成为各类组织机构发布消息的重要平台，进而成为新闻媒体的重要信息来源。微博抓住了很多人爱唠叨的个性、渴望表达和分享信息的特征，犹如一个充斥着个人琐碎的思索、片段化的情感的窗口。微博的碎片化信息不断地回答着"在做什么""到底发生了什么"等问题。

一、微博的特点

微博的最大特点在于"微"。博主在编排组织语言时不需要长篇大论，只需要反映自己的心情即可，更新起来也很方便。其具体特点如下。

（1）公开性。微博和日记不同，日记具有保密性；而微博的载体是互联网，这就决定了许多信息难以保密。在微博平台上你既可以作为受众，浏览自己感兴趣的信息；也可以作为发布者，在微博平台上发布内容供别人浏览。所以不论是内容还是形式，微博都有公开性的特点。

（2）时效性。微博发布信息快，传播信息更快。一些重大的突发事件或易引起全球关注的大事，如体育盛事或灾难性事件等，如果有微博用户在场，就会得到迅速传播。而且其实时性、现场感极强，几乎超过了其他所有媒体。从个人的生活琐事到世界重大事件无所不包，微博已经成为网民表达意愿、分享心情、发布信息的重要渠道之一。

（3）交流性。微博的写作看似是一种个人行为，实则是双方甚至多方的互动行为。在微博上，用户可以发布和接收信息，表达自己的喜好，关注他人的话题。假如你有200万粉丝，你发布的信息瞬间就会被传播给这200万人，这本身就是一种较好的交流。

（4）简洁性。微博的内容短小精悍，早期字数被限定为140字（虽然现在字数限制已经取消，但微博信息仍以简短精悍为主），门槛较低。用最少的语言表达最想沟通、交流、分享的信息，这体现了微博的简洁性。例如一个企业可以用140字左右的内容更新企业信息，并实现即时商业分享。

（5）原创性。微博的"草根性"强，这也就意味着其原创性很强。博主所发表的言论、思想、观点通常仅仅代表发表言论的个人或主体，无论是商业信息、政治言论还是野史杂谈等，一经发布就需要发布人对其负责。大量原创内容爆发性地被生产出来，标志着借助互联网表达个人意愿的时代已真正到来。

（6）自主性。微博信息的获取具有很强的自主性、选择性，用户可以根据自己的兴趣、偏好，依据发布内容的类别与质量来选择是否"关注"博主，并可以对"关注"的所有博主进行分类。

二、微博的种类

从写作者的角度出发，微博可以分为个人微博、企业微博。

1. 个人微博

个人微博是指以个人的生活、工作感受作为主体内容，其交流内容灵活广泛，不受时间、内容等的约束，更强调个人交流。它可以是随意记录生活的一句话，可以是针对一件事的议论，也可以是针对某种现象的反复阐述。

2. 企业微博

企业可以自己搭建微博平台，更多的是在新浪微博等平台注册官方微博账号，如华为、小米、星巴克、肯德基、可口可乐等知名企业都在新浪微博上注册有官方微博账号。微博以独特的传播优势，成为极具潜力的网络营销工具。

企业微博可以发起各种话题，吸引公众参与讨论；也可以开展丰富多样的活动，实现与用户的互动以及"面对面"的沟通。概括起来，企业微博有如下作用：①传播企业品牌，及时发布最新产品信息，把握信息的主动性和时效性；②更贴近消费者的生活方式，让信息传播更到位；③能够获得更多与消费者进行直接沟通的机会；④可以开发新客户，同时增强老客户的忠诚度，促进销售。

三、微博的写作技巧

李开复在《微博：改变一切》一书中说：微博要多发大家想读的内容。他还告诉女儿不要只是用微博来看八卦或社交、游戏，微博是一个很好的学习工具，你只要点击"关注"就可以加一个老师。不要只"潜

名言录

只要你向前走，也许"难"还在，但"困"就已经解除了。
——毕淑敏
最低微的鲜花都有思想，但深藏在眼泪达不到的地方。
——华兹华斯

水"，这是沉默的大众发出声音的大好机会，甚至一个"转发"也是群众智慧的机制之一。因此，学会沟通的技巧很有用，能够正面影响他人是一件神圣的事情。

1. 准确定位

要想创建一个有影响力的微博账号，就一定要先进行准确定位。首先，考虑为谁写微博，是为亲友写、为自己写，还是为某个特定人群写，如旅游爱好者、投资界朋友、自己所在企业的客户等。其次，考虑写微博主要为了什么，是为了记录生活，为了交友，为了学习，为了分享思想、经验，为了影响别人，为了展示自己，还是为了休闲、娱乐。做到准确定位，就可以找到写作微博的思路了。

2. 虚心学习

刚加入微博时，要多看看写得好的微博，学习别人的写作经验。至少应把排名前500的微博仔细研究一遍，分析这些博主是如何写的，为什么会有那么高的关注度。当然也有不少微博是由于被名人推荐或由于博主本人就是名人而有较高的关注度。我们可以排除这类微博，多找些其他的高转发、高评论的微博来分析，弄明白什么是热门、大家喜欢讨论什么内容。

3. 关注热点

你关注什么，决定了你能获取什么。首先，你必须主动关注别人，别人才有可能回关你。企业更要关注自己的客户及相关部门的微博，以便及时获取相关信息。其次，你要有意地去寻找那些活跃的、愿意关注别人并与别人交流的博主。最简单的方法就是在热门微博、热门评论中搜寻那些经常主动评论、主动转发的人，这些人在微博上往往有较高的活跃度。你可以将自己关注的用户分类，并建立热门标签。

4. 写你所想

写微博不要写你"正在做什么"，而要写你"正在想什么"。李开复曾说，写微博时要平衡"你想要大家看的"和"大家想要看的"内容。也就是说，既不要把微博变成纯粹的个人流水账，尽写一些别人不感兴趣的内容；也不要纯粹依照大家的喜好来写，丢掉了自己的个性特点，这样的微博也不具有生命力。比较有效的做法是，在符合自己个性特点的前提下，多发些大家想看的内容，同时穿插一些你想让大家看的内容。

5. 寻找话题

写微博有一定的技巧，不要东拉西扯，想到哪儿说到哪儿；而要围绕一个话题，继而引起别人的关注，提升自己，愉悦他人。

写微博可以谈论的话题有很多，例如可以谈论《非诚勿扰》节目，阐述自己关于爱情、婚姻的看法，也可以畅谈性格与爱情的关系；可以表达对时事的看法，也可以谈论以何种方式可以提升国民素质等。发布这样的话题，即使别人不是你的粉丝，而只是对这些话题感兴趣，那么也很容易关注你。

6. 增加粉丝

增加粉丝的方法有很多。一方面，受众目标要准确，这样才会获得很多长时间关注你的粉丝；另一方面，在话题中要经常发表你的观点，引起粉丝对你的持续关注。此外还要多找精彩的内容，做到独树一帜，吸引更多的粉丝转发，这样你的关注度就会进一步提高，粉丝规模也将不断扩大。

四、微博的策划

微博是希望得到关注的人或企业表达自我的一种渠道。微博的策划包括如下内容。

（1）给微博定位。你的微博可以关注体育新闻、娱乐新闻或财经新闻等，也可以转发一些幽默搞笑的文段，还可以记一些使人感到快乐、放松的旅游趣事。例如，如果你对中央广播电视总台大型文化节目《星光大道》《国家宝藏》等特别关注，就可以转发这些节目的微博。

（2）设置微博页面。微博页面的设置既可以彰显个性，打造符合自己空间特色的页面，也可以从众。例如，有博主将自己的微博页面设置为"秀出自己的人生魅力"。

（3）丰富微博内容。我们可根据社会发展需要和个人发展志向，对微博做出预先的策划和设计。微博的内容可以是动态消息或幽默搞笑文段，但必须真实，不可以发布假信息。对于自己喜欢或关注的内容，我们可以参考相关网站，也可以自行摘录。同时，我们还可以写一点儿自己的心情或想法，让别人关注自己，了解自己。

案例 4.5.1

名企、名人经典微博

华为微博两则

今天是世界读书日。春光美如斯，正是读书时。青椒计划，陪乡村孩子打开书本世界的大门，照亮他们成长的路，惠及近千万乡村孩子。

珠穆朗玛峰，作为世界之巅，一直是人类探险和科技挑战的象征。现在，这座雄伟的山峰迎来了新的通信技术的突破。4月24日，中国移动联合华为在珠穆朗玛峰开通首个5G-A基站，标志着这座世界高峰正式迈入5G-A时代，5G-A网络将为峰峰区域的旅游、登山、科考、环保等活动提供更强大的网络支持。

> 从华为的微博中我们可以看到，该企业不仅广告做得好，产品做得更好。

阿里巴巴公益微博一则

当一个人在搜索安眠药等内容时，通常会发生什么？2022年8月，阿里巴巴"绿网计划"联合国家心理健康和精神卫生防治中心共同发起"点亮温暖奇遇"项目。截至目前，10万人在项目页面内点击心理求助热线，超过57万人化身志愿者，通过"滤网树洞"，给需要帮助的人写下鼓励的话语。

> 阿里巴巴从公益角度写微博，呼吁全社会关心、关爱心理求助者，重视心理健康问题。

乡村教师代言人——马云微博一则

今天上午和100位乡村老师及校长一起做学生，上了唐诗课、音乐课、美术课……感慨万分。琴棋书画，"琴"是气韵；"棋"是格局，是"舍得"；"画"是想象力；"书"是培养定力……乡村教师的使命不仅仅是传授知识，还要把心育、美育、体育带给乡村孩子。艺术不分贫富，不分教育程度，艺术可以滋养每一个人。虽然不是每个孩子都能成为艺术家，但是艺术会给每个孩子带来不同的灿烂人生……心有光芒，必有远"芳"。

> 马云以"乡村教师代言人"的身份书写微博，倡导把艺术、心育、美育、体育带给乡村孩子，支持乡村教育。

作家苏芩的微博一则

一切美化苦难的言辞都是浮夸，一切炫耀苦难的姿态都是做作。真正的优雅是面对挫折也不动声色，女人的高级表现在遇到委屈也守口如瓶。是的，过得不好是自己无能，"同情"本身就是高人一等的施舍。在低谷时闷声不语、好好生活，直至成为连你自己都爱上的闪光少女。

> 能引起青年女性的思考。

西门町吃在宁波的微博一则

诺贝尔奖得主在宁波感受非遗魅力，书法、篆刻、朱金漆木雕、骨木镶嵌，诺贝尔文学奖获得者古尔纳感受鄞州非遗多样魅力：第一次尝试、体验直接拉满。

北师大康震的微博一则

第一次写词，奉献给《经典咏流传》的主题曲。不管是李白、杜甫还是王维，伟大诗人的伟大诗句至今活跃在我们的生活中，启发着我们的灵感。兴之所至，歌诗书画，愿诗意长居。

> 以《经典咏流传》主题曲的歌词创作"为话题，表达"为经典而传唱，为中华文化而传唱"的思想感情。

《经典咏流传》

作词：王维、李白（唐），康震

走在古城朱雀的小街，听见太白唱醉的明月

这是杜甫赞过的春雨，王维的空山就在心里

特别想念那东坡的月光，梦想跟随在放翁的身旁

就算我没有稼轩同一般的才华，挑灯看剑咱有的是担当

　　吟一首诗，看千年经典惹人恋，歌一阕词，让唇齿留香满心田
　　吟一首诗，看千年经典惹人恋，歌一阕词，让荡气回肠咏流传
　　　空山新雨后，天气晚来秋；明月松间照，清泉石上流
　　　长安一片月，万户捣衣声；秋风吹不尽，总是玉关情

【感悟升华】

一、填空题

1. 微博具有（　　　）、时效性、（　　　）、（　　　）、（　　　）、自主性特点。
2. 从写作者的角度出发，微博可以分为（　　　）、（　　　）。
3. 微博的写作技巧包括（　　　）、虚心学习、（　　　）、（　　　）、（　　　）、增加粉丝。

二、实践训练

1. 概括下面微博的主要内容。

吴晓波的微博

　　在"新匠人加速计划"现场的匠人互动区，新匠人们都玩嗨了……"新匠人加速计划"将打造国内首个新匠人社群。这里汇聚了拥有新审美、新技术的新匠人，不同规模、行业、区域的整合资源，前沿、专业、有深度的行业资讯，专属、定制的技术与服务……你还不来吗？

中央民族大学蒙曼的微博

　　在喜马拉雅的同名节目赢得千万听众的喜欢后，我的新书《四时之诗：蒙曼品最美唐诗》今天预售。这本书以古代二十四节气和现代节日为切入点，带领大家在四季时令中阅读精选的唐诗，品味唐诗的魅力。在书中，我们会看到唐人的生命轮回，也会看到我们自己的喜怒哀乐。

2. 结合校园文化生活，举办一次微博创作大赛。

主题：关于生活、学习、爱情、健康、过去、未来等自己最想说却难以开口的内容。

要求：原创，真情，引起共鸣；每条参赛微博限定在 70 字以内；形式不限，祝福语、对联、诗歌、顺口溜、新格言等均可。

第六节　电商文案写作

【学习目标】

　　知识目标：了解什么是电商文案，电商文案包括哪些种类。

　　能力目标：掌握电商文案的写作技巧，学会根据不同媒体及不同主题编写电商文案。

一、什么是电商文案

　　电商文案，是指在电子商务活动中使用的文字。它不仅能够帮助企业建立品牌形象，而

且还能够更好地把握消费者的兴趣，帮助企业更好地宣传和推广商品。它包括商品的介绍、活动的宣传，以及其他一些信息的表达，其目的是吸引消费者的注意力，帮助企业更好地进行商品的推广。电商文案的精细程度越高，越能更好地将商品的特色、优势以及适用人群等信息表达出来，从而更好地调动消费者的兴趣，让消费者购买更多的商品。因此，企业在做电子商务活动时，一定要注意电商文案的内容，努力创作出更有效果的文案，以此来增强活动的宣传效果。

二、电商文案的种类

电商文案主要应用于电子商务营销阶段，其作用在于介绍营销商品的性能、特点，针对目标客户群体可能产生的问题做出解答，促进商品交易或加强读者对商品的印象，提升潜在客户数量。电商文案主要包括两种：一种是策划文案，其主要是将策划工作人员的策划思路形成文字；另一种是创意文案，其主要是将广告作品的表现及形式用完整的文字表达出来。其中，除了产生画面的构想之外，还包括广告语言的表现内容，如平面的标题、引文、正文、随文、广告语等，影视的音效、旁白、字幕、广告语等。

三、怎样创作出优质的电商文案

1. 建立品牌形象

电商文案的重要目的之一就是要建立品牌形象，让消费者能够清晰地了解到品牌定位以及品牌的特色，传播品牌的独特声音。例如红豆品牌最突出的形象就是红豆来源于深厚的中国文化历史积淀，成为纯洁美好情感的象征物，因而能更好地吸引目标客户的注意力，从而提高商品的推广效果。

2. 明确文案的主角

电商文案的主角不同，文案内容就不同。所谓文案的主角就是目标客户。抓住目标客户，才有可能锁住销售对象。案例 4.6.1 是一个优秀的文案例文。

案例 4.6.1

"你写 PPT 的时候，阿拉斯加的鳕鱼正跃出水面；你研究报表的时候，白马雪山的金丝猴刚好爬上树尖；你挤进地铁的时候，西藏的山鹰一直盘旋云端；你在会议中心吵架的时候，尼泊尔的背包客一起端起酒杯在火堆旁。有一些穿高跟鞋走不到的路，有一些喷着香水闻不到的空气，有一些在写字楼里永远遇不见的人，出去走走才会发现，外面有不一样的世界，不一样的你。"

点评： 这段文案富有诗意，意境深远，以生动的画面激发听众的情感共鸣。文案通过对比不同地域、不同生活场景，展现了世界的广阔与多元，鼓励人们走出舒适区，去探索、体验不同的生活。同时，文案也传递了积极向上的人生态度，倡导人们亲自去实现梦想，亲眼去看世界，去发现不一样的自己和不一样的世界。

3. 及时洞察市场

每一篇优秀的电商文案背后，都有一个拥有敏锐洞察力的优秀团队。洞察力来源于对市场的关注、对媒介的关注。例如最火的电视剧是哪部？最火的视频软件是什么？当下最热门的话题是什么？洞察市场最原始、最有效的方法就是关注市场。例如电视剧《繁华》播出后，带火了上海黄河路大酒店——苔盛园。该酒店及时洞察市场，创设了"至真繁花宴"的文案——怀旧经典套餐、繁花套餐，由此招徕了不少的顾客。

4. 使用简洁明了的文案

电商文案应当采用简洁明了的语言，不要使用过于拗口复杂的词句，否则会让消费者感到困惑。另外也要注意文案的表达方式，要能够准确有效地把商品的特色、优势以及实用性等信息表达出来，从而更好地把握消费者的兴趣，让消费者购买更多的商品。总之，文案要吸引顾客，转化购买，带动销售。

案例 4.6.2

江小白：我们总是对着过去侃侃而谈，对于现在却无话可说。

这条电商文案成功地吸引了顾客。青春小酒江小白五年将销售额提高到 10 亿元，文案功不可没。江小白的文案比酒还出名。

5. 运用多种文案形式

要想让电商文案更有效，可以使用多种文案形式来表达，比如短视频、图文混排、短语等，这样能够更有效地将信息传达给消费者，更加吸引消费者的注意力。

案例 4.6.3

母后，记得留一颗给阿玛。

向阳生长，甜蜜酝酿。

人生总有起落，精神终可传承。

谢谢你，让我站着把钱挣了。

我很好，你也保重。

点评：这些是印在褚橙包装箱上的网络流行短语，颇受年轻消费者欢迎。

6. 增加故事性

写文案会讲故事定会增添色彩，没有人能抵挡住一个会讲故事的产品。故事讲得好，卖货卖到爆。原因很简单，故事让人感到真实，真实让人产生信任，信任让人愿意掏钱买单。例如董宇辉在直播间推荐迟子建的《额尔古纳河右岸》一书，还有刘震云的茅盾文学奖作品《一句顶一万句》时，都特别会讲故事。

7. 制定并实施优惠活动

电商文案也可以通过制定并实施优惠活动来进行营销，比如可以采取买一送一的方式或者推出折扣活动等，这样能够更好地激发消费者的购买欲望，帮助企业更好地宣传和推广商品。

8. 利用人工智能内容生成工具创作文案

人工智能内容生成工具是基于人工智能技术，通过大量数据训练，能够自动生成各种类型内容（如文本、图片、视频、音乐等）的应用程序。这类工具能够根据用户输入的关键词、文章大纲或写作要求，自动生成高质量的文案、文章或报告。它们支持多种写作风格和模板，在内容创作、广告营销、教育娱乐等多个领域得到了广泛应用，极大地提高了内容创作的效率和质量。同时，一些工具还提供了专业的编辑和排版功能，可帮助用户进一步优化内容。

可用于辅助创作电商文案的人工智能内容生成工具有很多，其中使用人数较多的有ChatGPT、DeepSeek、豆包（字节跳动）、文心一言（百度）、Kimi、讯飞星火、腾讯混元等。

【感悟升华】

一、多项选择题

电商文案包括（　　　）。

A. 创意文案　　　　B. 销售文案　　　　C. 策划文案　　　　D. 说明文案

二、简答题

1. 什么是电商文案？
2. 电商文案有哪些写作技巧？
3. 通过小组讨论，分享当下你认为比较好的电商文案。

三、实践训练

某地即将举办短信息大赛，具体要求如下。

（1）结合大学校园生活，以有趣的见闻为内容，编辑三条文案。

（2）将编辑好的文案发布到朋友圈、微博或小红书，看看人气有多高。

（3）结合所学专业或你感兴趣的社会热点问题，制作一条短视频，好好策划一下你的电商文案。

第五章

事务文书写作

王勃在《滕王阁序》中说："闲云潭影日悠悠，物换星移几度秋。"现实生活中人们也常说一年之计在于春，一春一秋一流年。把梦想种在现实的土地上，早春三月，不妨为自己制订一个切实可行的计划，在未来的日子里，一个一个地去攻破。有了正确的方向、明确的目标，年终岁尾的时候才会不留遗憾，须知"纸上得来终觉浅，绝知此事要躬行"。

第一节　计　　划

【学习目标】

知识目标：了解计划的种类和特点，掌握计划的结构。

能力目标：掌握计划的写作技巧，学会有计划地安排工作与生活。

诸葛亮之所以能运筹于帷幄之中、决胜于千里之外，是因为他做事有计划。有计划固然好，但更重要的在于进行具体实践并取得成效。有一句话是这样说的："只在河滩上深思，永远得不到珍珠。"卡耐基也曾说过："不为明天做准备的人永远不会有未来。"这告诉我们，既要思考未来，更要抓紧时间用行动来证明自己，只有这样才能够感受到成功的喜悦，世界也会给那些有目标和远见的人让路。

案例 5.1.1

大学生个人提升计划

莎士比亚说："人生就是一部作品，谁有生活理想和实现的计划，谁就有好的情节和结尾，谁就能写得十分精彩和引人注目。"

我是一名刚刚入校的大学生。为了今后能够找到一份理想的工作，做一个对社会有用的人，我很有必要认真地规划一下自己的学习与生活，以便为自己打造一把能在未来职场胜出的利剑，把握未来，把握人生。

一、积极参加军训活动，上好大学生活的第一课

军训是大学生步入校门所上的第一课，学院开展军训为的是提高我们的身体素质，锻炼我们的体能。在军训中，我一定会遇到许多困难，借此机会我要培养自己吃苦耐劳的精神。我有信心和同学们一起上好这一课。

二、制订明确的读书、学习、社会实践计划，为实现理想目标打下坚实基础

"宝剑锋从磨砺出，梅花香自苦寒来。"要想实现目标，我们需要有执着、坚韧和刻苦努力的精神。所以我要努力学习，积极参与社会实践活动，顺利过渡到工作岗位。我的具体安排如下。

大学一年级：夯实基础知识。我要全面学习基础知识，为自己未来更好地学习专业课打下坚实的基础，正所谓"磨刀不误砍柴工"。

大学二年级：拓展专业知识。我要掌握扎实的专业知识，将自己的专业优势无限放大，努力提升自身的职业素养，培养自己的职业技能。

大学三年级：社会实践期。社会是一个大舞台，充满了机遇与挑战。社会是一本深邃的书，我要学会读懂它。我要将知识转化为能力，在实践中继续丰富、巩固专业知识，提升参与意识，为求职就业做好准备。

大学四年级：步入社会工作期。我要顺利实现从学校到社会的过渡，快速适应新的工作，能够较好地完成所从事的工作。为此，在校期间，我决定利用周末休息时间找一份兼职工作，锻炼自己，积累人际交往经验，经受社会考验。

三、用科学的方法规划自己未来的职业

（一）运用自我规划"五步法"，充分了解认识自己

我是谁？我想做什么？我会做什么？环境允许我做什么？我的职业生涯规

标题：这是一份综合计划，交代了计划的内容、文种。

前言：阐述计划的指导思想、目的、意义、总体目标，用过渡句引出下文。

主体：明确回答了"做什么""怎么做""分几步完成"的问题，即计划的具体目标、完成措施，并科学细致地分析了实现目标的具体步骤。

划是什么？

（二）运用 SWOT 分析法给自己做未来职业的定位

1. 优势分析。我要分析自己的人生经历和体验，分析自己学到的知识，分析自己的成功点，如兴趣分析、学习能力分析、沟通能力分析等。

2. 劣势分析。我要分析自己性格中的弱点及自己成长经历中欠缺的方面。

3. 社会环境分析。我要分析社会求职环境以及科学的职业取向。

4. 威胁分析。我要分析就业形势变化、学历及证书要求、行业知识和技能更新给我未来求职带来的威胁。

任何一个伟大的目标都是由一个个小的目标构成的，要想实现自己的人生目标，就要很好地执行计划，踏踏实实地走好每一步，并将其付诸实践。相信有了这份计划，我一定会做得更好。一个人要想获得成功，必须拿出勇气，付出努力、拼搏、奋斗。成功不相信眼泪，成功不相信幻想。未来要靠自己打拼，我要在努力中实现自己的人生规划。

> **结尾：**展望实现计划的前景，提出奋斗的方向，鼓励自己，勇于实现计划。
>
> **落款：**署名、日期。

张娜

××××年×月×日

计划是根据党和国家的有关方针、政策及上级的指示要求，依据本部门和个人的实际情况，针对未来一定时期内的工作、生产、科研和学习等拟定目标、内容、步骤、措施和完成期限的一种事务文书。俗话说"路不行不到，事不为不成"，所以做任何事情都要未雨绸缪。计划只有实施才有成果，做事有计划的人才能更容易取得成功。计划类文书的文种主要包括以下几种。

（1）规划：规划是具有全局性的、较长时期的长远计划，如《国务院关于中长期青年发展规划》。

（2）方案：方案是从目的、要求、工作方式方法、工作步骤等方面着手，对专项工作作出全面部署与安排的计划，如《吉林大学关于传统文化进校园活动方案》。

（3）安排：安排是对短期内工作进行具体布置的计划，如《河海大学××××年教师培训工作安排》。

（4）设想：设想是初步的草案性计划，如《深圳市前海新区 2021—2025 年工作设想》。

（5）打算：打算是短期内工作的要点式计划，如《奇科有限公司市场部三季度营销工作打算》。

（6）要点：要点是列出工作主要目标的计划，如《××市经济开发区人民政府党建工作要点》。

一、计划的种类

计划的种类很多，常见的计划分为以下几种。

（1）按性质分，有生产计划、工作计划、经济业务计划、学习计划、科研计划、教学计划、文体活动计划等。

（2）按内容分，有综合计划和专项计划。①综合计划，又叫全面计划。这类计划是对各项任务作全面打算、安排的计划。例如某学校某个学期的全面计划，就可以从教学与科研工作、后勤工作等方面来制订。它要求从全方位出发，对各项任务做统筹安排，使执行者心中有数，便于大家同心协力地把工作做好。②专项计划。这类计划是针对某项任务所做的打算和安排。专项计划往往只就上级交给的某一具体任务，或本单位（个人）所要解决的某一问题来制订。例如只就科研、生产任务或体育锻炼制订的计划。专项计划可以比综合计划设想得更为周密、具体，便于操作、执行，对实际工作起指导作用。

（3）按时间分，有长期计划、中期计划和短期计划等。

（4）按效力分，有指令性计划、指导性计划、一般性计划等。

（5）按形式分，有表格式计划、条文式计划和文表结合式计划等。①表格式计划在生产中运用较多，大多将生产的目的、指标、措施、任务、进度等内容填入表格，形成生产计划，一目了然，十分清楚。②条文式计划是分项阐述计划的目标、任务、指标、措施等，大多采用序数或小标题的形式，层次分明、眉目清晰。③文表结合式计划就是制订计划时可以根据内容的需要把条文式计划与表格式计划结合起来，以便更好地突出计划的内容。

二、计划的特点

计划的内容决定了计划具有以下特点。

（1）预见性。预见性是指计划不是空穴来风，要依据过去的经验、教训作出决定。预见是否准确，决定着计划能否成功。例如《三国演义》中诸葛亮"草船借箭"的故事，其高明之处在于他预料到三天后江上会起雾，而曹军又不习水性，不敢迎战，于是其战略目标神奇般地实现了。这一案例体现了计划的预见性。

（2）可行性。可行性是指制订计划时要对未来一段时间或一个时期作出科学的预见，如基础条件如何、前景如何、目标高低怎样、措施怎样等，即对各种可能出现的情况必须有清醒的认识和正确的估量。例如诸葛亮之所以决定实施"空城计"，是因为他非常了解司马懿谨慎多疑的性格特点，结果也正如他所料。计划的可行性应建立在对客观事实的科学分析基础上，切忌盲目地、无根据地制订计划。

（3）针对性。针对性是指计划只有目标明确，才有可能解决工作中的实际问题。党中央明确规划"我们将全面建成小康社会，实现第一个百年奋斗目标"，这样的计划目标明确，而且针对性很强。

（4）约束性。约束性是指计划是工作与生活的保障，对完成工作任务、实现远大目标有促进和约束作用。《礼记·大学》中说"修身、齐家、治国、平天下"，这句话成为众多国人人生规划的蓝本。创建和谐社会，倡导民主法治、公平正义、诚信友爱、充满活力、安定有序、人与自然和谐相处，是我们共同的奋斗目标。从某种角度来说，所有这些都在约束着人们的行为举止。

三、计划的结构

计划一般由标题、正文和落款等三部分构成。

（一）标题

计划的标题通常包括计划的单位、时限、内容和文种四项内容，如《中国银行××××年新入职员工培训计划》《吉林省××××年全民阅读与写作成才计划》。有些计划的标题会省略单位、时限，但任何一份计划的标题都不能没有内容和文种，如《"传统文化在我身边"活动方案》。

（二）正文

计划的正文由前言、主体和结尾三部分组成，具体包括如下内容。

1. 前言

前言就是导言，为计划的开头部分。这部分要求简要概括计划的基本情况，说明制订计划的依据和理由，或分析前段时间工作的实际情况，分析工作现状、经验和存在的问题，宏观地提出下一阶段需要实现的总目标。这部分通常以"为此，特制订如下计划"或"为此，我们要做好如下几方面的工作"等句式引出下文，过渡到主体部分。

2. 主体

主体由目标和任务、措施和办法、步骤和期限构成。

（1）目标和任务，就是要阐明"做什么"的问题，即具体明确地提出在一段时间内要完成的任务，要达到的目标。任务要具体，目标要明确，实事求是，量力而行。例如，金蝶集团这样描述自己的目标："××××年要取得 SaaS 云服务市场第一的战绩；××××年开启三年的攻坚战，到××××年，金蝶的云收入比例要达到 60%，成为伟大的云计算公司，为用户提供最好的服务与平台，给每一位金蝶人以最大的回报，同时在工作和生活中要倡导躬身实践'致良知'的价值观，弘扬中华优秀传统文化。"

（2）措施和办法，就是要阐明"怎么做"的问题，即达到既定的目标要创造什么条件、采取什么办法、调动哪些力量、解决哪些问题。措施要具体，办法要科学，分工要明确。

（3）步骤和期限，就是要阐明计划"分几步做"的问题，是计划执行过程中程序的安排、期限的界定。步骤要有序，层次要分明，条理要清晰，时间安排要妥当。

3. 结尾

结尾主要交代执行计划时需要注意的问题，再次表明计划的意义，提出希望，发出号召。

要点总结

前言：概述计划的依据、理由、基本情况、总体目标。

主体：具体目标（做什么）、措施（怎么做）、步骤（分几步做完）。

结尾：展望前景，提出希望、发出号召。

（三）落款

计划的落款要求在正文的右下方，注明制订计划的单位名称和日期。如果计划的标题中已标明了单位名称，这里就不必重复注明。机关团体、企事业单位上报或下达的计划，要在落款处加盖本单位公章。

四、计划的写作技巧

计划是前进方向上的"路标"，是一切行动的指南，也是实现目标的手段。了解、把握计划的写作技巧，有利于更好地制订计划，从而为开展工作打下坚实的基础。

1. 目的明确

制订任何一项计划都必须有明确的目的，即在一定的时间内完成什么任务、获得什么效益。计划已成为工作的方向和依据，并具有很强的指导性、规范性和约束性。社会在不断发展，情况在不断变化，事先制订的计划往往会出现与实际不符的现象，所以可依据实际情况对计划进行适当的调整。

2. 措施合理

为了更好地完成计划目标，制订计划时一定要考虑与工作实际和个人能力相适应、相吻合的措施和办法。因为计划最终能不能完成，措施和办法会产生很重要的影响。如果在执行计划的过程中，客观情况发生了变化，就要对计划予以适当的修订、补充。

3. 讲究技巧

写作计划时要注意方法和技巧，掌握政策，审时度势，以党和国家的有关方针、政策为依据；从实际出发，正确估计客观条件；协调工作，统筹安排，抓住关键，突出重点。制订的计划既不要过高，也不要过低，要像篮球筐的高度，让运动员跑三步，跳一下，就能将球投进去。制订这样的计划才是恰到好处的。

案例 5.1.2

××学院××××年财务工作计划

根据市财政局相关要求，为做好××××年年终财务结账和决算工作，结合学校实际，现将有关工作安排如下：

一、加快预算执行

为保障学校预算执行进度，请各部门及项目负责人务必高度重视，对××××年学校预算安排的各类经费抓紧执行，尤其涉及"双高"建设专项、教育附加预算项目建设等财政重大项目经费的。对未达到节点进度要求的项目，学校将收回当年未使用额度。设备和物资采购、工程维修改造等涉及政府采购的项目，应加快办理采购、验收及结算付款手续，避免年末被清理收回造成学校资金损失。

二、提高资金使用效益

各部门、各经费项目负责人要按照工作或项目计划，根据相关性、合理性原则，按需、据实使用经费。各经费审批负责人对支出的真实性、合理性、相关性负责，严禁"突击花钱"和跨项目使用经费，不得随意调整预算，坚决杜绝浪费现象发生，依法依规加快推进预算执行进度，切实提高资金使用效益。

三、清理应收款项

各部门应切实落实管理责任，对本部门教职工已借款尚未冲账的应收款项进行清理，截至年末仍未偿还的借款将相应扣减该部门××××年度预算指标。相关部门要及时向学校代垫水、电、采暖等费用的相关单位核对、催缴代垫经费。

四、学宿费及时缴费

尚有学宿费欠费的学院继续做好学宿费催缴工作，需在 12 月 15 日前完成欠费学生的学费及住宿费缴纳；学生处与各学院配合协助财务处做好学生使用助学贷款缴纳学宿费的入账工作，督促贷款学生及时补缴贷款额度不足部分的学宿费欠费。

五、清理、缴回已借出票据

××××年已经预借税务发票的部门和个人，应确保该款项在 12 月 15 日前入账。按照学校财务管理规定，预借发票超过 30 天未收回应收账款的，经办人须将纸质发票追回，电子发票由财务处作冲红处理。如款项未到且未按期交回纸质发票，将暂停该部门或个人的财会业务。

六、××××年发票报销时间

根据《政府会计准则——基本准则》财务会计实行权责发生制的要求，原则上只报销本年发生的经济业务产生的费用。由此××××年 1—10 月发生的经济业务，需要在本年内报销完毕；××××年 11—12 月发生的经济业务，发票报销时间可延长至××××年 3 月 31 日。逾期不予报销。请各部门高度重视，遵照执行。

希望各部门在明年的工作中与市财政局工作计划保持一致，保障各财务环节安全运转，全面推动财务管理规范运作。我们相信通过专项整顿，学院一定能建立起一个规范、守法、诚信的财经秩序。

××学院财务处

××××年 3 月 1 日

主体：从财务工作具体内容入手，目标明确，步骤清晰，执行计划的措施有力，思路清晰，言简意赅。

结尾：提出希望、发出号召，展望前景，结束全篇。

落款：署名、日期。

案例 5.1.3

××省人社厅关于帮助毕业生就业的工作方案

全国大学生毕业都面临着找工作难的问题。为落实国家和省人民政府有关规定，切实帮助毕业生就业，××省人社厅特制定《帮助毕业生就业工作方案》。提高毕业生就业率，为稳定振兴大局、营造良好的社会环境作出应有贡献，是××省人社厅一直以来的工作重心。××省人社厅充分发挥政府人才服务机构的职能作用和服务功能，开展一系列有针对性、有实效、有影响的促进毕业生就业的活动，指导毕业生就业、创业，让更多的毕业生能尽快找到合适的工作。为此，××省人社厅制定了新的工作方案，具体内容如下。

一、搭建公共服务信息平台，将人才市场供求信息发布制度化。各人才市场管理部门要定期通过媒体向社会发布人才市场的供求信息，为毕业生就业提供实实在在的信息参考；开辟"毕业生就业咨询热线"，开辟网上毕业生就业市场；定期召开毕业生网上招聘会，定期发布人才需求信息。

二、举办大型毕业生就业专场招聘会，举办职业指导师骨干训练班；建立毕业生就业专家咨询工作室；为毕业生就业、择业进行答疑、解惑，引导毕业生就业，实现项目与人才的对接；利用"项目库""高级人才库""紧缺人才库"为更多单位提供其所需的更合适的人才。

三、为毕业生实习、创业提供有利条件。各人才服务机构要选择一定数量的企事业单位建立毕业生实习创业基地，提供更多实习岗位；鼓励大学生自主创业；为其提供平台，创设条件，适当地给予资金的资助或提供优越的贷款条件。

四、维护毕业生合法权益，为毕业生就业开辟绿色通道。加大人才市场监管力度；对各级各类人才市场在毕业生招聘过程中的违法违规行为坚决进行查处，开通投诉举报电话，严肃处理违法违规行为。

五、设立"××省人社厅与高校合作开发培养人才资金"，开展"大学生自主创业标兵"评选奖励活动。在全省范围内评选和奖励帮助大学毕业生就业且成绩突出、深受毕业生欢迎的就业指导教师。

希望各高校、企业、机关团体依据本单位条件按此方案执行，为大学生求职就业出谋献策。

××省人社厅（公章）

××××年×月×日

"方案"是计划的一种，属于专项计划。

标题：交代了计划的单位、内容、文种。

前言：交代了制订本方案的目的、意义，确立工作重点，用过渡语引出下文。

主体：概括了方案的基本内容，实施方案的具体办法、措施，思路清晰，语言流畅，结尾自然。

落款：署名、日期。

知识拓展

活动策划

活动策划属于计划的一种，也可以叫活动方案，是人们为某一次活动所写作的书面计划。它包括具体实施该活动的办法、细则、步骤等。写作将要开展的活动的书面计划时，写作者要对每个步骤进行详细分析、研究，使活动顺利开展，圆满结束。活动策划具体包括如下要素。

（1）活动策划或活动方案的标题。

（2）活动时间、地点。

（3）前言：介绍活动背景，交代活动的目的、意义（基本情况介绍、开展活动原因）。

（4）主体：活动内容概述，活动的开展，包括活动过程的具体安排，如人员配置、参与对象、权责、执行及应变程序、经费预算、互动细节与应注意的问题等。

（5）结尾：预期目标、意见和建议（预期效果评估等，可根据实际情况写作）。

（6）附件：表格登记、清单、宣传材料等。

（7）落款：活动主办单位的名称和成文时间。

【感悟升华】

一、多项选择题

计划类文书的文种包括（　　　）。

A. 规划　　　　　　B. 制度　　　　　　C. 方案　　　　　　D. 安排

二、判断题（对的打"√"，错的打"×"）

1. 计划是用于找出工作中存在的问题而写作的文种。（　　　）

2. 计划具有总结性。（　　　）

3. 计划的制订要从实际出发，正确估计客观条件。（　　　）

4. 计划具有预见性。（　　　）

三、实践训练

1. 结合九月校园文化活动月的具体内容（如继承并弘扬中华优秀传统文化的班会、"丝绸之路"模特大赛、"商英杯"广告创意设计大赛、"巧手杯"计算机程序设计大赛等），为系列活动或某一项活动制订一份文表结合式的活动计划或方案。

2. 以条文形式写一篇新学期的学习计划。

要求：（1）合乎计划的写作要求；

（2）紧密结合计划的内容；

（3）计划的制订要科学合理。

3. 春节意味着辞旧迎新，新年新气象。为了让家人在今年春节过得更有新意，请展开想象，给家长或亲属写一段话，表达你对过春节创新构想的打算与安排，字数在200字以内。

第二节　总　　结

【学习目标】

知识目标：了解总结的概念、种类、特点，掌握总结的结构。

能力目标：掌握总结的写作技巧，具备归纳、总结、概括经验的能力。

总结与计划是相辅相成的，总结要以计划为依据，在计划完成之后进行。它们之间有一条规律：计划—实践—总结—再计划—再实践—再总结。

总结是在计划被执行一段时期或完成以后写作的，它既要检查计划的执行情况，又要反过来作为今后修订或制订计划的依据。总结是对已经做过的工作进行理性的思考、分析、评价，从中找出值得借鉴的经验、规律与教训。它要回顾过去做了什么，如何做的，做得怎么样。

一、总结的种类

总结的种类很多，常见的分类方法有以下几种。

（1）按内容分，有思想总结、生产总结、工作总结、学习总结等。

（2）按范围分，有地区总结、单位总结、班组总结、个人总结等。

（3）按时间分，有年度总结、季度总结、月份总结、周总结等。

（4）按性质分，有全面总结、专题总结。全面总结是一个单位、一个部门或个人对一段时间以来的工作，依据总结的主题思想的需要，所做的全面而细致的总结，其内容突出一个"全"字。专题总结是一个单位、一个部门或个人，针对一段时间以来工作的某一方面，依据总结的主题思想的需要，有所侧重地归纳思想、突出经验与规律、寻找不足所做的总结，其内容突出一个"专"字。

二、总结的特点

从写作内容来看，总结具有如下特点。

（1）客观性，是指总结的内容与材料源自客观事实，是对已经发生过的事情的回顾与评价，要尊重事实，从工作实际出发，不能无中生有。观点的提炼，经验的归纳，规律的总结都不可以主观臆断。

（2）理论性，是指总结是从理论的高度回顾做过的工作，是从感性认识上升为理性认识的过程，对发生过的事情、做过的工作进行客观的分析，用科学的世界观和方法论评价和总结，对今后的工作具有借鉴、指导作用。

（3）典型性，是指总结是从以往的实践经验中，寻找典型的、有说服力的实例、数据，使总结出的规律性内容具有典型性、代表性，以用来指导今后的工作与实践活动。

三、总结的结构

总结一般由标题、正文和落款三部分构成。

（一）标题

总结的标题大体上有单行标题和双行标题两种形式。

单行标题由单位名称、时间、事由、文种组成，如《好利来公司××××年度市场营销工作总结》；有的总结标题只写事由和文种，如《工作总结》。总结的标题可以不体现具体时间、期限、单位名称，但是不能不体现事由和文种。

双行标题由正标题、副标题组成。正标题用于揭示主题，表达观点；副标题用于补充说明总结的内容，或限定总结的范围，如《凝聚校园文化，弘扬大学精神——校园创意文化产品设计大赛活动总结》。双行标题的写法比较灵活，可以增强文章的感染力。例如《顾客永远是上帝——上海华联超市售后服务工作总结》，其正标题点明了营销工作的宗旨，副标题界定了总结的范围。

（二）正文

总结的正文由前言、主体、结尾组成。

1. 前言

前言是正文的开头，一般要简明扼要地概述基本情况、交代背景、点明主旨或说明成绩，为主体内容的展开作必要的铺垫。例如"公司强不强，关键在领导；销售好不好，关键在市场。能否选配好公司'一把手'，是加强公司营运与销售的核心。在工作中，我们积极围绕公司队伍建设这个重点，紧紧抓住市场研发与销售这个关键，着力走好选人、育人、用人三步棋，努力把市场开发引向深入。"

2. 主体

主体是总结的核心部分，其内容包括做法和体会、成绩和问题、经验和教训等。这一部分要求在全面回顾工作情况的基础上，深刻、透彻地分析取得成绩的原因、条件、做法，以及存在问题的根源和教训，揭示工作中带有规律性的事物。回顾要全面，分析要透彻。

不同类型的总结，内容有所侧重。全面总结的主体包括两个层次，即成绩和经验、存在的问题和教训。而专题总结的重点则应放在成绩和经验上。

总结的主体主要采用逻辑结构形式。全面总结常以过去一段时间工作中的成绩和问题，或者经验和教训的内在联系组织材料；专题总结常以经验为轴心组织材料。

3. 结尾

总结的结尾或概述全文，或说明好经验带来的效果，或提出今后的努力方向及改进意见，展望未来。例如"新的一年，我们用汗水浇灌收获，以实干笃定前行""通过上述工作，公司的领导班子整体发挥了作用。不少营销经理提出'在职一天、开发一天'的口号，也出现了一批'舍小家，顾大家'的先进典型"。

（三）落款

总结的落款包括署名和日期两项内容，写在正文的右下方。如果标题中已有名称，这里可不再注明名称。

案例 5.2.1

××公司××××年财务工作总结

××××年已经过去，公司财务部在过去一年中取得了明显的进展和成就。在高度竞争的市场环境下，我们始终秉持着稳健的财务策略，坚定地推动着公司的发展。以下是财务部对××××年工作的总结和回顾。

一、财务数据稳步增长

××××年，公司财务部在财务数据方面取得了稳步增长的成果。收入、利润等核心指标持续保持增长态势，充分反映了公司经营的强劲势头。通过深入的财务分析，我们能够更好地预测市场变化，制定适应性更强的财务策略，为公司未来的发展储备资金。

二、风险管理取得显著成效

在不断变化的市场环境中，风险管理显得尤为重要。财务部在过去一年中不断完善风险管理体系，建立了更加严密的风险防控机制。通过对市场风险、信用风险等方面的科学评估，我们有效地减少了潜在风险对公司造成的影响，保障了公司的稳健运营。

三、财务流程优化，效率提升

在财务运营中，流程的优化能够带来显著的效率提升。财务部在××××年积极推动财务流程的优化工作，借助先进的科技手段，提高了财务操作的效率和准确性。这不仅有助于降低公司的运营成本，还能够释放更多资源用于创新和发展。

四、团队合作凝聚力量

团队是我们取得一切成就的基石。财务部在××××年加强了团队建设和培训，提升了团队成员的专业素养和综合能力。在面对各种挑战和机遇时，团队紧

标题：交代了总结的范围、内容、文种。

前言：提纲挈领地概括了总结的主要内容，表明目的，引起下文。

主体：这是一篇专题总结，从五个方面总结了财务工作的经验、体会、感悟。本文视角独特，见解深刻，经验丰富，值得借鉴。

密合作，共同克服困难，为公司的可持续发展贡献了巨大力量。

五、社会责任践行持续推进

财务部始终将社会责任作为重要使命来践行。在××××年，我们积极参与了慈善公益活动，关注环保、教育等社会议题，传递出公司良好的社会形象，为构建和谐社会做出了积极贡献。

总之，××××年是公司财务部不断创新、稳步前行的一年。我们将继续坚持稳健的财务策略，不断优化财务流程，加强风险管理，积极践行社会责任，为公司的可持续发展贡献更大的力量。展望未来，我们充满信心，相信在全体员工的共同努力下，公司财务部必将迎来更加辉煌的明天。

结尾：回顾过去，展望未来，结束全文。

××公司财务部

××××年×月×日

落款：署名、日期。

四、总结的写作技巧

写作总结的时候，借助一定的方法和技巧有利于经验的归纳和规律的获得。通常有如下方法和技巧值得我们借鉴、学习。

> **名言录**
>
> 要走好明天的路，必须记住昨天走过的路，思索今天正在走着的路。
>
> ——蒙曼

（1）理性而客观地进行总结与评价。在总结的写作中，常常会出现不实事求是的现象。一种是将总结写成了"赞美诗"，另一种是将总结写成了"检讨书"，这两种写法都不合适。总结要如实地评价自己以及自己的工作，对成绩不要过分夸大，对问题不要轻描淡写。例如，国家广播电视总局对中央电视台的《朗读者》节目做过这样的总结评价："《朗读者》这个节目之所以会在嘈杂的节目中脱颖而出，关键是匠心沉淀，展现多元领域的丰富性、稀缺性、代表性，做到了初心坚守，温情延续，思辨启慧。具体体现在以下几方面：一是文学与生命共鸣，二是经典与时代关联，三是温情与思辨互动。"这样的总结客观而准确，中肯而翔实，值得我们学习和借鉴。

（2）要总结出经验、不足与规律。在总结的写作中，写作者要学会提炼能够反映主要思想和观点的事实与材料，进行深入细致的分析，如"一年来，改革开放不断催生发展活力"。谈成绩时，要写清是怎么做的，为什么会这样做，效果如何，经验是什么；揭示存在的问题时，要指明是什么问题，为什么会出现这种问题，教训是什么，要将问题由感性认识上升到理性认识。

（3）使用第一人称。总结是用于概括本单位或个人的工作经验与不足，所以写作时要从本单位、本部门的角度出发，要用第一人称，表达方式要以叙述、议论为主，说明为辅，可以夹叙夹议。

（4）共性和个性相结合。总结不是文学作品，无须刻意追求个性特色，但也忌讳千篇一律，因为这样的总结是不会有独到的价值的，因而也不会受人欢迎。要想写出个性

> **要点总结**
>
> 前言：概述所总结内容的基本思想和观点，或者工作成果。
>
> 主体：总结的具体内容，包括经验、感悟、存在的问题或原因等。
>
> 结尾：总结全文，展望未来，表明今后工作的努力方向。

化的总结，就要有看问题的独特视角。鲜明观点的表达、成功经验的归纳、失败教训的回顾都源自新颖且有说服力的材料，只有在共性和个性相结合的基础上，才会有特别的体会。

（5）突出重点，详略得当。总结的写作选材不能求全，要敢于割舍。总想把一切成绩都写进去，不肯舍弃所有的正面材料，结果文章写得拖泥带水、没有重点，不能给人留下深刻

印象。要想写好总结，最重要的一点就是把每一个要点都写清楚、写明白。

案例 5.2.2

面对挑战，完善自我

——××××年个人学习总结

升入大学二年级，在学习难度加深和学习任务加重的情况下，我坚持"兴趣+信心+合理的时间安排+科学的学习方法+努力=成功"的观点，面对挑战，不断完善自我，因此我的学习成绩得以保持稳定。现将我的学习情况总结如下。

一、兴趣是最大的学习动力

这学期，学校为我们开设了计算机网络技术、西方经济学原理等课程。我平时喜欢上网查资料，且对计算机课程很感兴趣，无论是计算机基础知识还是上机操作技术，学习起来都得心应手，因此学习计算机网络技术课程我获得了良好的成绩。我原来对西方经济学原理知之甚少，觉得这门课程很难学，所以上课也不认真听讲，课后也没有看书。期中考试后，我意识到了问题的严重性，便强迫自己看书，努力培养学习兴趣。结果我越学越有趣，学习态度改变了，主动性也增强了，本门课程的成绩最终得到了提高。可见，学习兴趣对学习效果和学习成绩有着极大的影响。

二、认真学好每一门课程

本学期除了开设新的专业课外，学校还为我们开设了实用性很强的基础课程，如演讲与口才、应用文写作、交际技巧、实用礼仪等。刚开始上课时，我觉得这些课程不属于专业课，未来也没有什么大用处，而且平时对这些内容也不感兴趣，所以就不太认真。而在一次社会实践工作招聘会上，我因为自己的表达能力、与人沟通的能力比较差，最终没被录用。这件事改变了我的学习态度，从此以后在上这些课时，我认真听讲，抓住机会上台演讲，还试着在实际生活中主动运用所学的相关知识，收获很大。

三、合理安排时间

本学期课程开设得比较多，还要外出实习，所以我总感觉有些手忙脚乱。期中考试成绩不太理想，为此我对学习以及外出实习、个人生活时间重新做了规划。在兼顾学习、实习的基础上，我将突破学习难点作为学习重点，坚持不因外出实习而耽误课程。以前我总是"临时抱佛脚"，安排不好学习时间，现在我吸取了大一的教训，尝试每天晚上写好明天要做的几件事，根据实际情况计划好学习、休息的具体时间。当养成一定的学习习惯后，学习效果自然就显现出来了。

四、采用科学的学习方法

每门学科都有其规律，不掌握恰当的学习方法，就收不到良好的学习效果。拿英语来说，不能只知死记硬背，那样即使当时记住了，很快就会忘光。我发现用句子记忆法更有效，于是在课后尝试用单词造句。另外，我将所学英语用于实际工作中，真正做到学为所用，这也是一个不错的学习方法。

我在英语学习上还有很多不足之处。如不分主次，学习重点不突出，应该掌握的知识掌握得还不够牢固，突破学习的重点难点方面做得还不够好等，所以我没能顺利通过大学英语六级考试。今后我将进一步总结经验教训，弥补不足，力求把自己下一阶段的学习搞好，做一名合格的大学生！

×××

××××年×月×日

标题： 正标题揭示了总结的主题，副标题交代了总结的时间、范围、内容、文种。

前言： 高度概括，表明态度、观点，用过渡语引出下文。

主体： 这篇专题总结从四个方面总结了学习经验、体会和感悟。写作者紧紧围绕"学习的实际情况"作总结，找出经验与规律，语言质朴，总结深刻。

结尾： 指出学习中的不足之处，表明态度，努力弥补不足。

落款： 署名、日期。

文化长廊

中国核潜艇之父——黄旭华，用"痴"和"乐"两个字概括自己的人生：痴，是痴迷于核潜艇，献身于核潜艇，无怨无悔；乐，是在科研生活极为艰苦的条件下，苦中有乐，乐在其中。他用自己的亲身经历鼓励年轻一代学子：第一，要有扎扎实实的知识基础；第二，要自力更生；第三，创新的道路不可能平平坦坦；第四，要有无私奉献的精神。

 知识拓展

总结和计划的联系与区别

总结与计划既有联系，又有区别。它们都以自身为对象，着眼于未来的工作，其区别表现在计划要解决"做什么""怎么做"的问题，制订于事前；总结要回答"做了什么""做得怎样"的问题，形成于事后。计划一经实施，就对制订计划的单位具有直接的指令性作用；总结一经成文，就形成了对做过的工作的一种结论性认识，无论是经验还是教训都可以为以后开展工作提供借鉴。

【感悟升华】

一、填空题

1. 总结主体部分的主要内容包括（　　）、（　　）、（　　）。
2. 总结的主要特点包括（　　）、（　　）、（　　）。

二、实践训练

1. 写一篇自入学以来的学习总结。
要求：（1）合乎总结的写作要求；
（2）要有切身体会；
（3）要概括出规律性的东西；
（4）1500字左右。
2. 结合任务单5.1，完成写作任务。

任务单 5.1

总结任务单

任务名称	专业实习总结	完成时间	
姓　名		班　级	
布 置 任 务			
任务描述	大学毕业前，同学们都要参与社会实践，在社会实践中同学们要将在课堂上所学的理论知识转化为实践技能并运用到工作岗位中。例如笔者所在学校商贸分院的学生到青岛啤酒长春大区办事处实习，虽然时间不长，但同学们学到了很多东西，对快速消费品行业的基本业务流程和市场状况有了了解。 结合你所学专业的特点以及你的实习经历，根据个人感受，写一篇实习总结		
知识储备	1. 总结应从何处入手来写？如何搜集整理实习材料？ 2. 怎样归纳、概括总结的经验与收获？ 3. 总结的写作知识以及写作技巧有哪些？ 4. 优秀的总结应具备哪些特点？		

续表

	布 置 任 务
完成形式	写一篇总结，用演讲的方式并配合幻灯片进行讲述
具体要求	1. 选定实习中感悟最深的几个片段进行概括和总结； 2. 所选事例要能够突出总结的主题，并从中提炼出明确的观点； 3. 能够准确地概括出实习的重要意义； 4. 语言要清晰、准确，不拖泥带水，合乎事务语体要求。
资讯引导	1. 阅读《应用写作》杂志，学习总结的写作知识； 2. 欣赏文言文《曹刿论战》，深入了解其中总结的奥妙； 3. 欣赏优秀的实习总结若干篇。
学生互评笔记	
教师评语笔记	
完成任务总结	谈谈写作总结过程中遇到的困惑及获得的感悟

注：本任务单只供读者完成任务时做笔记使用，完整任务单见本书配套资料。

第三节 申 论

【学习目标】

知识目标：了解申论的特点，掌握申论的结构。

能力目标：掌握申论的写作技巧，辨析申论与传统作文的异同，运用申论处理工作问题。

申论是国家录用公务员的一种考试形式。该考试旨在通过考生对给定资料的分析、概括、提炼、加工，衡量考生把握现象、提出问题、分析问题、解决问题的能力。其中也包含对考生阅读理解能力、综合分析问题能力、与人沟通能力、书面表达能力的检验与考核。

案例 5.3.1

弘扬传统节日文化，增强民族自信

东西方文化不同，节日也有所不同。例如，圣诞节就是典型的西方文化背景下的节日。中国人到底应该过什么节日、节日应该怎样过，引起了人们的思考，网上的讨论也非常多。

弘扬中华民族的传统节日文化，增强民族自信已经成为中国人关注和要解决的问题。这不仅仅是过什么节日、节日怎样过的问题，更是关系到对年轻一代民族自信的培养以及传承中华民族的传统节日文化的问题。如

这是依据给定资料写成的一篇申论文章。标题揭示了文章的主题。

背景：交代了事情的原委。

前言：高度概括了背景材料，提出全文的中心论点，点明主旨。

何让更多的中国人乃至全世界的人，深深地感受到中华民族的传统节日文化的魅力呢？

　　首先，中华民族文化源远流长，经过数千年传统文化的积淀，形成了我们独具特色的节日文化。许多节日表达着中国人对未来美好生活的向往与祈福之情，抒发着中华儿女特殊的情怀，成为代代相传的情感纽带，彰显着我们民族文化的内涵。这些节日文化也给世界带来了非常大的影响。

　　其次，节日文化不是简单的几天休假或吃几种美食，而是中华民族文化认同感的充分体现，是加深全世界对中国和中华民族的认同感的重要契机，也是中国人民团结一心、共创家园凝聚力的体现。

　　最后，中华民族的伟大复兴包括文化复兴，文化复兴也包括节日文化的传承与复兴。在节日文化的传承与复兴中，更能培养民族自信。为此，国家也出台了相应的措施与办法，对弘扬传统节日文化，增强民族自信起到了推波助澜的作用。

　　从国务院办公厅关于节假日的放假通知中，我们不难看出政府对传统节日的重视程度，清明节、端午节、中秋节、春节等都有了明确的放假规定，从法律、法规的角度保护公民的休假权，中央广播电视总台以及省级广播电视台也为传统节日安排了特定的节目，挖掘传统节日的文化内涵，聘请文化学者讲授节日历史文化知识，弘扬中华优秀传统文化，让人们感受中华民族节日文化的魅力，提升传统节日的影响力，有助于中华优秀传统文化的兴盛与流行。

　　倡导过中国的传统节日并不是拒绝或反对国外的"洋节"，无论是国内的节日还是国外的节日，我们都要本着"取其精华，去其糟粕"的原则，与时俱进，尊重传统，在以中华民族传统节日为载体的基础上，重视节日文化内容与形式的创新，将更多的欢乐融入我们的节日中，让全中国人民乃至全世界人民共同感悟中华民族健康、积极向上的节日文化，自信满满地过好每一个属于我们自己的节日。

> **主体：** 具体分析了"传统节日文化，增强民族自信"的深刻内涵，以及带给世界的重要影响。
> 从另一个侧面揭示了传统节日文化对一个民族的重要意义之所在。
> 最后一点是挖掘节日文化的深刻意义，针对性强。过渡句承上启下。

> 结合自身的感受对资料进行整合、发挥，展现出良好的文化底蕴及论证的逻辑性。

> **结尾：** 站在一定的理论高度，对此类事件做出总结。畅想未来，升华主题。

一、申论的特点

　　唐代诗人刘禹锡曾经写过一首《昏镜词》，他在词前的序言里向人们讲述了一种社会怪象：镜工放在店铺里出售的镜子，竟然十面有九面是"昏镜"（即模糊不清的镜子），只有一面是明镜。昏镜畅销，明镜滞销。写作者要想写好申论，是作一面明镜还是一面昏镜，值得思考。申论实际上是写作者寻找对策解决问题的过程。

　　"申论"一词出自孔子的"申而论之"，是对某一事物、现象或问题作出说明、发表见解、进行论证的过程。2000年，国家将申论作为一种应试文体，用于国家机关公务员录用考试，考查考生的阅读理解能力、分析判断能力、解决问题能力，以及语言表达能力、文体写作能力、行政管理能力等。

　　申论的写作过程，实际上就是公务员完成日常工作流程的复原。其特点如下。

　　（1）实用性。申论通常是针对特定的事实，用论据进行论证、申述，把事情说清楚、讲明白。公务员考试中的申论就是针对当前的社会热点和难点问题进行分析、论证，提出对策，找到解决问题的最好办法。写作申论是为了解决实际问题，如环境污染、商业贿赂、教育改革、医疗改革、社区医疗服务、校园安全等。

　　（2）对策性。申论的写作过程实际上是提出对策、方案的过程。提出对策时必须依据给定资料的主要问题进行有效分析，抓住反映主要矛盾的内容。通过对一个或某几个特定的社会问题或社会现象进行针对性的分析，准确理解资料所反映的主要内容，并能在把握资料主旨和精神的基础上，形成并提出自己的观点、思路或解决方案，进而以文字形式准确流畅地表达出来。提出对策要有整体思考，如与相应的法律法规、舆论宣传等相符合。

（3）可行性。申论中提出的对策要符合客观规律、道德规范、法律法规，即政策上可行、财力上可行、伦理上可行、心理上可行。申论中所提出的制度、规章、条例、措施、办法等都要合乎民情与民心，能让更多的受众接受，这就是可行性。处理问题的具体办法要落实到部门，有步骤、有方法。形式上依据主体选择合适的文种，灵活运用，如讲话稿、演讲稿、请示、报告等。

（4）定位性。定位性是指申论的写作不是凭空而来的，无论什么社会问题，都不能凭空发挥。写作者是对给定资料进行分析、概括、提炼、加工的，要以资料为基础和依托，以某一部门的工作人员或某一岗位负责人的"虚拟身份"为写作的出发点，借助自身的社会实践经验或生活体验，很好地理解和分析给定资料，发现和界定问题，作出评估或权衡，提出解决问题的方案或措施。

二、申论的结构

申论的结构由标题、正文和落款三部分组成，具体如下。

（一）标题

申论的标题有两种形式：一种是给定标题，另一种是要求考生自拟标题。常见的标题拟定的方式如下。

（1）论点即题目，如《国家发展更需要工匠精神》《国强才能民安》。

（2）名言警句型，如《山不在高，有好干部则名》《俯首甘为孺子牛》。

（3）试论（浅谈）+解决问题型，如《试论小康生活的标准》《浅谈农村医疗改革》。

（4）做法+目的型，如《采取切实可行的办法，解决食品安全问题》。

（5）反问、设问等修辞型，如《领导会看我们的留言吗？》《有话筒你敢发言吗？》。

（二）正文

申论的正文由三部分构成，包括前言、主体和结尾。

1. 前言

前言部分也叫概要部分，是依据给定资料，客观地概括出资料所反映的问题涵盖几个方面、几个层次，或者是资料反映的内容包括几个方面的意见或争议等。其具体写法如下。

（1）开门见山法。申论文章讲求时效性，直接深入论述不失为一种很好的"开门见山"的开头方式。以直接分析论述开头时，要强调分析的深入性。

（2）举例法。以实例作为开头是申论文章写作中常用的一种方法，实例可以是给定资料中的，也可以是给定资料以外世人皆知的内容。开头所举实例要尽可能做到语言生动、内容精练、举例典型、直入主题，并特别强调实例本身的说服性、典型性。

（3）引用名言法。这里强调的是申论文章中的引用部分要尽可能是"时代最强音"，因为"时代最强音"是党和国家领导人高瞻远瞩、统领全局、深入总结实践经验、反复调查研究的智慧结晶，是时代的主旋律。当然，它是我们工作的指导思想，也是申论文章的有力论据。

2. 主体

主体部分也称深入分析部分或分析主题、把握重点部分。申论文章的主体部分一般可以就主题的几个方面进行分析，如解决问题的重大意义，问题的严重性、迫切性，问题的复杂性、艰巨性，问题原因的分析，问题具体表现在哪些方面，等等。

主体部分要求概括给定资料中的人物对资料所涉及的任务、活动、情况等持有的态度、观点或看法，同时还要分析其目的、意义、必要性，并对做法的效果和存在的问题等进行分析。在主观驾驭资料的基础上向外拓展，既能立足于资料，保证良好的针对性、具体性和翔实性，又能结合自身的思想经验对资料进行整合、发挥，富有逻辑性、条理性。准确把握重大的社会现象、社会问题的关键实质，合理地上升到一定高度，这是申论文章分析问题的重要技巧和要求；但写作者在论述时也不能太牵强，要以有理、有力、有充分的论证作为前提。

案例 5.3.2

长期以来，"北上广"是大学生们找工作的首选城市。但如今有一种现象，年轻人开始纷纷逃离"北上广"，我们可以从如下几个方面寻找原因：首先，生活"压力山大"，成本高，房租、交通费等占据了收入相当大的比例；其次，人才荟萃，竞争激烈，成功率低；最后，如果结婚，未来子女户籍、上学等诸多问题难以解决。

点评：本例文主体部分的原因分析客观、真实，考虑问题全面，有理有据，为后文中问题的解决起到了铺垫作用。

3．结尾

结尾部分也叫提出对策部分，要求概括给定资料中的人物所提出的建议、措施及相关方面的正确经验做法，其核心是考查考生解决实际问题的能力。提出的对策必须是全方位、多角度的，虽然离不开考生个人的阅历和知识，但考生在这里必须牢记自己的答题身份——政府公务员，即要有角色意识，也就是说答题中所发出的声音不是自己的，所代表的是政府机关的整体形象。考生的所思、所想都必须站在政府的角度，提出的方案要就事论事，不能大而空，要切实可行；考虑问题要冷静、全面、客观，不能有自己的好恶，不能出现越权或职能缺失的情况。

要点总结

前言：概要部分，引出主题。
主体：深入分析部分，分析问题。
结尾：提出对策部分，引人深思。

申论文章不需要像一些艺术性的文章那样在结尾留有悬念，要求将论述的问题论述清楚、透彻，在结尾进行概括、总结、点题。

名言录

人生好比住房子，有的人看见一栋房子就住进去，这可以解释为物欲；有的人进去了，但觉得第一层没意思，上了第二层住下来，可以解释为科学、艺术的一层；还有的人上了第三层住下来，这是哲学、宗教层。

——丰子恺

（三）落款

落款包括名称和日期。这里要依据所确定的文种来决定落款的具体形式、位置。一种是把名称居中写在正文标题下，另一种是把名称写在文章结束后的右下角。名称可以写单位名称，也可以直接写考生的名字。

三、申论的写作技巧

要想写好申论，一方面要有扎实的写作基本功，另一方面要有丰富的社会实践经验。其具体的写作技巧如下。

1．仔细读

仔细读要求考生带着问题去读申论考试的给定资料。注意哪些资料表明问题的现象，哪些资料关乎问题的本质，哪些资料与分析问题、解决问题有关，这才是阅读资料的关键所在。此时的阅读是为写作服务的，具体可归纳为如下几种方法：把握题干中的要求，概述题干中的要求，把握一定的阅读技巧；在通读整篇资料的基础上，通过资料中重要人物的观点、言行或重要的政策、做法来最终确定资料的主旨。

案例 5.3.3

"入山问樵，入水问渔"语出明代庄元臣所著《叔苴子·内篇》，其含义是：上山要向樵夫问山路，渡河要向渔夫问水情。因为樵夫熟知山林的情形，渔夫熟知水域的状况，他们在某一方面有丰富的经验。所以，"入山问樵，入水问渔"喻指要向内行和知情人求教。从唯物辩证法的角度，懂得到什么地方找什么人，是根据矛盾的特殊性，一切以时间、地点、条件为转移，对具体问题进行具体分析。"入山问樵，入水问渔"表明要根据实际情况分析处理问题。"入山问樵，入水问渔"是有效的求知途径。

点评：阅读本例内容，你是否抓住了关键所在，如有效的求知途径是什么？实用的调研方法是什么？"入山问樵，入水问渔"在文中起到了点题的作用，仔细阅读就会理解给定资料的真正用意。

2. 分析透

针对资料反映的主要问题，从不同角度进行分析，可以得出不同的观点。资料始终是申论的根本。一方面，充分利用资料，而且利用资料的方式要灵活多样，以确保对策的针对性、翔实性、全面性；另一方面，不拘泥于资料，需要有思想、有经验，以对资料进行提炼、加工和发挥，让观点既来源于资料又高于资料。如"毒奶粉""瘦肉精""地沟油"等事件一定能说明某些问题，你怎样看待这些问题？在仔细阅读资料后，要从中分析得出结论，提炼观点。同样是谈论道德问题，给定资料不同，得出的结论也是截然不同的。

3. 观点新

如《中国智能制造，能力向技术和品牌两端拓展》《××××年是信心之年，经济待暖》两篇文章的观点是经济学家对中国该时期经济发展的期许和预测，从中我们可以得出的结论是：中国经济不断地向好的方向发展。申论写作要想挖掘出深刻的主题，有新的立意是关键。

4. 对策准

所谓对策，是指申论写作者要借助自身的实践经验或生活体验，在分析、理解给定资料的基础上发现问题，提出方案，制定措施，解决问题。

所谓"准"，是指对所涉及的相应工作要有整体思考，符合行政管理的一般原理。在保持全面性的同时，对策要条理分明，运用独立而富有灵活性的思维方式和思想品格；站在社会转型角度，高度梳理、分析当下的重大社会问题，形成开阔的理论视野。如"如何补齐道德'短板'，助推中国经济各项改革稳步向前"，就这一论题发表看法，应如何组织材料、表明观点呢？

案例 5.3.4

"一个国家、一个民族的强盛，总是以文化兴盛为支撑的，中华民族伟大复兴需要以中华文化发展繁荣为条件。"这要求我们要把加强道德文化建设放到更突出、重要的位置上；在新的历史条件下，"要从绵延数千年的中华优秀传统文化中汲取营养，从世界优秀的文明成果中取长补短"。治理道德失范可从中华优秀传统文化中寻找答案。《三字经》《弟子规》都蕴含了做人、做事的智慧，恰是现代教育需要补充的部分。中华文化历尽曲折，虽亡羊补牢，相信为时未晚。

点评：本例依据文章写作要求引用上述资料，找到了补齐道德"短板"、助推中国经济各项改革稳步向前发展的方法与策略，十分有说服力，主题也因这样的选材而变得深刻而鲜明。

5．有底蕴

近年来，公务员笔试中涉猎的知识面非常广，涉及的内容非常接地气。这就要求考生博览群书，拥有丰富的文化底蕴，关注时事政治，如时政热点、法治原则、宪法知识、经济学知识、历史知识、文化知识、地理知识、科技知识、生活常识等，如下所示。

（1）《兰亭集序》抒发了作者什么样的感慨？（对于生死无常的感慨）

（2）《富春山居图》是谁的代表作？（黄公望的代表作，中国十大传世名画之一）

（3）"银汉横空万象秋"，四季更替是由什么引起的？（地球围绕太阳公转引起的）

（4）无人机和无人驾驶汽车是靠什么技术支撑的？（5G技术、人工智能技术）

四、申论与传统作文的异同

古代科举考试有八股文的考试形式，要求就给定题目论证某项政策或对策并写作论文，被称为"策论"。申论与策论和传统作文有些类似，但又有很多不同之处。申论的难度比传统作文要大一些。申论的考试内容、考试方法及测评要素，涵盖了传统作文和策论两种考试形式的基本方面。

（1）申论主要考查考生对党和国家方针政策的理解与运用能力；传统作文侧重考查考生如何运用一定的材料揭示主题，如何安排文章结构，借助什么样的语言来表达自己的思想感情等。

（2）传统作文无法全面体现考生的综合素质，尤其是无法体现考生解决、处理实际问题的能力；申论更侧重考查考生发现问题和解决问题的能力，有较强的综合性和针对性。

（3）申论考试要求考生摒弃套话、空话，立足现实，有针对性地分析问题、解决问题，发挥自己的优势，无须过分地抒情和描写，通常使用事务语体；而传统作文根据文体的特点，可以综合运用各种表达方式，通常使用抒情语体、文艺语体、政论语体比较多。

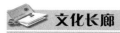 **文化长廊**

申论写作常用的哲理故事

良驹也须缰绳牵：《克雷洛夫寓言》中有这样一则故事：一位骑师历尽艰辛驯出了一匹良驹，它特别能领会主人的意图；骑师认为自己驯出来的好马没有必要再加缰绳，于是便将马的缰绳给解开了；开始这匹马还能听主人的使唤，按照主人的意图奔跑，但因其长期失去缰绳的束缚，野性大作，忘乎所以，最终肆无忌惮地狂奔起来；骑师束手无策，被摔下马背；那匹马也由于无所拘束，跌落山崖而死。这则故事启示世人：良驹也须缰绳牵，才能安全不出事。

马上就去：电视剧《亮剑》里有个情节，李云龙同赵刚商量组建一个特别小分队，挑选会武功的战士。赵刚说："那好，这事你快去办！"李云龙说："不用尽快，我马上就去！"的确，很多事情都有一个完成时期，但如果我们用"马上去做"的执行力去对待，就会得到立竿见影的效果。

 **知识拓展**

公务员应该具备的能力

申论实际是在考查国家公务员所具备的能力。那么公务员到底应该具备哪些能力呢？

（1）准确筛选信息，获取关键信息的阅读理解能力。

（2）归纳、整理资料进而提出问题的能力。

（3）从现象到本质的综合分析能力。

（4）站在客观的角度解决问题的能力。

（5）依据语体特点，以规范、简洁、准确的文字表达思想观点的能力。

（6）清楚社会组织架构以及职责流程的社会认知能力。

【感悟升华】

一、填空题

1. 申论的前言部分也叫（　　　　），主要任务是（　　　　）。
2. 申论的主体部分也叫（　　　　），主要任务是（　　　　）。
3. 申论的结尾部分也叫（　　　　），主要任务是（　　　　）。

二、多项选择题

申论的写作特点包括（　　　　）。

A. 对策性　　　　　　B. 可行性　　　　　　C. 实用性　　　　　　D. 引导性

三、实践训练

依据给定资料，按照要求发表你的看法。

（1）有人说不戴紧箍，孙悟空成不了斗战胜佛；有人说，戴上紧箍会限制孙悟空能力的发挥，成不了大事，你怎么看？

（2）"七一"临近，某社区准备举办诗歌朗诵会，作为社区工作人员，你认为活动的关键是什么？说说理由。你认为做好这项工作的关键环节有哪些？

（3）有一个大学生，他的父母亲去世后，他把奶奶接到身边，并委婉地拒绝了社会上的帮助。网友热议这才是好市民，你怎么看？

第四节　可行性研究报告

【学习目标】

知识目标：了解可行性研究报告的内涵、特点和种类，掌握可行性研究报告的结构。

能力目标：掌握可行性研究报告的写作技巧和写作要求，培养一定的项目研究能力，能够写出科学、合理的可行性研究报告。

可行性研究报告是一种专业性极强的文体，内容涉及诸多实践与理论方面的问题，且大多无现成的参照，写作难度较高。报告可行与否常常掌握在项目的研发机构或团队手中，若及时发现，认真研究，一切皆有可能。

某一经济活动、经济建设项目或科研项目在实施之前，都会对市场信息进行全面的收集、分析、研究、测算、论证，并对其政策和规模、技术力量和水平、实施方案和措施，以及投入和产出等进行全面的技术论证和经济分析，从而确定该项目实施的可行性和有效性，这样的书面材料就是可行性研究报告。

一、可行性研究报告的特点

从性质来看，可行性研究报告具有以下特点。

（1）可行性。可行性既是一种设想，又是进行研究与开发努力的理由与原因。可行性研究的背后要有强大的技术力量作为支持，如材料的客观真实性，思维、论证方法的科学性等；

同时，它也要求报告中的项目从实际出发，实事求是，遵循客观经济规律。另外，还要考虑报告的可行性是否符合国家的相关政策。

（2）严密性。严密性一方面是指论证的严密，另一方面是指论据的真实可靠和具有较强的说服力。此外，严密性还指论证方法的正确严密。可行性研究报告是集体的智慧结晶，涉及的学科是多样的，分析的角度是多方面的，参与论证的人员应该来自不同部门或机构，这样才能得出更严密的结论。严密性使可行性研究报告付诸实施成为可能。

（3）阶段性。阶段性是指可行性研究报告从项目的产生到论证再到实施本身是在一个个不同的阶段中进行的，具体的论证过程本身也是逐步进行的，如机会的寻找、项目的发现、专家的研究与分析、方案的设计、报告的形成等。其中还包含着诸多细节过程，如分析得出结论是否有可能性、判断可行程度、选择最佳方案、完整提交书面报告等。

二、可行性研究报告的种类

依据不同的标准，可行性研究报告可分为如下几种。

（1）按照范围，可行性研究报告可分为小型项目可行性研究报告和大中型项目可行性研究报告。

（2）按照性质，可行性研究报告可分为建议型可行性研究报告和补充型可行性研究报告。建议型可行性研究报告（肯定型建议、否定型建议）对已经趋于确定或有可能实施的可行性研究报告提出肯定或否定的意见，指明某一项目具备或不具备实施条件以及实施的可行性和必要性。补充型可行性研究报告是对已经趋于确定或有可能实施的可行性研究报告在内容、策略、实施措施等相关方面作进一步的补充，使之更加完善，更加可行。

（3）按照内容，可行性研究报告可分为行业相关政策可行性研究报告（宏观的）和市场研发项目可行性研究报告（微观的）。

三、可行性研究报告的结构

可行性研究报告一般由封面、摘要、目录、标题、正文、落款、附件几个部分组成，前三者与其他应用文差别不大，此处略去不讲。

（一）标题

可行性研究报告的标题一般有完整式和省略式两种。

完整式：单位名称+项目名称+文种。例如《长春一汽大众汽车股份有限公司中德合资研发新宝来项目可行性研究报告》《长春市轨道客车股份有限公司关于城市地铁一期工程可行性研究报告》等。

省略式：项目名称+文种。例如《关于开发南部新城的可行性研究报告》《关于引进环保餐具设备的可行性研究报告》等。

（二）正文

可行性研究报告的正文通常包括前言、主体和结尾三部分。

1. 前言

前言又称总论，主要写明项目提出的背景、依据、目的，报告的主要内容，研究结论的要点，研究中存在的问题及建议等。前言部分最常见的写法是写在什么时间、什么地方、用什么方法、由谁负责进行什么项目的可行性研究等内容。这部分内容要求文字简洁明了，篇幅不能过长。

2. 主体

主体是可行性研究报告的核心部分，主要是对所申报项目的必要性、可能性和技术经济指标作具体的分析与论证，最终得出是否可行的结论。对项目进行可行性分析论证的具体内容包括广泛的市场调查，项目规模、实施方案分析，研发项目的技术水平、力量的说明与分析，所需资金来源分析，该项目所能带来的经济效益分析，等等。

3. 结尾

结尾是总结概括，形成结论，在供求预测、技术论证、经济分析的基础上对项目作出综合评价。评价结论有三种情况：非可行性结论、可行性结论、弥补性结论。结论切忌模棱两可，含糊其词。

（三）落款和附件

落款要标明完成可行性研究报告的报告者、报告日期。如已在标题下注明，这里可以省略。

依据结论的内容，往往还需要加上一些附件，主要包括不能或不宜写在正文内的各种论证材料、实验数据、调查数据、计算图表、附图等，以增强可行性研究报告的说服力。

案例 5.4.1

标题　江苏省宜兴市建立安吉白茶会所的可行性研究报告写作提纲

前言
1. 安吉白茶需求量大，拥有潜在的市场
2. 分类生产，注重生产工艺 〉前景美好
3. 国内其他城市白茶资源短缺

主体
4. 宜兴茶资源丰富，占我国 65%——客观条件具备（自然条件分析）
5. 市场调查预测，形势喜人——只盈不亏（市场调查）
6. 引进生产工艺设备——可解决（技术力量和水平分析）
7. 销售、品茶、茶文化形式多样——优化（规模和方案分析） 〉结论可行
8. 选址、水电、交通、环保——协商解决（客观条件分析）
9. 投资概算及筹资办法——切实可行（资金来源分析）
10. 经济效益可观（经济效益分析）

结尾　在江苏省宜兴市建立安吉白茶会所是可行的（得出可行性结论）
附件　投资概算分析表（论证的需要）

要点总结

标题：项目承办单位名称、项目名称、文种。
前言：背景、依据、目的、主要内容、结论要点。
主体：对所申报项目的具体分析与论证（必要性、可能性、经济预算）。
结尾：总结概括，形成结论。
附件：论证材料、实验数据、调查数据、计算图表。

四、可行性研究报告的写作技巧

要想写好可行性研究报告，就要掌握可行性研究报告的写作技巧。

1. 提前做好市场调查与分析

可行性研究是一门综合运用多种学科的知识，寻求使投资项目达到最佳经济效益的研究

方法。它的关键任务是以市场分析为前提，以技术为手段，以经济效益为最终目标，对拟建的投资项目，在投资前期全面、系统地论证该项目的必要性、可能性、有效性和合理性，得出项目可行或者不可行的结论。写作者要运用科学的方法和确凿的数据，交代清楚国内、国外市场的供求状况及发展趋势，力求预测准确、可信。

可行性研究报告市场调查的主要内容包括消费者需求、生产供应、销售渠道、新产品发展趋势、市场竞争、国外市场状况等。

可行性研究报告的市场调查程序如下。

（1）确定市场需求目标，如产品的供应量、需求量、市场占有率等。

（2）制订调查计划，包括调查对象范围、调查方法、培训调查人员、制订进度计划等。

（3）广泛开展调查，反馈问题。

（4）根据调查结果得出调查结论，编写调查报告。

可行性研究报告要重点解决的问题如下。

（1）能否获得所需的专门技术。

（2）能否达到一定的经济规模、投资能力、市场有效需求及可能取得的市场份额。

（3）政府对市场有哪些管制政策、投资许可、生产许可。

（4）能否打破既有的市场格局，取得一定的市场份额。

（5）先进入企业的技术与品牌优势，用户对后进入者的认可程度。

2. 做好技术论证

做好技术论证，主要是运用资料、数据来论证项目是否可行。在写作中要抓住以下几个方面：国民经济中长期发展规划和产业政策，委托方的意图，有关的基础资料，有关的技术经济方面的规范、标准、定额等指标，参考有关的经济评价的基本参数和指标。其目的是为后文作出可行或不可行的结论提供依据。

3. 周密的经济分析

在进行经济分析时，要周密翔实地估算出项目所需总资金，以及项目实施的各个部分和不同时间所需资金的具体比例。要正确估算固定资产和流动资产，要有针对性地分析项目的资金来源、筹措方式及贷款偿付方式。经济分析主要包括投资估算、收益估算、投资回报估算。投资估算，即对项目所需全部资金的估算，分为固定资产投资、流动资产投资两部分；收益估算，即估算成本、售价、销量、利润等；投资回报估算，主要是对投资回报率的高低、回报年限的长短等进行分析。

五、可行性研究报告的写作要求

可行性研究报告的写作要求如下。

（1）遵循客观经济规律。写作可行性研究报告时要放宽眼界，把问题放到社会大背景下进行考察，遵循客观经济规律，考虑到内外因素，同时着眼未来。

（2）实事求是地分析问题。分析问题要实事求是，一分为二，做到客观公正、不偏不倚。

（3）运用科学的方法进行分析。对项目进行分析时要讲求科学，项目效果与经济效益并重。

（4）中心明确，论证有力。论证全面，不偏不倚。

案例 5.4.2

长春市双阳区修建御龙温泉的可行性研究报告

现代人工作、生活压力大，锻炼身体、提高生命质量、提升幸福指数已

标题：单位、项目、文种。

前言：项目提出的缘

经迫在眉睫。但很多时候迫于环境、工作时间等多方面的因素，人们没有办法在短时间内找到更合适的娱乐地点和娱乐方式。基于上述缘由，我们作了实地考察和多方调查、研究、论证，得出结论：在长春市双阳区修建御龙温泉是可行的。

由、依据。

主体： 项目可行的理由、必要性、可能性，以及根据技术经济指标所作的具体分析与论证。文章分析了修建御龙温泉所具备的客观条件，市场调查结论可行。文章从规模和方案、硬件条件、资金来源、经济效益等方面进行分析，目的是为得出可行性结论作充分的铺垫，提供大量有说服力的论据。

1. 在东北有温泉洗浴需求的人较多。（略）
2. 与其他洗浴中心不同，御龙温泉的修建要成规模、有特色。（略）
3. 吉、长两市缺少天然温泉洗浴娱乐中心。（略）
4. 东北地区因冬季寒冷，缺少集吃、住、洗、娱于一体的休闲场所。（略）
5. 双阳区天然温泉水资源丰富，占我国××%。（略）
6. 市场调查预测形势喜人——只盈不亏。（略）
7. 修建设计理念工艺独特，引进国外先进设备。（略）
8. 建设规模适中，经营理念超前。（略）
9. 所选地址的水电、交通、环保等相关问题都可以解决。（略）
10. 投资概算及筹资办法切实可行。（略）
11. 据目前预测，经济效益可观。（略）

综上所述及分析，在长春市双阳区修建御龙温泉是可行的，它将为吉、长两市更多的人提供方便，御龙温泉也将成为更多人健身、疗养、休闲、娱乐的好去处。

御龙温泉可行性研究领导小组

××××年×月×日

附　件：论证材料、数据、计算图表、附图

结尾： 顺理成章地得出报告的可行性结论。

落款： 具名、日期。

附件： 必备的证明性材料。

【感悟升华】

一、判断题（对的打"√"，错的打"×"）

1. 可行性研究报告不需要专业知识。（　　　）
2. 可行性研究报告可以写成调查报告。（　　　）
3. 可行性研究报告要对市场信息进行全面分析、论证。（　　　）
4. 可行性研究报告主要看项目能否满足市场需求。（　　　）

二、实践训练

1. 请根据下面内容分别拟定可行性研究报告标题。
（1）某国际商业中心欲在某大学附近开设大型超市，请你代拟一个可行性研究报告标题。
（2）为了方便公寓楼里的同学购物，学校预设一个小型的便利店，请你代拟一个可行性研究报告标题。
（3）假设学校学生会俱乐部需进行市场化运作，请你代拟一个可行性研究报告标题。
2. 根据案例 5.4.3 所给材料，请结合你家乡的具体情况，模拟开发旅游民宿项目，撰写可行性研究报告。注意符合可行性研究报告的写作要求。

案例 5.4.3

旅游民宿介绍

近年来，旅游业得到空前的发展，旅游消费逐渐成为人们生活中的重要组成部分。国家特制定了关于旅游民宿的政策文件。旅游民宿是指农家院、乡村别墅、城市公寓等私人住宅，供游客短期居住的合法建筑，是一种结合旅游与住宿的全新体验方式。旅游民宿业具有培养乡村旅游从业者、增加农民收入、促进地方经济发展等多重意义。

3. 独立完成任务单5.2，然后进行交流。

任务单 5.2

可行性研究报告任务单

任务名称	大学生自主创业可行性研究报告	完成时间	
姓　名		班　级	

布 置 任 务	
任务描述	大学生自主创业已经成为当下毕业生就业的重要方式之一，也成为一种创业热潮。无论从事何种行业，只要在创业之前能够对该行业有充分了解，深入调查、分析，对锁定的项目作可行性研究，就能够给未来创业打下坚实的基础。大学生自主创业使大学生在为社会贡献一份力量的同时，也实现了自己的人生价值。这就要求我们多多留心身边的商情、商机，学会发现、看到、想到。结合所学专业的特点，请同学们完成如下任务： 　　1. 结合创业热潮和自身的实际情况，寻找适合自己的创业项目并进行研究，为今后创业打下坚实的基础； 　　2. 做好对选定的项目进行可行性研究的准备工作，制订市场调查方案； 　　3. 对目标市场实施调研，掌握市场信息； 　　4. 整理筛选信息，进入可行性研究阶段。
知识储备	1. 作市场调查与分析前需要作哪些准备？ 　　2. 如何搜集信息，寻找到适合自己的项目？ 　　3. 采用什么方式、方法作调查更适合选定的项目？ 　　4. 如何运用资料、数据来论证项目的可行性？ 　　5. 可行性研究报告的结构是怎样的？写作技巧有哪些？ 　　6. 可行性研究报告的写作要求有哪些？
完成形式	写作一篇可行性研究报告，以演讲的方式讲述
具体要求	1. 结合专业特点进行项目调查研究； 　　2. 调查方案的制订要合理，可执行度高； 　　3. 实事求是地评价所获得的信息； 　　4. 调查时要学会与人沟通； 　　5. 关注创业项目研究，写作对未来就业有指导意义的可行性研究报告。
资讯引导	1. 关注央视网财经频道节目； 　　2. 上网搜索、查询并学习借鉴相关的可行性研究资料。
学生互评笔记	
教师评语笔记	
完成任务总结	谈谈写作可行性研究报告时产生的困惑以及获得的感悟

注：本任务单只供读者完成任务时做笔记使用，完整任务单见本书配套资料。

经济文书是经济应用文的通称，是法人单位或个人在经济活动和经济交往过程中反映经济情况，处理经济事务，研究、解决经济实际问题的一种具有特定格式的专业应用文体。它是应用写作的一个重要分支。

第六章 经济文书写作（一）

第一节 产品说明书

【学习目标】

知识目标：了解产品说明书的内涵和种类，掌握产品说明书的结构。

能力目标：掌握产品说明书的写作技巧和写作要求，学会运用说明的表达方式描述事物，能够写出科学、实用的产品说明书。

案例 6.1.1

张女士在购物中心购买了一台全自动洗衣机，决定按产品说明书进行实际操作。可是，她打开产品说明书一看，各种专业术语让她摸不着头脑。使用心切的她只能凭经验直接操作，结果出现了问题。一项官方调查显示，近 40%的消费者买回新产品后都不愿看产品说明书。原因是什么呢？主要有以下四点：①产品说明书太厚，专业术语太多；②内容过于复杂，让人不能完全看懂；③辅助性语言太多，外国产品的翻译不够明确；④内容过于简单，对一些应注意的事项没有作出强调、提示。

假设你是产品销售人员，你会采取什么方式向消费者介绍产品？作为"路标"与"向导"的产品说明书，到底应该如何来写呢？

为了帮助消费者正确认识并学会使用产品，商家通常要借助产品说明书，用文字、图表、照片等形式介绍产品的特点、性能、保管和使用方法等，告诉消费者该产品"是什么""怎么样""怎么用"。那么什么是产品说明书呢？

产品说明书是企事业单位或科研部门针对某一产品，向消费者介绍产品成分、性能、使用方法、保养措施、维修条件等的说明性文书。其说明的对象是特定的产品，读者是消费者。

一、产品说明书的特点

产品说明书是制造厂家向消费者直接传递特定产品有关信息的一种方式，用以宣传产品、指导消费。产品说明书的说明对象可以是物质产品，也可以是精神产品，它集实用、宣传、广告等功能于一体，可由文字、图表、照片等构成，文字是最基本的部分。产品说明书具有科学性、实用性、通俗性、条理性，图文并茂等特点。

二、产品说明书的种类

产品说明书多种多样，可以从不同角度进行分类。

（1）从使用的角度，产品说明书可分为生产劳动技术中使用的说明书和日常生活中使用的说明书。生产劳动技术中使用的说明书，包括对工程设计、机械装配、生产技术的说明及各行业产品的使用和保管说明书等。日常生活中使用的说明书包括书刊介绍、剧情简介等。两者的区别主要在于第一类是与物质产品相关的说明书，第二类是与精神产品相关的说明书。

（2）从产品包装的角度，产品说明书可分为外包装说明书和内装说明书。外包装说明书是直接印在产品包装上的，如产品的盒、袋、瓶、罐等。这类说明书一般内容较简单，字数较少。内包装说明书是单独印刷的，或一张或一册，放在产品包装内。这类说明书一般内容较复杂，字数较多。

（3）从写作形式的角度，产品说明书可分为条文式、图文式、表格式和综合式等。

三、产品说明书的结构

产品说明书的结构包括封面、标题、目录、正文和附文。

（一）封面、标题和目录

产品说明书的封面包括厂名、商标、型号、规格等，也可以配产品照片。注意，有些产品说明书可以没有封面。

产品说明书的标题一般由三部分组成，即牌号、产品名称和文种，如《××牌电热驱蚊器产品说明书》《钙尔奇 D600 片说明书》《李锦记一品鲜特级酱油用法》等。

产品说明书是否需要目录，要根据说明书篇幅的长短来定。如果是篇幅较长、装订成册的产品说明书，为了便于读者翻检，就需要目录；如果是只有几张纸的产品说明书，则不需要目录。

（二）正文

一般情况下，产品说明书的正文由前言、主体和结尾三部分组成。

1. 前言

前言也叫概述，是产品说明书的陈述部分。前言通常根据人们接受事物的规律，概括地介绍产品的主要性能和特点，突出本产品的独特之处，给消费者一个总的印象，引起他们对产品说明书下文的阅读兴趣。

案例 6.1.2

××牌电热驱蚊器是我公司新开发的产品，具有清洁、安全、电加热、温度恒定、功率小、驱蚊药片易于挥发、性能良好等特点。使用前注意如下说明。

点评：本例文为该产品说明书的前言部分，概括地介绍了该产品，准确地给出了产品定位，突出了其主要特点，最后用过渡语引出下文。

2. 主体

主体是产品说明书的主要部分，须详细地介绍产品的相关知识，说明产品的性能、特点、用途或适用范围，交代产品的使用方法和注意事项，强调产品的保养、维修等，并针对消费者可能产生的疑问作进一步解释。主体部分一般采用条款式，配以必要的图表、图画。一般比较复杂且使用难度较大的产品，其产品说明书一定要写得详细，有些还要辅以故障排除方法、检修方法，并附上图纸。

案例 6.1.3

清凉油说明书

本产品系采用各种贵重药材，用科学方法炼制而成，有清凉、解毒之功效，实为居家、旅行必备良药。

主要成分：薄荷油、樟脑油、桂皮油、桉叶油、丁香油、凡士林等。

功能与主治：清凉、解毒，用于感冒、头痛、蚊叮虫咬。

用法与用量：外用，需要时擦于太阳穴或患处。

贮藏：密闭，置阴凉处。

点评：本例文的主体部分内容翔实，突出了该产品的成分、功能、适用范围，明确了该产品的使用方法和贮藏方法，让读者一目了然。

要点总结

前言：概括地介绍产品。

主体：产品的成分、功能和使用方法等。

结尾：运输、保存等方面的禁忌、注意事项。

3. 结尾

结尾部分写什么，要依据该产品说明书的前言和主体的内容而定。如果需要说明和交代的内容已经在前言、主体部分交代清楚了，就无须画蛇添足；如果还有一些问题需要提醒读者，可写在结尾中，如运输方法、保存方法、相关的禁忌、有效期限、注意事项等。

（三）附文

附文也叫标记。附文通常包括产品的批准文号、产品标号；如果是食品，要有食品生产许可证号。此外，附文部分还要写上生产厂家的名称、地址，也可详写生产经销单位及其地址、电子邮箱、网址、传真、销售服务热线等。

案例 6.1.4

×××微波炉使用说明书

　　×××微波炉容量为 23 L，由计算机自动控制，外观尺寸为 510 mm×300 mm×350 mm，颜色为银色，圆形 5 T 抗菌内胆，不锈钢材质；微波输入功率为 1 300 W，输出功率为 800 W，烧烤功率为 850 W；额定电压为 220 V；额定功率为 800 W。该微波炉的具体使用方法如下。

　　操作方法：1. 若设置的烹调时间短于 2 分钟，则先将"定时器"旋转至超过 3 分钟位置，再回旋到所需烹调时间的位置；2. 当微波炉不需要工作时，应将"定时器"旋转到"0"（关闭）位置，以免微波炉空载运行导致损坏。

　　微波烹调：1. 先将"定时器"旋转到"0"位置；2. 将盛放食物的合适器皿放在炉内底板的居中位置后关紧炉门；3. 旋转"功能选择器"到"中火"位置；4. 旋转"定时器"到"5"位置，微波炉即开始工作。

　　光波烹调：（略）

　　组合烹调：（略）

　　生产企业：××生活电器销售有限公司

　　详细地址：××省××市××街×号

　　联系电话：×××××××　　联系人：×××

標題：牌号、产品名称、文种。

正文：前言部分高度概括了该产品的主要特点。用过渡语引出了主体部分。

主体部分详细介绍了该产品的一般操作方法以及具体功能操作方法，有助于使用者更好地操作。

附文：生产企业、详细地址、联系电话及联系人。

四、产品说明书的内容

产品说明书因种类不同，内容有所不同。具体如下。

（1）家用电器类。该类产品说明书一般较为复杂，要求内容全面，具体包括产品的构成、规格型号、适用对象、使用方法、注意事项等。

（2）日用生活品类。该类产品说明书要从产品的构成、规格型号、适用对象、使用方法、注意事项等方面进行写作。

（3）食品药物类。该类产品说明书要明确写出如下内容：食品药物的构成成分、特点、性状、作用、适用范围、使用方法、保存方法、有效期限、注意事项等。

名言录

顾客真正购买的不是商品，而是解决问题的办法。

——特德·莱维特

有功效、质量好不等于高端品牌；高端品牌源于文化与时尚的附加。

——李炜

（4）大型机器设备类。该类产品说明书的主要内容包括该产品的结构特征、技术特性、安装方法、使用方法、功能作用、维修保养、运输和储存方法、售后服务范围及方式、注意事项等。

（5）设计类。设计类产品说明书是工程、机械、建筑、产品、广告等行业，针对整个设计项目进行全盘构想统筹规划，并对工作图样进行解释和说明的技术性文书。

案例 6.1.5

××红景天胶囊说明书

本品是以红景天、枸杞、沙棘等为主要原料制成的保健品，经功能试验证明，具有耐缺氧和抗疲劳的保健功能。

【主要原料】红景天、枸杞、沙棘、淀粉

【功效成分】每 100 g 含红景天苷 0.4 g

【适宜人群】处于缺氧环境者、易疲劳者

【用法用量】口服，每日 2 次，每次 2～3 粒

【规　　格】0.5 g/粒

【注意事项】儿童不宜。本品不能代替药物。密封，置于阴凉干燥处。

【生产日期】××××年×月×日　　　【保质期】24 个月

【批准文号】卫食健字（20××）第×号　　　【产品标号】Q/SPS001-20××

【食品生产许可证号】SC××××××××××××××

生产企业：××××　　　　　　　网　　　址：××××

生产地址：××××　　　　　　　邮政编码：××××

电话号码：××××　　　　　　　传真号码：××××

标题： 牌号、产品名称、文种。

正文： 前言部分概括介绍了该产品，突出其主要特点、功能。

主体部分详细介绍了该产品的有关特点、功能，包括主要原料、功效、成分、适宜人群等。

附文： 包括批准文号、产品标号、食品生产许可证号、生产企业名称、网址、地址、邮编、电话等。

五、产品说明书的写作要求

产品说明书的写作要求从本质来看，与其说是对产品说明书的写作提出的要求，不如说是对产品的生产质量和厂家的信誉度提出的要求。

1. 科学性、实用性、针对性

产品说明书要准确地介绍产品在使用过程中涉及的科学知识，做到不吹嘘、不浮夸，更不进行广告式的劝导，要针对产品自身的性能、特点以及使用过程中必要的常识予以科学、准确、实用、有针对性的说明，保证使用者阅读后能正确地使用。

2. 条理性、准确性、严谨性

产品说明书关系到使用者的安全，更关乎企业自身的形象。所以在写作产品说明书时要做到条理清楚，即考虑清楚先说什么，后说什么；哪些该说，哪些不该说；说到什么程度。总之，产品说明书的语言要体现出条理性、准确性、严谨性的特点。

3. 通俗化、简单化、图解化

产品说明书的内容要能使具有普通文化水平的使用者一目了然，不要写成深奥的教科书，也不要使用不容易理解的名词术语或把常见

名言录

每件东西都有自己的位置，每件东西都应在自己的位置上。

——塞缪尔·斯迈尔斯

赏心悦目

产品说明书示例

问题：总结示例中各产品说明书的特点。

的术语换成难懂的外语音译词语。对于新知识、新名词要给予解释，不能含糊其词。有些产品说明书根据内容的需要可以配图，以帮助用户理解。总之，通俗化、简单化、图解化能够让产品说明书更加清楚明白，让读者一看就懂。

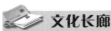

案例 6.1.6

据 2003 年 4 月 11 日《人民日报》报道（记者　宋建波），一种猪饲料的产品说明书上的调制方法本应写为"切忌烫煮"，却写成了"切记烫煮"。一字之差，一些猪的嘴巴却被烫出了大泡，烫破了皮。养殖户为此事在消协据理力争，最终获得了 800 元的赔偿。

点评： 汉语具有同音异字的特点。从本案例中不难看出，产品说明书中的语言要十分准确，可谓"差之毫厘，谬以千里"。

文化长廊

你知道茅台酒为什么叫茅台吗

早年间，赤水河东岸长满了马桑树，被称为马桑湾，世代居住于此的居民在河东岸砌了一口四方水井，所以就将此地更名为了四方井。到了宋代，残阳下，古道之中，四方井之上茅草萋萋，后来，这里逐渐成为当地人祭祖的圣地。于是，人们就将此地称为茅草台，简称茅台。"茅台"一名由此得来，并开始进入历史文献的明确记载。然而，此时的茅台还只是一个地名。黔北一带自古以来水质优良，气候宜人，当地人善于酿酒，人们习惯称之为酒乡。而酒乡中又以仁怀市茅台村酿成的酒最为甘洌，谓之"茅台烧"或"茅台春"。由于酒质绝佳，闻名遐迩，世人皆知茅台村出产美酒，再加上此处难以仿制，故只要提及酒就必说茅台村的酒最好，久而久之，就以茅台地名简称"茅台酒"或"茅酒"。所以，我们现今喝的茅台酒是以产地而得名的。

【感悟升华】

一、单项选择题

下列产品说明书中的语句没有语病的一项是（　　　）。

A. 若遇寒冷天气，该药品可以多吃一点

B. ××手机，外形美观，操作方便，设备新颖，噪声小，多元化，老少皆宜

C. 华为产品的技术成果是 21 世纪最大的科学技术成就之一

二、判断题（对的打"√"，错的打"×"）

1. 产品说明书的主要作用是促进销售。（　　　）
2. 产品说明书的结构包括封面、标题、目录、正文、附文。（　　　）
3. 产品说明书的附文可以有，也可以没有。（　　　）
4. 产品说明书的语言要通俗化、简单化、条理化、图解化。（　　　）

三、实践训练

1. 请你为家乡的某一特产或某一品牌食品写一篇产品说明书。
2. 修改案例 6.1.7 所示病文。

案例 6.1.7

××剃须刀使用说明书

充电：注意，充电时间不要过长，以免影响电池寿命。

剃须：使胡子呈直立状，然后移动。

剃须刀要经常清洁。用毛刷将胡须屑刷净。清洁后轻轻放回刀头架且到位。

保修条例：保修服务只限于一般正常使用下有效。坏第二次就不再保修。此保修服务并不包括运输费及维修人员上门服务费。保修期外享受终身维修，维修仅收元器件成本费。剃须刀中内、外刃属消耗品不在保修范围内。保修期：正常使用一个多月。

第二节　市场调查报告

【学习目标】

知识目标：了解市场调查报告的内涵、特点、种类，掌握市场调查报告的结构。

能力目标：准确地选择调查对象，科学地运用市场调查方法，正确地确立调查主题，掌握市场调查报告的写作要求，能写出对实践具有指导意义、格式规范的市场调查报告；学会与人沟通，具有团队合作意识。

赏心悦目
市场调查报告
示例

人生缺少的不是机遇，而是发现机遇的眼睛。企业如同人生，要想在市场竞争中稳操胜券，就要找到市场变化的规律。发现规律、捕捉商机不是凭空而来的，而是从周密且科学的市场调查中来的。

案例 6.2.1

当代大学生手机使用情况调查

在信息时代，手机已成为人们的必备之物，刚升入大学的学生尤其需要手机。针对大学生手机使用情况，我们作了充分的调查。大学生的手机消费目的明确，消费欲望强烈，逐渐形成了清晰的购买动机，具体情况如下。

（一）求质量与实用的购买动机

大学生在购买手机时关注点很多，但大部分大学生认为质量要有保证。同时，一小部分大学生希望手机生产商能生产为大学生量身定做的手机。

（二）求新款式、新功能的购买动机

大学生非常关注手机的品牌以及使用功能，首先，一定是智能手机，内存一定要大；其次，上网速度要快，功能要齐全；最后，对款式、颜色、型号也有独特的要求。

这篇调查报告瑕瑜互见。

标题：交代了调查对象、内容及文种。不足之处是标题为"手机使用情况"，正文主体是购买动机，略显不妥。

前言：概括了市场调查报告的主要内容，语言简洁，观点明确，过渡自然，引出下文。

主体：探讨了大学生购买手机的动机，分别从购买手机求质量、求品牌、求方便、求价格等几个方面作

（三）求方便的购买动机

经调查得知，大部分大学生购买手机的主要目的在于便捷生活，如网络信息查询，购物消费，拍照，与家人、朋友、同学、用人单位等沟通、联系，同时也求知晓天下奇闻趣事。另外，看娱乐视频、学习在线课程、听音乐、打游戏等也是他们购买的重要动机。

（四）求廉价的购买动机

大部分大学生能接受的价格区间为1 000～2 000元，一小部分大学生愿意考虑2 000～3 000元的手机和更高的价格。

在满足上述具体要求的基础上，对于尚处于学习阶段的大学生来说，手机的价格最好在他们能够接受的范围内，这时他们会选择购买自己中意的新款手机。

结论与建议

经调研所掌握的第一手材料，可以反映出目前大学生手机消费市场的一些基本特征，具体如下。

（1）大学生手机消费已经基本实现全覆盖。

（2）在未来的手机消费中，性别、年级之间的差距会逐渐缩小。

（3）手机消费以国产品牌为主导，如华为、小米、OPPO、vivo等。

（4）国外品牌手机在大学生手机消费市场中仅占很小的比例。

由此可见，纯消费群体性质决定了大学生购买手机的行为模式。当代大学生对科技产品的认识与购买不再盲从，而是自主地选择。随着认识的加深，当代大学生对"新潮"产品的追随显得更理智、个性化。品牌的选择源自所需，求质量、重信誉将成为更多大学生选择手机的第一要求。

了相应的市场调查研究，旨在寻找、发现大学生手机使用情况的规律，观点鲜明，层次清晰。不足之处在于，文中缺少足够的数据、图表作为该市场调查报告得出的观点、结论、规律的支撑，如果能加上数据或图表，会更令人信服；个别语句模糊不清，如"大部分""一小部分"等，市场调查报告忌讳使用这类模糊语，表达不够准确。另外，本市场调查报告的专业性仍需加强，可在学习"市场调查"课程后加以完善。

结论与建议部分有一定的科学性，大体符合市场调查报告的写作要求。

结尾：总结全文，深化观点，预测发展趋势，强调市场调查的意义。

学习写作市场调查报告，要拥有这样的思路：为什么调查？调查什么？通过调查要解决什么问题？用什么形式来报告调查结果？

市场调查报告又叫市场调查研究报告，它是市场调查的最终结果。市场调查报告以市场为调查对象，运用科学的市场调查方法，有目的、有计划地对市场上出现的经济现象进行深入调查研究，客观地分析、评价，发现规律，表明写作者的态度、观点，指导或解决市场营销中的问题。

名言录

要想钓到鱼，得问鱼儿吃什么。
——俗语
做对的事情要比把事情做对更重要。
——彼得·德鲁克

一、市场调查报告的特点

市场调查报告用于指导今后的工作，常见的市场调查报告具有如下特点。

（1）真实性。这是市场调查报告存在的价值和意义。它一方面体现了市场调查报告所选取的调查对象的真实性，另一方面体现了通过市场调查搜集得来的材料的真实性。在此基础上，根据确凿的事实分析、研究，发现本质，找出规律，为企业提供可靠的信息和合理化的建议。

（2）针对性。市场调查报告通常针对一些较为迫切的实际情况，如某一经济现象、某一成功的营销引起一定程度的社会关注，为了进一步弄清它的详情、真相，认识它的本质，就需要有人专门对它进行调查、研究，并向有关部门提供研究报告，为决策者作出市场决策提供依据。

（3）典型性。市场调查报告的典型性是指所调查的对象、所研究的问题、所搜集得来的材料、分析研究所得出的结论都应该具有一定的代表性，能揭示市场运行的本质规律，用以指导其他单位、部门或个人的生活与工作。如世界知识产权组织发布的《2024年全球创新指数》显示，中国是10年来创新力发展最快的经济体之一，排在第11位，仍是排名前30位中唯一的中等收入经济体，这体现了市场调查报告的典型性特点。

（4）丰富性。市场调查报告的丰富性体现在写作市场调查报告时需要列举大量的相关事例、统计数据和各方意见，在此基础上提出写作者的意见以及对市场发展变化规律的认识。写作者需要使用大量丰富而翔实的材料来证明自己的观点、看法。如世界银行每年都会发布《营商环境成熟度报告》，该报告的内容极为丰富，读者可搜索最新年度报告的相关新闻，感受其内容的丰富性。

二、市场调查报告的种类

依据市场调查报告的内容，可以将市场调查报告分为如下三类。

（1）产品销售市场调查。以某一产品的生产、销售、服务等作为调查对象，深入实际，调查研究，总结其中成功的生产、销售、服务经验，寻找解决问题的对策、方法，为进一步繁荣市场提供宝贵的参考。

（2）消费者消费需求调查。针对消费者对产品的购买动机、购买能力、购买习惯，以及购买需求的变化等情况予以调查、研究、分析，从而得出结论，用于指导经营与消费。

（3）营销策略市场调查。一方面以解决市场营销策略方面的问题为主要研究对象，另一方面以总结成功的营销策略为主要研究对象，为本企业及相关单位提高经济效益、降低风险提供借鉴和参考。

三、市场调查方法

要想更好地写作市场调查报告，调查者就要掌握科学合理的市场调查方法。常用的市场调查方法有如下几种。

（1）观察法。观察法是指对选定的调查对象从内到外地进行细致、全面的观察，获得第一手材料，经过研究与分析，作出公正客观的评价。

（2）询问法。询问法是指通过走访、座谈、电话沟通等方式，对调查对象予以研究与分析，并得出相应的结论。

（3）问卷法。问卷法是调查者把与调查主题相关的问题，以问卷的形式发放给调查对象，引导其填写，通过对完成的问卷的研究与分析，获得有关市场的真实情况的方法。

（4）实验法。实验法是从调查对象的角度出发，在实践中尝试开展相应的市场营销活动，从中发现问题，总结经验，寻找规律，得出结论。

赏心悦目

中国美好生活大调查

问题：找出资料中提到的该调查所使用的调查方法。

（5）资料研究法。资料研究法是对与所研究的调查对象有关的历史材料、现实材料进行搜集、整理、研究与分析，从中提炼出有代表性的与市场调查报告主题相关的观点的方法。

此外，较常见的市场调查方法还有数据分析法等。如《2019年微信数据报告》显示：微信支付数据表明，吃饭时59%的单由男性买，超市百货购物时57%的单由女性买；在收红包方面，每月男性收到42%的红包，女性收到58%的红包。这些结果都是数据分析法的产物。

案例 6.2.2

肯德基市场营销模式调查（节选）

肯德基中国区域的经营坚持"立足中国、融入生活"的策略，推行"营养均衡，健康生活"的食品政策，积极打造"美味安全、高质快捷的生活；立足中国，创新无限的新快餐"。肯德基的营销口号为"我们做的炸鸡是最优秀的"。

让中国的传统文化走出博物馆。连续两年，肯德基都与中国国家博物馆合作，在全国各地推出了文化感十足的国宝主题店。从"国宝耀中华"到"指尖上的中华"，肯德基让数十件代表了中国古代文明灿烂成就的青铜、金银、书画、陶瓷器等文化瑰宝，通过艺术再创作，回到它们的出生地，让全国数十家肯德基门店升级为融汇美食与国宝主题的"神奇博物馆"。人们在享用新鲜美味的食物的同时，也能豪享一份文化大餐。

注重产品形象。消费者熟悉的肯德基产品有喜洋洋儿童套餐、新年浪漫套餐、新川辣嫩牛五方、老北京鸡肉卷等。肯德基的产品种类繁多，如小食品类、饮料类、套餐类等，而且有多种本土风味的特色食物，能够迎合本土风俗习惯。

店铺拥有极佳的地理位置。肯德基店铺通常位于繁华路段、大型购物商场、十字街口、公交站点、年轻人聚集的地方、经济实力雄厚的居民区等。

店铺装潢高雅大方，环境舒适。肯德基注重广告效应，借助店铺装潢、舒适的环境来吸引消费者。装潢材料多选择玻璃材质，提高清洁度，给人耳目一新的感觉。

对员工实施专业培训。肯德基的服务员都是经过统一培训后上岗工作的，营业员无论是着装还是与消费者的语言沟通都彰显了整个员工队伍的素质。

注重服务质量。肯德基服务周全，24 小时营业，开设了网上订餐、外卖服务等，为消费者提供了极大的便利。

点评：节选的这部分调查报告运用了观察法、实验法、资料研究法等进行调查、研究与分析。这些方法的运用科学而合理，真实而有说服力，有助于最终调查结论的得出。

四、市场调查报告的结构

市场调查报告的结构一般由标题、正文、附件和落款组成。

（一）标题

市场调查报告的标题由报告内容决定，属于画龙点睛之笔。它一方面要准确揭示市场调查报告的主题思想，做到题文相符；另一方面要高度概括市场调查报告的主要内容，具有较强的吸引力。标题的写法具体如下。

1. 公文式标题

公文式标题一般有两种格式：一种是由发文主体、调查内容和文种三部分构成的，基本格式为"××关于××××的调查报告"，如《消费者协会关于饮料市场安全问题的调查报告》等；另一种省略发文主体，将格式简化为"关于××××的调查报告"，如《关于苏宁电器与国美电器价格战的调查报告》等。

2. 自由式标题

自由式标题包括陈述式、提问式、正副标题结合式，如《大学生就业市场情况调查报告》属于陈述式；《为什么奶业市场屡屡出现问题？》属于提问式；《最初的冲动只是想过冬——华为市场营销理念调查》属于正副标题结合式，其中"最初的冲动只是想过冬"是正标题，主要陈述市场调查报告的结论或提出中心问题，"华为市场营销理念调查"是副标题，表明市场调查报告的调查对象、调查范围等。

（二）正文

市场调查报告的正文一般由前言、主体和结尾三部分组成。

1. 前言

前言也称引语、总述，要精练概括，直切主题。有的写明调查的起因和目的、时间和地点、对象和范围、经过与方法，以及人员组成等调查本身的情况；有的写明调查对象的历史背景、大致发展经过、现实状况、主要成绩、突出问题等基本情况；有的是开门见山，直接概括调查的结果，肯定做法、指出问题、提示影响，如下所示。

> 为满足经济新常态下产业转型升级对人才培养的新要求，构建茶类专业人才培养模式，助力"一带一路"，将中国标准带出国门，传播中国传统茶文化，现将调查结果呈献给大家。

2. 主体

主体是市场调查报告的核心部分，通常要由事入理、详述做法、归纳总结、提炼观点、分享经验，从中得出基本结论。主体部分包括如下内容。

（1）基本情况。对通过调查搜集得来的材料予以分析、概括，得出概括性的认识和结论，为下文起到铺垫的作用。

（2）经验规律。对所占有的材料、信息、案例作进一步的研究与分析，从中得出经验，提炼观点，寻找到市场发展变化的规律，如下所示。

> 一、产教融合，提升人才培养质量；二、立德树人，传播"廉美和敬"的茶文化精神；三、讲好中国故事，助力"一带一路"，让中国茶文化香飘四海。

3. 结尾

市场调查报告的结尾有三种形式。

（1）提出解决所调查问题的切实可行的建议、措施、方案，指导或帮助相关部门解决经济运行中的实际问题。

（2）概括全文，综合说明市场调查报告的主要观点，再次强调结论。

（3）总结全文的主要观点，深化主题，引发思考，展望前景，发出号召，鼓舞人心。

（三）附件

附件是对正文报告的补充或更详尽的说明，包括数据汇总表及原始资料、背景材料和必要的工作技术报告。例如在写市场调查报告时，可以在相应的问卷中选一部分作为调查报告的附件，以对正文报告进行补充。

名言录

人生伟业的建立，不在能知，乃在能行。

——赫胥黎

（四）落款

落款通常有两种方式：一种是在标题下方正中的位置具名，另一种是在正文结尾的右下方具名。

五、市场调查报告的写作要求

1. 调查方法科学

市场调查要根据调查目的、调查对象和调查者自身特点综合确定调查方法。调查方法选用恰当与否，几乎可以决定市场调查的成败。故而，任何一篇好的市场调查报告一定都有合适的市场调查方法作支撑。

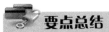
要点总结

> 前言：高度概括调查对象的基本情况。
> 主体：分析、总结经验，寻找市场的发展变化规律。
> 结尾：展望未来，深化主题，强调意义。

2. 中心明确突出

中心明确突出就是要做到叙议结合、点面结合。叙议结合，就是要有叙有议，把观点和材料统一起来。叙，是铺叙情况，讲述事实；议，是发表看法，表明观点。只有从材料中提炼出正确而深刻的有一定理论高度的观点，市场调查报告才具有指导意义。

3. 选材真实可信

市场调查报告要尊重事实，不能依据个人感情夸大或缩小调查对象的信息和情况，所得出的结论也应该是在客观事实的基础上总结出的令人信服的观点。

4. 发现市场规律

市场调查报告确切地说就是对研究的结果得出规律性的认识。市场调查报告的价值不仅在于调查和报告，更在于研究。市场调查中发现的规律将有助于提高决策者决策的科学性，提高决策效率，减少决策失误。

案例 6.2.3

美特斯邦威市场调查

美特斯邦威是上海美特斯邦威服饰股份有限公司于 1995 年自主创立的本土休闲服饰品牌，倡导青春活力，旨在打造富有个性的时尚休闲服饰。为此，我们对美特斯邦威的经营模式与营销理念作了调查，具体情况如下。

一、注重品牌文化的建设

我们通过调查发现，美特斯邦威特别注重品牌文化建设。"美特斯邦威"内涵丰富，寓意深刻："美"是美丽、时尚的意思；"特"是指个性独特；"斯"在这里是专心、专注的意思；"邦"是指邦国、故邦；"威"则具有威猛、威风之意。由此，其品牌名的意思是为消费者提供个性时尚的产品，立志成为中国休闲服饰市场的领导品牌。

二、寻找合适的消费人群

美特斯邦威的目标消费者是 16～25 岁充满活力的、时尚的年轻人。这个年龄段的年轻人青春靓丽，拥有独特的个性，是消费市场上最活跃的购买服装的群体，同时也是消费金额难以预测的群体，具有冲动购物和攀比购物的特点。这个年龄段的人群追求时尚、流行和个性的差异化。美特斯邦威准确地锁定了消费群体，成为国内休闲服饰品牌中的佼佼者。

三、精心设计品牌的整体形象

美特斯邦威在产品设计、生产到销售、品牌的标志等任何一个环节，都非常注重品牌整体形象设计。该品牌所有专卖店大门的装饰都是一样的，经典的蓝底白字，给人冷静、舒适、前瞻的感觉。此外，店内的展示道具，如灯光、衣架、背景墙等，与服装的颜色搭配得体，冷暖互补。夏装用蓝色灯光映衬，给人凉爽、迷幻的感觉；冬装用黄色灯光映衬，给人过目不忘的感觉。

陈述式标题。

前言：概括介绍了该品牌的市场营销背景。开门见山地交代了调查对象。

主体：从品牌文化、消费群体研究、品牌形象设计、市场价格定位调查四个方面作了深入调查与分析，得出科学合理的结论。

四、市场价格定位调查

服装的市场价格定位是影响服装销售的一大重要因素。当然，个人收入对个人消费也会有直接的影响。对美特斯邦威产品价格情况的调查结果显示：有30%的人不太在乎该品牌产品价格的高低，不会因为价格而影响其是否购买该品牌产品，常常为其时尚的款式所吸引而进行购买；有40%的人认为该品牌产品价格还算合理，可以选到自己理想的服饰；还有30%的人认为该品牌产品价格偏高，这部分群体多为经济来源不稳定、收入偏低的年轻人。

五、存在的问题与建议

美特斯邦威夏季女装、男装的T恤价位较低，而长裤略贵。其可以适当地打破常规，寻求改变，对价格略作调整，可能会吸引更多的消费群体。产品展示形式略显单薄，例如可以从服饰专卖店的产品置衣台、挂架、试衣镜、背景墙等的色彩和材质上进行一番改革。

> 指出存在的问题，提出合理化建议。

当一个品牌成为某种文化的象征或者成为某些人的生活习惯时，那么它的传播力、影响力和销售力是无法估量的。把品牌文化变成人们生活的一部分，让更多的消费者关注该品牌，定将给企业的发展带来无限的生机。

> 结尾：挖掘品牌文化的深刻意义，展望未来，弘扬品牌文化。全文脉络清晰，文笔流畅。

 知识拓展

调查问卷小常识

一份调查问卷通常包括指导语、个人基本情况和调查题三项内容。指导语包括调查目的、意义、填表说明、如何作答。个人基本情况是研究中的变量，要依据调查情况、调查目的，设计可量化的调查项目。调查题是帮助调查者切实了解调查对象，进一步深化问题研究的方法之一。题目的设计要有针对性，合情合理，同时要考虑答题人的兴趣所在，灵活设计。

问卷设计要遵循如下原则。首先，问题的选择要切合调查目的，有一定的价值。不易回答的，触及"禁忌""隐私""困窘"等敏感性话题的内容不宜设计为问题。问题要问得具体、易答。其次，问题的表达要客观而公正，措辞严谨，语气亲切，文字通俗易懂，答案明确，界限清楚，不能模棱两可。最后，问题的设置与安排要先易后难，先封闭后开放。

市场调查报告与总结的区别

市场调查报告与总结都是在占有材料、研究材料、整理材料的基础上进行写作的，都是在寻找规律性的东西，用以指导今后的工作，这是其共同之处。其不同之处如下。

（1）写作目的不同。市场调查报告的写作目的在于突出调查对象在某一方面或领域的特点以及值得借鉴的经验，强调普遍意义；总结是针对本单位或个人而写作的，不强调普遍性。

（2）写作范围不同。市场调查报告的写作范围广，可以写古写今，对象可大可小，从个人到世界；总结的写作范围通常是个人或本单位。

（3）呈现的结论不同。市场调查报告得出的结论是动态的、变化的；总结呈现的是对一件事情完成后的定论。

（4）写作人称不同。市场调查报告多用第三人称；总结用第一人称。

【感悟升华】

一、多项选择题

市场调查报告的特点有（　　　）。

A. 典型性　　　　B. 针对性　　　　C. 生动性　　　　D. 真实性

二、判断题（对的打"√"，错的打"×"）

1. 市场调查报告要尊重事实，不能依据个人感情进行夸大或缩小。（　　　）
2. 市场调查报告的结论由市场行情来决定。（　　　）
3. 市场调查报告的标题可以写成公文式标题。（　　　）
4. 市场调查报告要提出可行的建议与措施。（　　　）

三、实践训练

1. 根据任务单 6.1 的要求，独立完成该任务，而后进行交流。

任务单 6.1

市场调查报告项目任务单

任务名称	网络直播营销的市场调查	班　　级	
学习小组		组　　长	
小组成员		完成时间	
布 置 任 务			
任务描述	通过网络直播购物已经成为当下人们购物的方式之一，网络营销也为商家提供了更好的促销方式及手段。为了更准确地了解直播营销现状，特委托同学们进行此项目的调查工作。将全班同学分组，组建网络直播营销市场调查公司，完成如下工作： 　　1. 确定调查对象，推荐调查对象为淘宝网、京东商城、拼多多、天猫商城； 　　2. 进行调查准备工作，制订网络营销市场调查方案，对本次调查活动作出详尽安排，设计调查问卷； 　　3. 小组实施调研； 　　4. 对调查结果进行研究，写作调查报告。		
知识储备	1. 调查问卷包括哪些内容？采用什么方式方法进行调查？ 　　2. 调查中应注意哪些问题？如何搜集信息、整理信息？ 　　3. "调查"与"报告"之间有何关系？ 　　4. 市场调查报告的结构以及市场调查报告的写作要求有哪些？		
完成形式	写作一篇市场调查报告，以 PPT 演讲的方式讲述、演示		
具体要求	1. 建议针对抖音、小红书、淘宝网等进行网络直播营销调查； 　　2. 调查方案的制订要合理，执行度要强； 　　3. 对调查对象以及所获得信息的评价要客观、合理、科学； 　　4. 调查时要有极好的心理素质，应变能力强，与人沟通时语言得体； 　　5. 积极主动参与调查的全过程，要有团队合作意识。		
资讯引导	1. 去阅览室阅读《应用写作》杂志，了解与市场调查报告相关的内容； 　　2. 登录中国知网，阅读由张立华撰写的《大学应用文写作教学方法探究》。		
学生互评笔记			

续表

	布　置　任　务
教师评语笔记	
完成任务总结	谈谈调查过程中及写作市场调查报告时产生的困惑以及获得的感悟

注： 本任务单只供读者完成任务时做笔记使用，完整任务单见本书配套资料。

2. 阅读案例6.2.4，回答文后问题。

案例 6.2.4

花钱没有计划　缺乏理财常识
——当代大学生八成不会理财

　　近日××大学团委进行了"大学生社会文化特征研究"的问卷调查以及访谈调查，其中一项对当代大学生理财问题作了专项调查，结果显示：每个大学生每月平均得到的零用钱为1 000元左右；网购零食和服饰、文化类用品、同学聚会等是他们的主要消费内容；37.1%的大学生在零食上花钱最多，很少考虑储蓄和投资。

　　大学生们究竟是怎么花这笔钱的？调查发现，82.8%的大学生存在乱消费、高消费、理财能力差的问题，具体表现为花钱大手大脚、盲目攀比，消费呈现成人化趋势；83%的大学生缺乏现代城市生活经常触及的基本的经济、金融常识，部分新入校的大学生不清楚自动取款机、银行信用卡的服务功能。另外，入学前部分城市生活的学生虽在银行有着独立的账户，但大多都由父母直接管理，他们对存钱取钱、银行利息计算等没有理性认识。

　　在调查中发现的问题带给我们反思，根据学生的年龄特点，应该从小学开始就有针对性地对他们开设理财知识课程，普及一些基本的消费知识以及证券、保险等金融知识。在学生进入大学前，学校和家庭应适当地开展理财教育，介绍一些关于银行、债券、股票等相关方面的知识，组织学生到银行、证券机构参观。另外，相关部门还应组织专家学者将这方面的知识编入教材。

　　据了解，某些城市的中小学已经开始注意到青少年理财教育的重要性，集中对学生进行有关市场经济常识的教育，其内容涉及"生活消费与消费文明""国民财富和纳税意识"等。另外，更多地方的中小学理财教育体系还没有形成，受传统的"不言商人"思想影响，大多数学校和家庭对青少年理财教育还很陌生。因此，本报告建议建立中小学理财教育基地，让学生学会有计划地花钱，掌握理财常识。

××大学团委

××××年×月×日

思考：

（1）指出该市场调查报告的标题属于哪种类型，有什么作用。

（2）指出该市场调查报告的前言、主体、结尾的特点。

（3）该市场调查报告运用了怎样的调查方法？

第三节　市场营销策划书

【学习目标】

知识目标：了解市场营销策划书的内涵，掌握市场营销策划书的结构。

能力目标：掌握市场营销策划书的写作程序和写作要求，具有一定的市场洞察力、决策分析力，能够写出切实可行的市场营销策划书。

市场营销需要策划，策划需要有创意，创意则来自对市场营销环境的研究与分析。只有在充分研究与分析的基础上，才有可能激发创意。相关人员需对根据创意形成的概要方案进行系统、科学的分析，同时借助文字和图表等形式将其表达出来。市场决策人员往往会根据市场营销策划书的内容，确定企业的营销目标以及市场开发的具体实施方案，由此可见市场营销策划书的重要性。

市场营销策划书，是市场营销策划团队为需要策划的单位或企业，针对其涉及的相关市场营销状况、环境等的分析、研究，提出新的创意，并形成创意后的概要方案，用文字和图表等形式表达出来，所形成的系统、科学的书面策划文书。

名言录

> 赢在细节，输在格局。既要看得见芝麻，又要看得见西瓜。
>
> ——马云

一、市场营销策划书的结构

市场营销策划书的结构包括如下内容。

（一）封面

市场营销策划书的封面一般由策划书的名称、策划单位、日期、编号等内容组成。封面是一份市场营销策划书的"脸面"，绝不能小觑。策划名称也叫标题、题目，必须立意新颖、画龙点睛、富有魅力，并与市场营销策划书的主题相吻合，做到言简意赅、一目了然。同时，策划名称还要具有鲜明的倾向性，因为它代表了策划团队的主要策划意图。如山东绿源集团的市场营销策划书名为《跨越巅峰工程》，全聚德烤鸭的市场营销策划书名为《全聚德烤鸭营销策划书》。

（二）摘要

市场营销策划书的摘要主要描述策划项目的来龙去脉、背景资料、策划团队、策划书的主要内容等，一般要简明扼要，让人一目了然。这里要注意对策划单位的"信誉""名气"和策划团队成员的"明星效应"的运用。

赏心悦目

市场营销策划书示例

（三）目录

市场营销策划书的目录也要引人注目，突出策划书的核心章节，使人看后产生强烈的想要阅读全文、了解策划书全貌的冲动和欲望。

（四）正文

市场营销策划书的正文一般包括前言、主体和结尾三个部分，具体如下。

1. 前言

前言又可称为导言，是市场营销策划书的开头部分，主要介绍策划专题的由来、背景、目的、意义、指导思想，明确策划的理论依据、行为动力、基本要求和最终目标以及重点、难点与关键。重点是指策划过程中需解决的主要问题；难点是指策划过程中可能出现的困难与障碍；关键是指对策划最为紧要并起决定性作用的因素。

案例 6.3.1

某市场营销策划书前言为："××公司接受安踏公司的委托，就××××年度的广告宣传计划进行具体策划。在秋冬换季之际，安踏公司欲将安踏运动产品打入大学校园，打开安踏在大学的冬季市场，全面提升安踏的销量和利润。为此，××公司为安踏公司策划营销方案。"

点评：本案例交代了什么时间，谁要做什么，要达到什么目的。作为市场营销策划书的开头，该前言写得非常清楚，表意明确，语言简洁明了。

2．主体

市场营销策划书的主体包括策划目标、策划内容、策划方案、策划方案控制等内容。

（1）策划目标，也叫营销目标，是策划书的基础部分。这部分主要是对企业营销背景、市场环境进行分析，包括宏观环境分析、微观环境分析、企业状况分析，如企业的历史情况分析，产品生产销售现状分析，目标市场需求状况分析，企业的影响力、知名度分析，以及顾客满意度分析等。

案例 6.3.2

某市场营销策划书中的营销目标如下。

长期目标：通过静态广告的宣传以及公益类活动，树立起良好的品牌形象。短期目标：以换季购买冬装为契机，进行一系列宣传活动，使销售额以及利润额有所提高。总体目标：通过调查数据反馈，安踏公司需根据市场需求作出调整，以更加符合大学生的消费需求，进而能够更好地发展。

点评：本案例是安踏运动鞋的营销目标分析。该市场营销策划书分别从长期目标、短期目标、总体目标角度进行分析，目标明确，措施得当，让企业非常清楚地知道自己下一步应该做什么。

（2）策划内容，是策划书的主体部分。这部分主要包括各种调查资料、结论、企业的问题与机会点、问题产生的原因和需要把握机会的依据、创意方法和内容、改进方法及具体措施、策划要注意的问题等。实际上，也可以概括地说这部分是由调查报告、解决方案两部分构成的。策划内容的阐述要主次分明、具体明确，以让读者一目了然为原则；切不可繁杂无序、含糊其词，以免给人留下任务不清、方法不明、不知道策划者到底想干什么、为什么这么干的印象。

（3）策划方案，即行动方案部分，也就是营销策略分析。这部分主要是对企业营销活动的范围、目标、战略、策略、步骤、实施程序和安排等进行分析。其包括以下两个方面的内容：一个是确定目标市场，另一个是制定营销组合。策划方案的这两个部分之间是相辅相成、前因后果的关系。基础部分为行动方案作铺垫，行动方案的内容不能脱离基础部分提供的前提。此外，我们还可以围绕市场营销学的"营销策略4P分析"（产品策略、价格策略、渠道策略、促销策略）开展方案策划并制订具体的行动方案。

案例 6.3.3

安踏运动产品的高端市场消费目标锁定为18～25岁的在校学生和爱运动的职场人士，这对"安踏"品牌具有互补与延伸的作用，是对消费市场的进一步细分和延展。

点评：本案例是对安踏品牌目标市场的分析。

（4）策划方案控制。高层管理者要每月或每季度详细检查目标的实现程度，要重新对目标进行分析，找出未实现目标的原因；制订营销效果评价方案，从经营理念、整体组织、信息流通、战略导向、工作效率等方面着手，列出可能发生的所有特殊事件及发生这些特殊事件时的应急对策。

3. 结尾

结尾一般包括结束语和附录。

结束语是对策划方案的总结、预测和建议。其主要是对策划方案全文作出简要总结；对策划方案实施过程中可能出现的问题和最终效果进行预测，并提出应对措施；对策划方案的有关事宜及其操作提出意见和建议。

附录是随策划方案附带说明的问题和展示的资料，是策划方案的附件。其内容主要有：注明策划专题所引用的文献资料，列出策划方案实施过程中所需参考的书目和经验材料，指出其他注意事项，展示策划操作日程表及组织机构，等等。最后，附录部分还需注明策划方案的设计单位和执笔人的姓名，以及最终定案的时间。

 要点总结

> 封面：编号、密级、策划书名称、策划单位及策划人名称、完成时间、适用时间。
>
> 摘要：策划书受委托情况，策划原因、目的，策划书特色。
>
> 目录：策划内容标题及页码。
>
> 环境分析：市场状况、竞争状况、宏观环境状况等。
>
> SWOT分析：对外部环境的机会与威胁、内部环境的优势与劣势进行分析。
>
> 营销目标：财务目标、销售目标等。
>
> 营销战略：市场细分、目标市场选择、市场定位。
>
> 营销组合策略：产品策略、价格策略、渠道策略、促销策略。
>
> 行动方案：组织机构、营销活动程序安排、营销预算等。
>
> 策划方案控制：营销控制方法。
>
> 结束语：突出策划内容要点，首尾呼应。
>
> 附录：数据资料、问卷样本、座谈记录等。

案例 6.3.4

××汽车服务公司营销策划方案（提纲）

一、××汽车服务公司的简介

二、××汽车服务公司的市场分析

三、××汽车服务公司的SWOT分析

（一）优势分析

（二）劣势分析

（三）机会分析

（四）威胁分析

四、××汽车服务公司的营销组合策略

五、财务分析

（一）预测利润表

（二）预测资产负债表

标题：单位名称、文种。

正文包括前言、主体和结尾。

前言：概括介绍了营销策划单位。

主体：对营销目标以及具体内容的分析，包括市场分析、SWOT分析、营销组合策略分析、财务分析。

（三）预测现金流量表

六、执行与控制

附录一，汽车服务与保养问卷调查

附录二，××地区每百户拥有汽车调查

附录三，××市区居民家庭汽车消费调查

结尾：明确了执行与控制方案。

附录。

二、市场营销策划书的写作程序

一般情况下，市场营销策划书应按以下程序进行写作。

第一步，列出市场营销策划书的写作提纲。

第二步，细化写作提纲，列出提纲中各部分具体的写作内容或范围。

第三步，审读提纲框架结构及各部分具体内容是否合理。

第四步，丰富与调整市场营销策划书的内容并确定内容。

第五步，写作战略分析（SWOT 分析），同时列出分析结果。

第六步，依据分析结果，从构思要点出发，写作市场营销策划书的核心部分，研究市场营销策划书中的个别策划（营销目标、战略和策略的策划）。

第七步，确定市场营销策划书的整体结构，写出市场营销策划书的摘要内容。

第八步，制订并写出市场营销策划书的实施计划、策划方案、控制方案。

第九步，对写作进行收尾，包括结束语、附录等。

第十步，作通篇的整合润色，统撰全篇。

三、市场营销策划书的写作要求

要想写好市场营销策划书，就要遵循市场营销策划书的写作要求，具体如下。

1. 突出重点，抓准关键

所谓突出重点，抓准关键，就是指市场营销策划书要解决的根本问题及使用的营销策略要明确。

案例 6.3.5

随着消费水平的提高，人们的消费观念也有了很大的改变，越来越多的人开始追求生活的品质与情调。由此咖啡进入人们的生活，以一种优雅的姿态吸引着追求休闲和时尚的人们。在北京，如果你是一位星巴克的"发烧友"，一定对星巴克摇曳的灯光、舒缓的音乐不陌生。星巴克以其"第三空间"的休闲舒适消费观念在咖啡领域独占鳌头，从一间默默无闻的小咖啡馆发展成如今全球连锁的著名品牌。现在北京的白领没有不知道星巴克的，一杯咖啡或许就代表着他们追求的一种生活方式。星巴克正改变着人们的消费行为，例如星巴克的设计、布置所体现的是一种轻松自由、不受拘束的生活态度。咖啡本身就是一种文化元素，这种世界性的饮料迟早会像洋葱、西红柿一样被人们接受，成为人们现代生活方式的一部分。

（佚名）

点评：这段文字整理自《星巴克市场营销策划书》，其定位准确，彰显了星巴克的特别之处，重点突出，直接导入星巴克的设计、布置等策划研究的关键问题，值得我们学习与借鉴。

2. 条理清楚，思路明确

市场营销策划书是对根据创意形成的概要方案加以充实、编辑，用文字和图表等形式进行表达的具有系统性、科学性的书面策划材料。写作者在写作前，要弄清何人、何时、何处、何因、何法、预算、预测等问题，还要弄清企业策划的目的与内容。只要把上述问题搞清楚了，写作者写作市场营销策划书时的条理自然就清楚了，思路也就明确了。

案例 6.3.6

以下为某市场营销策划书的部分内容。

（1）创建精益求精的咖啡精神。"咖啡精神"也可以视为"咖啡宗教"，这是雅斯培·昆德在《公司精神》一书中使用的一个词语。所谓"咖啡宗教"，是由具有大致相同的人生情调、社会身份的人组成的一个共同体。舒尔茨曾说："如果人们认为他们与某公司有着相同的价值理念，那么他们一定忠于该公司的品牌。"这种"咖啡宗教"的"教会"就是散布在各处的"教堂"，其合作伙伴就是这种"宗教"的"神职人员"。他们在经过严格的教育和价值熏陶后，把一套知识、一种格调传达给"教民"，鼓励更多的人到"教堂"（咖啡店）来做"晨祷"和"晚祷"。所以"咖啡宗教"可以成为一种品牌战略，企业可以将其视为一种"咖啡精神"。

（2）用音乐留住顾客。咖啡厅经常会播放一些爵士乐、乡村音乐以及钢琴曲，这些音乐可以迎合那些时尚、新潮、追求前卫的白领阶层的精神需要。他们每天面临着巨大的生存压力，十分需要精神安慰，音乐正好起到了这种作用，唤醒人们内心某种也许已经快要消失的怀旧情感，让其将消费当作一种文化体验。

（3）创设比咖啡更多的东西。在咖啡厅内可以开设讲座，但讲座的内容要涉猎广泛，要根据消费群体的特点来确定，如讲述咖啡与生活、美丽、健康、艺术等相关联的知识，讲座充满情趣，让消费者在修身养性的同时将咖啡与讲座融为一体，从而拓展咖啡消费市场。

（佚名）

点评：该市场营销策划书从三个方面为咖啡厅策划了切实可行的营销策略，而且做到了条理清楚、思路明确，令人信服，富有创意。

3．定位准确，建议合理

市场营销策划书中的建议，一定是经过市场调查、研究、分析后得出的科学合理的建议，因此它的前提是对该品牌的市场定位要准确。

案例 6.3.7

星巴克的消费者很可能是具有以下特征的专业咖啡消费者：25～45岁，年收入×万元以上，受过高等教育，集中于发达程度偏中上的城市，特别是东南部和北方地区的消费者更不会被星巴克咖啡的高昂价格吓走。星巴克的消费者很可能是不断增加的根据社会责任标准购物的中国消费者当中的一员，他们会更倾向于购买一个同他们关心的事业有联系的产品。

点评：该案例对星巴克消费者的年龄及星巴克咖啡的潜在市场作了定位，品牌定位准确。

4．语言流畅，表意明确

在市场营销策划书中，使用数字时一定要准确到位，不能模棱两可、含糊其词，盲目地追求效果。例如，"较多""广泛""大幅度提高"等虚化的词语尽量不要使用。

案例 6.3.8

6月，公司的经营总预算费用为600万元。店面设计（包括橱窗广告）装修费预计为100万元，经营费用预计为200万元。广告制作费预计50万元，杂志广告费预计为250万元，合计占总预算费用的

50%。杂志广告费的具体构成如下。

（1）《商学院》封面广告费预计 50 万元。

（2）《格调》封面广告费预计 50 万元。

（3）《三联生活周刊》封面广告费预计 100 万元。

（4）《商界》广告费预计 50 万元。

点评： 这是某公司一篇市场营销策划书中的媒体策略部分，其中广告预算分配的语言描述平实准确，表意明确，数字使用具体翔实，具有很高的可信度。

5. 创意新颖，可操作性强

市场营销策划书的点子要富有新意，无论是对市场的研发还是对市场的扩大营销都要具有指导作用；同时其实施方案在现实营销活动中要具有可操作性，否则再好的策划，实现不了也就失去了策划的价值和意义。

案例 6.3.9

华为营销之所以成功，离不开其"创新"。

（1）产品技术创新。华为在移动影像技术和 CMF（色彩、材料、表面处理）美学设计方面不断创新，例如华为 P60 系列。

（2）技术领域广泛覆盖。华为在基础研究领域持续发力，深入探索通信与计算机的理论本质。

（3）华为芯片技术取得显著成就，例如推出采用 5 nm 工艺制程的麒麟 9000 5 G 芯片。

（4）华为推出北斗卫星消息功能，支持无地面网络信号情况下与世界保持联系。

（5）操作系统创新。华为自主研发推出鸿蒙操作系统，万物互联。

点评： 以上内容是"华为"品牌营销成功的调查结果，不仅对市场营销具有指导作用，而且具有一定的可借鉴性，值得学习与参考。

【感悟升华】

一、填空题

1. 市场营销策划书的摘要部分包括（　　　）、（　　　）、（　　　）、（　　　）。

2. 市场营销策划书的结束语是对策划书的总结、（　　　）、（　　　）。

3. 市场营销策划书的附录部分包括（　　　）、（　　　）、（　　　）。

二、实践训练

1. 请根据下面的内容，分别拟定标题。

（1）中国陕西有一种好吃的面食叫"肉夹馍"，为了弘扬中华民族饮食文化，将其定位为"中式汉堡"，请你拟写一个市场营销策划书的标题。

（2）华为手机即将推出新产品，决定制订营销策划方案，请你为其拟定市场营销策划书的标题。

2. 根据下述内容，为你所熟悉的某一品牌写作一篇《×××市场营销策划书》。目录参考内容如下：前言、市场研究及竞争状况、消费者研究、产品问题及机会点、市场建议、产品定位、行销建议、创意方向与广告策略、广告表现、媒体策略、预算分配、广告效果评定。

第四节　广告文案

【学习目标】

知识目标：了解广告文案的内涵、特点，了解广告文案的结构。

能力目标：掌握广告文案的写作技巧，能够写出高质量的吸引眼球的广告文案。

这是一个传媒时代，媒介资源异常丰富，媒介手段日新月异，生活在当今世界上的几乎所有人都无法避免受广告的影响；现代人的生活几乎被广告所包围，眼睛所见、耳朵所听都有广告，广告几乎无处不在。这也是一个形象的时代，企业往往通过一定的媒介，将有关商品、服务信息或情报有计划地传递给人们，以某种形象进入受众的心里，并试图建立独特的心智模式，这时广告就成了一种非常有效的工具。

赏心悦目
中国古代广告

中国广告的历史源远流长，且历史上很多名人都作过广告。《战国策·燕策》中记载的"马价十倍"的故事就是名人所作的广告。唐代许多著名的诗人写作了"广告诗"。山东兰陵县出产兰陵美酒，"诗仙"李白为此写了《客中行》："兰陵美酒郁金香，玉碗盛来琥珀光。但使主人能醉客，不知何处是他乡。"兰陵酒一经李白如此赞美，名气大旺，畅销千载。

案例 6.4.1

万科企业形象广告文案①

一、路灯篇

最温馨的灯光一定在你回家的路上

如果人居的现代化只能换来淡漠和冰

那么它将一文不值

我们深信家的本质是内心的归宿

而真诚的关怀和亲近则是最好的人际原则

多年来

我们努力营造充满人情味的服务气质和社区氛围

赢得有口皆碑的赞誉

正如你之所见

二、名树篇

再名贵的树也不及你记忆中的那一棵

越是现代

生命的原本美好越值得珍惜

我们深信

虽然不断粉饰翻新的名贵和虚化

更容易成为时尚的标签

但令我们恒久眷恋和无限回味的

标题：以企业名称作标题，突出"形象"二字。

借"路灯"点明万科的服务宗旨，主题明确。

借"名树"表达万科的人文理念以及环保意识。

① 摘自李欣频著《广告拜物教》，电子工业出版社2008年版。

一定是心中最初的那一道风景 多年来 万科珍视和努力保留这一片土地上既有的人文财富 以纯粹的审美趣味 引领时代潮流 正如你之所见	
三、鹅卵石篇 潮流来来去去生活本质永恒 时至今日 朴实无华的自然情趣也没有半点贬值的迹象 我们深信那是让人内心 宁静的永恒之美 而怎样的喧嚣浮华与荣耀 都终将归于平常	借"鹅卵石"表达万科注重社区人文环境的理念。
多年来 万科珍视自然给予的每一份馈赠 努力营造充满本质美好的社区环境和 人文氛围 正如你之所见	三篇凝聚为一个主题，即万科更关注业主的生活环境。该广告主题突出，语言优美，感染力强，构思新颖有创意。

在西方，"广告"一词来源于拉丁文，是"大喊大叫"的意思。传说，古罗马人做生意时，常常雇人在街头闹市大喊大叫，请大家到商品陈列处去购买商品，人们把这种行为称为"广告"。美国纽约百老汇的广告牌，是世界上最早的广告牌。世界上最早登载广告的报纸，是英国的《新闻周报》。

一、广告文案的特点

一篇广告作品为了达到扩大宣传的目的，一般除了音响、图画之外，还需借助文字使广告更好地发挥作用。广告文案具有如下特点。

（1）真实性。"镜里天地大，体小功能全。"真实是广告的生命，真实性是对广告写作者的道德要求。它体现的是广告主的经营理念，也是一个企业得以生存和发展的前提。具有真实性特点的广告往往会在消费者中赢得良好的口碑。

（2）创新性。古人在写作时十分强调创新意识。陆机在《文赋》中说："收百世之阙文，采千载之遗韵，谢朝华于已披，启夕秀于未振。"其大意是写作既要继承前人的优秀成果，又要不沿袭前人，发前人所未发。追求新奇的事物是人们从事活动时一种重要的内在动力。因此，富有创新性的广告文案更能吸引受众的注意。

赏心悦目

视频广告示例

问题：总结广告的创新性。

案例 6.4.2

在一个寒冷的冬日，有一位盲人在纽约街头乞讨，他胸前挂着一个牌子，上面写着："我什么也看不见。"街上人来人往，无人问津。这时有一位诗人从这里经过，把盲人胸前牌子上的话改写为"春天来了，可是我什么也看不见"。立刻，过往行人纷纷解囊相助。

点评：本案例中的诗人用诗的形式强调了广告的诉求重点，也改变了事情的结果，随即引来了路人的解囊相助。这种创新很能吸引受众的注意。

（3）情感性。写作者只有在广告的创作中投入情感，才能在广告中寄予深情，也才能引起受众感情的共鸣。所以，写作广告文案时，写作者要注重情感表达技巧的与运用。

案例 6.4.3

《少女的情怀总是诗》：给我一点金黄的火焰/让我享有一份咖啡的浓郁/我的天地/将是如许温馨，如许甜蜜/即使是白雪皑皑的寒冬/对我依旧是热情洋溢的季节/可乐黑咖啡口香糖/最能表达你对情人的爱心。

点评：这首广告诗运用了文艺语体的语言，特别注重情感的表达、色彩的体现，以此来感染读者，并配以俏丽少女在美丽的夕阳里满怀憧憬的艺术图片，画面中虽未出现"口香糖"的一鳞一爪，却具有极强的感染力。

（4）功利性。作广告是要付费的，所以广告文案无论是内容还是形式，达到宣传效果和宣传目的都是非常重要的。结合宣传的商品，在广告文案中突出诉求重点，用最少的文字、最小的版面空间，有的放矢地达到广告效果，才能实现利益最大化。

（5）艺术性。广告文案是一种艺术化的表达，但同时广告文案也需要达到宣传效果和宣传目的。这就要求无论是广告的内容还是广告的形式都要紧密围绕广告主题，在突出诉求重点的同时，还要考虑用怎样的艺术方法使广告更生动、更感人，让人过目不忘。

案例 6.4.4

你说，乌溜溜的秀发，你最爱！我也期盼，每一次相聚，都使你觉得秀发美丽依然情深如昔……CF牌蛋黄素洗发乳，能实现你的心愿。

点评：本案例的艺术性就在于写作者表达了所有女性对拥有一头秀发的期待，甚至是一种渴望，并与"CF牌蛋黄素洗发乳，能实现你的心愿"相呼应，体现了这一广告文案的艺术性。

二、广告文案的结构

广告文案通常包括标题、正文、广告语和随文等四大部分。但并非所有的广告文案都具备上述四个部分，由于广告对象的不同、媒介的不同，有些部分会被省略。

（一）标题

广告文案的标题是对广告文案的命名，在广告文案中主要起着点明主题，引人注目，引导受众阅读正文的作用。广告文案的标题要符合受众心理，尽量简明，便于记忆。它通常包括以下几种。

（1）直接标题。直接标题是用直接简明的语言揭示广告的主要内容，受众可以从标题中获取广告的主要诉求内容。例如"北京同仁堂药店""小天鹅洗衣机""海信电器""紫霞山庄欢迎您"等都属于直接标题。

（2）间接标题。间接标题不直接说明广告主题，而是运用间接婉转的方式，诱导受众阅读广告的正文。这种标题具有趣味性、哲理性，甚至充满诗情画意。例如电饭锅的广告文案标题是"热气腾腾，蒸蒸日上"，宝来汽车的广告文案标题是"奔跑，奔跑者之间的语言"。

（3）复合标题。复合标题兼具直接标题和间接标题的双重作用，可以使广告更醒目、更有气势。复合标题由引题、正标题、副标题组成。引题旨在让受众保持兴趣，揭示广告文案的内涵以及相关信息。正标题用于揭示广告主题。副标题用于强化留给受众的印象。例如××花生的广告标题，引题为"山东特产，口味一流"，让受众初步了解该产品或广告主体，吸引受众；正标题为"××花生，名扬中外"，揭示该广告的主题；副标题则为"越剥越开心，越吃越健康"。再如大众汽车有限公司为"奥迪A4L"所作的广告，引题为"跃级人生，向上一部"，正标题为"奥迪A4L十年积淀豪礼回馈"，副标题为"让梦想仅有一步之遥"。

广告文案的标题的常见表现形式如下。

（1）新闻式。新闻式标题是以写新闻的语气和句式来表达广告的主题或主要内容。例如"云计算：从千篇一律，到量身定制"就是新闻式标题。

（2）问答式。问答式标题是用提问的方式突出广告的主要诉求重点，引起受众的注意。例如"如何让跨越终端协同不再是愿景？华为统一通信，悉您所需，为您所用"就是问答式标题。

（3）悬念式。悬念式标题是指在标题中设下悬念，直击受众心理，引起受众关注，激起受众继续阅读的欲望。例如"入芯者入心"，受众应该能够猜测到这是和芯片有关的广告，这样的标题"悬"而能解，而不是神乎其神。

（4）赞美式。赞美式标题是指在标题中赞美广告中商品的性能、特点或服务等。例如LG海鲜冰箱广告标题"噪声听不见，省电看得见"。再如"雀巢咖啡：味道好极了"的广告语朗朗上口，句式简单但意味深长。感受只有发自内心，才能脱口而出，经典且无与伦比。雀巢咖啡厂家后来曾经以重金在全球再次征集新广告语，但结果是没有一句广告语能超越它，于是这句经典的广告语就被永久地保留了下来。

（5）故事式。故事式标题是以讲故事的语气引出广告。例如阿迪达斯的广告宣传系列口号"我整天梦想足球""我整天梦想运动""我不在乎你说什么，但我更在意你做什么""没有不可能"，每一句广告语背后似乎都有一个故事。

（6）歌诀式。歌诀式标题是用歌诀的形式介绍广告的主要信息。这种形式亲切动人，感染力强。例如"飞鸟闻香化凤，游鱼得味成龙"，洋河大曲的这则广告运用的就是歌诀式标题。

（7）祈使式。祈使式标题是用建议或劝导性语言向消费者提供某种消费建议，具有引导消费的作用。例如瑞典沃尔沃汽车的报纸广告文案，其标题"放心——沃尔沃汽车已来到中国"采用的就是祈使式标题。

（8）修辞式。修辞式标题是指在标题中运用一定的修辞手法引出或介绍商品，以增加广告的生动形象性。例如"一路走红，在于超凡出众，亦在于深入人心"是雅阁汽车的广告标题，其运用了拟人的修辞手法，使汽车品牌成为一种形象，吸引受众。

（9）承诺式。承诺式标题是在价格、质量或服务等方面向消费者表达诚意，甚至作出具体的答复。例如"买贵退款""海尔，真诚到永远"。

（10）比较式。比较式标题是以比较的方式突出所要宣传的商品的性能和特点。例如"××空调，进入×国各大商场的中国空调"。

（二）正文

正文是广告文案的重要组成部分。它主要体现广告的目的和内容，具体详细地揭示、阐述广告主题。广告文案的正文包括两种结构：完整式结构和分散式结构。

1. 完整式结构

完整式结构是指那些结构完整、层次分明、逻辑性强的广告正文。它包括前言、主体、结尾三个部分。

（1）前言。它将受众的阅读注意力转向正文，概括地解释或说明广告的主要内容，同时对标题提出的商品或其他方面加以说明或解释。

（2）主体。它具体说明商品或其他方面的细节，让人消除疑虑，这是正文的中心。

（3）结尾。它用热情诚恳的语言引导消费者去购买商品。

2. 分散式结构

分散式结构是指广告的相关信息在句子与句子、段落与段落之间没有明显的逻辑关系，也可能是依据表达的需要出现在不同的地方，以示受众。结尾往往用热情诚恳的语言引导消费者采取购买行动。

广告文案的正文常见的表现形式如下。

（1）叙述式。叙述式正文是以叙述的语气，着重介绍产品的产生、发展，或围绕产品融入一定的故事情节，进而吸引受众，敦促其采取购买行动，或达到宣传教育的目的。

（2）描写式。描写式正文是借助描写的表达方式，对广告标题所涉及的产品或事物环境进行生动形象的描述，甚至是情境的再现，给受众留下极其深刻的印象，从而达到宣传目的。

（3）议论式。议论式正文是对广告所宣传的产品或信息以议论的方式直接阐明观点，表明态度，引导、影响受众的行为或决定。

（4）说明式。说明式正文是以说明为主要表达方式，着重说明产品的性状、性能、特点、服务，或活动的时间、地点、背景等，使受众在短时间内了解该产品或服务或活动的主要内容，为受众作决策提供参考。

（5）抒情式。抒情式正文是以抒情为主要表达方式，借助联想和想象，根据广告文案的具体内容选择适合的抒情形式，以情感人，在轻松愉快的氛围中达到宣传的目的。

（6）综合式。综合式正文是综合运用多种表达方式和一定的修辞手法，介绍、宣传产品以及相关的活动，生动、形象而又理智、有计划地完成广告信息传递的任务，往往能收到事半功倍的效果。

（三）广告语

广告语又可以称为广告口号。它是广告主为了传递相关信息，在广告文案中突出强调或反复强调的诉求重点。广告语通常包括以下几种。

1. 品牌文化广告语

商家为了让某一商品或某一宣传活动成为品牌，让更多的受众过目不忘，在介绍其性能、特点、活动内涵等时，使用具有强化记忆、悦耳、悦目的语言并坚持一段时间不改变，所构成的该品牌特定的广告语，就是品牌文化广告语。例如戴比尔斯的"钻石恒久远，一颗永流传"的钻石广告语早已深入人心；山叶钢琴"学琴的孩子不会变坏"的广告语也形成了一种品牌文化；飞亚达的品牌文化广告语为"一旦拥有，别无选择"。

2. 企业文化广告语

借助企业管理、生产、研发、销售的宗旨、理念、制度、手段等进行广泛宣传，给予受众一种思维定式，在广告文案中突出刻画企业形象的语言或句子，就是企业文化广告语。例如舍得酒的企业文化广告语为"智慧人生，品味舍得"；人头马 XO 的企业文化广告语为"人头马一开，好事自然来"；海尔的企业文化广告语为"海尔，中国造"。

3. 服务理念广告语

市场竞争激烈，为了在竞争中取胜，企业通常会在广告文案中设有附加在产品销售中的特殊服务，以引起消费者的关注。但是企业在承诺的同时，一定要守诺。例如"上门服务，免费维修"。再如浦发银行的服务理念广告语为"易贷益多，加倍成长""轻松理财，快乐生活"。

要点总结

标题：引起注意，点明主题，引导阅读。
正文：激发欲望，表达有力，以"诚"服人。
广告语：建立信心，确认产品，敦促行动。
随文：购买行动，联系方式，购买渠道。

（四）随文

广告文案的随文又叫附文，用于交代与广告内容有关的要素，如联系人、联系方式、品牌名称、企业名称、企业标志或品牌标志、企业地址、购买产品或获得服务的途径和方式、权威机构证明标志等。此外，随文还包括某些特别的解释和声明等。

三、广告文案的写作技巧

随着商品经济的发展，广告文案的形式也越来越多。广告文案不单是一种简单的语言载体，更是思想载体、情感载体、艺术载体。成功的广告文案常常是各种载体的完美结合。

（1）创意新颖，别具一格。创新性是广告文案成功的关键。人云亦云的广告文案会使人感到厌倦，也会使广告失去生命力。

案例 6.4.5

"金利来——男人的世界"。

点评：这一则广告文案深入人心，赋予了产品以感人的内涵，使产品有了灵魂，不仅满足了人们的物质需要，同时还满足了人们的精神需要。消费者会感到所购买的不仅是一条领带，更是成熟男人的标志。这种创意刺激了公众求异、求奇的心理，打破了常规的思维模式，造成了悬念，激发了消费者的购买欲望，起到了很好的广告宣传作用。

（2）声情并茂，亲切感人。

案例 6.4.6

曾几何时感觉你的心在移动/亲爱的你可知道你是越来越难懂/很想好好摸清其中的去脉来龙/可总在你的敷衍下以失败告终/其实我和从前并没什么不同/对你的这份情感仍像当初一样浓/……就在现在我们挽起一道彩虹/一起走进一个多彩的梦/沟通从心开始/从心开始沟通。

点评：该案例是中国移动公司宣传移动电话的广告，以传达心灵沟通作为主题。该广告声情并茂，亲切感人，非常富有创意，文字还被谱成了歌曲，起到了缩小广告诉求对象与消费者心理距离的作用。

（3）雅俗共赏，品位不凡。众所周知，人们乘坐飞机最关心的就是安全问题。"安全、安静、舒适"的民航广告，把安全放在第一，其次是飞机的噪声不大，让人感觉舒适。该广告通俗易懂，品位不凡，迎合了人们乘坐飞机的心理需求。广告的受众是普通大众，如果晦涩难懂，就会脱离群众，让人看不明白，从而事倍功半。同样，庸俗低下、曲意迎合的广告也会遭到大众的唾弃，得不偿失。

（4）意境优美，愉悦精神。广告文案是一种特殊的艺术形式，具有深刻的文化内涵和审美属性。优美且富有创意的广告不仅能快速、准确地传递商品信息，同时还具有丰富的文化内涵，能创造较高的审美价值，实现审美性和功利性的完美结合。

案例 6.4.7

"红豆生南国，春来发几枝。愿君多采撷，此物最相思。"

点评： 红豆衬衫以人们熟知的王维的《相思》一诗为广告语，借助诗歌的意境，让人们体会、联想、想象，其诉求重点"红豆衬衫"在这种意境美中得以强化，借此来吸引受众。

案例 6.4.8

红旗轿车的广告文案

恭喜您成为尊贵的红旗车主，愿您鸿运当头、旗开得胜！红旗与您一起乘风破浪、蒸蒸日上！目光所至皆为华夏，五星闪耀皆为信仰！身在华夏不枉此生，坐上红旗人生满分！

这是一则无标题的广告文案，正文直接以祝颂语的形式与客户开展对话，陈述红旗轿车带给客户的幸福与幸运，升华广告文案的主题。以情感人，创设意境，让人仿佛置身于红旗轿车之内，从而吸引受众，引出诉求重点。

案例 6.4.9

享梦金陵

在南京的石板街上，时光如诗如画。在古老与现代之间徜徉。
漫步夫子庙，感受传统文化的韵味，在繁华中找到一份宁静。
走近夜晚的秦淮河畔，灯火璀璨，仿佛置身江南水乡的童话世界。
登上紫金山，俯瞰整个南京城，感受历史与现代的交融与碰撞。
在中山陵寻找革命的足迹，缅怀伟人的那份坚定和奋斗的力量。
漫步雨花台，聆听历史的回响，铭记那段为国家而战的岁月。
坐在鸡鸣寺下的茶座，品一杯香茗，让心灵得到安宁与平静。
在明孝陵的大门前，感受皇家气派，仿佛穿越时光。
欣赏南京长江大桥的壮丽景色，江水奔流，感受希望与力量。
漫步南京大学校园，体验浓厚的文化氛围。
走进南京博物院，穿梭于历史的长廊，感悟古人智慧。
坐在秦淮河畔的小船上，看乌衣巷口夕阳斜。
在星光下漫步南京市民广场，感受夜晚的活力与热情。
在纪念馆中追寻屈原的足迹，感受那份热爱和对故乡的思念。

标题： 歌诀式标题，揭示了广告的主题。
正文： 散文诗的语言充满诗情画意，用以情感人的方式达到广告宣传的目的，富有创意，令人过目不忘。

抓住南京旅游景点的特点，详略得当，重点突出，广告效果甚佳。

【感悟升华】

一、多项选择题

广告文案的标题常见的表现形式有（　　　）。
    A. 新闻式　　　B. 论述式　　　C. 问答式　　　D. 赞美式

二、判断题（对的打"√"，错的打"×"）

1. 为了突出广告主题，广告文案就要长篇大论。（　　）
2. 真实是广告的生命。（　　）
3. 广告语在广告文案中突出强调诉求重点。（　　）

4. 广告文案重在抒情。（　　　）

三、实践训练

1. 完成任务单 6.2 布置的任务。

任务单 6.2

广告文案任务单

任务名称	为××咖啡屋撰写广告文案	完成时间	
姓　名		班　级	
布　置　任　务			
任务 描述	1. 这是一家咖啡屋，石板地面，木质桌椅家具，悬挂着灯； 2. 台面上摆放着咖啡制作原料、器具、杯子等； 3. 某咖啡品牌标志、时尚画、艺术品，播放着与该环境相配的音乐； 4. 服务生穿着该品牌的统一服装，服装上印有突出该品牌特点的广告语； 5. 搜集与整理网络信息，做好写作广告文案前的准备； 6. 设计、写作该品牌的广告文案。		
知识 储备	1. 怎样设计广告文案？ 2. 广告文案的语言有何艺术特色？ 3. 如何使广告文案具有创新性？ 4. 如何搜集相关的广告信息并整理信息？ 5. 优秀的广告文案有哪些特点？ 6. 广告文案的写作有哪些技巧？		
完成 形式	写作一篇广告文案，用 PPT 以演讲的方式讲述		
具体 要求	1. 充分了解所选定的广告文案对象； 2. 明确诉求重点，确立广告主题并准确生动地揭示主题； 3. 标题、正文、广告语要吸引人。		
资讯 引导	1. 通过网络查询并欣赏近年来华为的优秀广告文案及视频； 2. 查找若干篇你认为有不足之处的广告文案，分析其问题之所在。		
学生 互评 笔记			
教师 评语 笔记			
完成 任务 总结	谈谈在广告文案写作过程中产生的困惑以及获得的感悟		

注：本任务单只供读者完成任务时做笔记使用，完整任务单见本书配套资料。

2. 请你为某一品牌设计一篇富有创意的广告文案。

3. 请你为当地有名的食品写一篇故事型广告文案。

4. 在雾霾天气中，我们呼吸的是浑浊的气体。空气中的霾会引起肺炎、咽喉炎、气管炎、心脏衰竭等疾病。1952 年，英国伦敦的那场大雾似无形的杀手，在短短五天内就夺走了 4 000 人的生命，可见大雾的威力，这也给我们敲响了警钟。我们要的是清新的空气，要的是健康的体魄。请不要以牺牲健康为代价来换取所谓的美好生活。少开车，绿色出行；多种树，保护森林。治霾，从我做起。请依据上述内容，写一篇广告文案。

　　经济是经世济民，经纶天下，济世救人。描述经济活动的一纸文书是一种力量，它可以带来改变。一封商务信函很可能就是通往"一带一路"的一纸合同，一诺千金。书香能致远，招标有人投。

第七章

经济文书写作（二）

第一节　商务信函

【学习目标】

知识目标：了解商务信函的结构，明确商务信函的惯用语。

能力目标：掌握商务信函的写作原则、写作技巧，有一定的书面语言表达能力，学会与人沟通。

案例 7.1.1

尊敬的刘先生： 　　您好！ 　　××××年×月×日有关付款条件的来函收悉。 　　本公司同意贵公司的如下建议： 　　1. 以见票即付的保兑，不可撤销信用证付款，而非见票直接付款； 　　2. 贵公司的报盘不会有折扣。 　　以上建议已获得本公司总经理批准，今后将按此标准执行。现正拟有关订单，十五日内将送达贵公司。 　　另外，本公司代表张扬先生会参加即将在长春举行的东北亚博览会，不日将以书面形式与贵公司联络。 　　诚望今后两公司间的会谈能促进双方的业务发展。 　　此致 　　敬礼！	对收信人的称呼、礼貌问候。本文先引出来函沟通信息，后直奔主题，对来函具体事宜表明态度，交代相关事项的处理办法，结尾再次表明诚意。
	结束语。
采购物流中心经理　李建华 ×××年×月×日	落款：署名、日期。

　　2500 年前，我们的祖先开始驯养信鸽并称之为"飞奴"。相传，张骞出使西域就是用鸽子与家人传送信息的。"鸿雁"是书信的代称，有时也代指邮递员。汉朝苏武出使匈奴，被单于流放于北海放羊。汉朝皇帝打猎射得一雁，雁足上绑有书信，叙说苏武在沼泽地牧羊。后来，单于让苏武回汉。人们于是用"鸿雁"比喻书信和传递书信的人。

　　商务信函是商务活动中交流信息的书面语言形式。在电子化沟通大行其道的今天，鉴于纸质商务信函的基础性地位（很多重要的商务信函仍以纸质信函为最终文件，电子商务信函的格式基本延续纸质商务信函的格式），本节仍以其为基础进行介绍。

　　商务信函是一种"推销"函，是常用的商业联系媒介，写信人既可以借助商务信函沟通业务，也可以借助商务信函推销产品或服务等。常见的商务信函的类型有商洽函、询问函、答复函、请求函、告知函、联系函。商务信函涉及商务活动的各个环节，贯穿商务活动的始终，是企业对外宣传的重要手段。写好商务信函不仅要具备相关的业务知识，还要具有扎实的语言功底，更要掌握规范的写作格式。商务信函已经成为现代商务活动中重要的沟通手段之一。

一、商务信函的结构

　　商务信函并没有固定不变的模式，写作时应充分考虑收信人的观点和看法、背景和所处环境。

1. 基本内容

中西方商务信函有一定的区别，但主体内容是一致的。以英文商务信函为例，一般包括信头、信内地址、称呼、主题、正文、结束语、落款。

（1）信头，是指写信人所在公司的名称和地址，通常是预先印制好的，一般位于信纸的正上方。其内容包括电话号码、传真和电传号码、信件编号或索引号码，以及写信日期。中文商务信函通常不设置信头。

（2）信内地址，即收信人的姓名和地址，通常位于日期下方两行，书信正文的左上方。中文商务信函通常不设置信内地址。

（3）称呼，是写信人对收信人的称号用语，自成一行。中文商务信函的称呼通常为第一部分，英文商务信函的称呼通常位于"信内地址"左下方的一、二行处。

（4）主题，书写英文商务信函的时候，为了便于收信人迅速了解信函的主要内容，一般会单独列出信函的主题。中文商务信函通常不写主题。

（5）正文，叙述商务往来以及业务联系的实质问题。首先，问候收信人。其次，写明事由，即要进行的业务联系，如询问商务活动有关事宜、回答对方提出的问题、阐明自己的想法或看法、向对方提出要求等。如果既要向对方询问，又要回答对方的询问，一般要先答后问，以示尊重。最后，提出进一步与对方联系的希望、方式和要求。

（6）结束语，往往用简单的一两句话，写明希望对方答复的要求，如"特此函达，即希函复"等；同时写出表示祝愿或致敬的话，如"此致""敬礼""敬祝健康"等。

（7）落款，包括写信人的签名和日期。签名是指写信人、信函执笔人或公司代表在信函上签上公司名称或个人名字，通常位于结束语下方两行，从中间偏右处开始写。第一行是公司名称，第二行是个人签名，手写信函用钢笔书写更显郑重；根据需要，还可以加上所属部门的名称及签名人的职称。

通过电子邮件发送商务信函可不设信头和信内地址，但需要有主题。电子商务信函中居中或居右的内容可改为居左，其余格式和纸质商务信函基本相同。

2. 备选内容

备选内容包括经办人姓名、相关事由、附件、附言、抄送等。

二、商务信函写作的"6C"原则

商务信函写作的"6C"原则，也是商务信函的写作要求，具体包括如下内容。

1. 正确（correctness）

商务信函体现了买卖双方的权利和义务，是各行各业往来的凭据之一，因此必须写正确。商务信函的正确性表现了写信人正确运用语言的水平，其传递给对方的所有信息都应该是正确的，不可以有虚假成分。

2. 完整（completeness）

商务信函要想完成预期目标，就要实现写作内容的完整性，也就是动笔之前要考虑到各个方面的情况，甚至要考虑到业务交往中的具体细节，这样才能做到清楚地表明写信的目的以及具体需求。

3. 具体（concreteness）

商务信函对重要信息的强调要完整具体，尤其涉及双方的利益和责任的内容，如有关货物的数量、发货日期、价格等必须具体，以免引起误解和不必要的麻烦。

4. 明确（clearness）

商务信函必须准确清楚地表达所要传递的信息，谨慎使用夸张、比喻等修辞手法。商业术语运用要准确，意义要明确，并且按照内容仔细恰当地分段，否则会引起混乱、误解，甚至引发不必要的纠纷。例如"你方如果同意在合同中加入允许分批和转船，我方将开立相关信用证"，就准确地运用了商业术语。另外，使用数字时也要明确，不能模棱两可、含糊不清。

5. 简洁（conciseness）

在做到正确、完整、具体、明确的基础上，还要注意商务信函写作的简洁性。一方面，开门见山，免去寒暄，直接入题，就事论事；另一方面，长话短说，行文简短，省略不必要的形容词，避免语言啰唆、重复或使用陈旧的商业术语。

6. 礼貌（courtesy）

商务信函是商业活动的一种沟通形式，它包含礼仪的内容，因而要常用礼节性词汇表达想法。注意使用请求式语言而忌讳运用命令式语言，尽量多用肯定的语句而避免使用否定句。

案例 7.1.2

"收到贵公司的来信很高兴，如果您能发来一些样书，我会十分感激。略感遗憾的是已发来的资料只有图书目录，我想知道电子图书对阅读器有何要求。"

点评： 这封商务信函使用了"高兴""感激""遗憾"等词语，使收信人觉得对方非常有礼貌，给人留下通情达理的印象。

三、商务信函的写作技巧

商务信函的写作有一定的技巧，下面介绍几种技巧以供大家学习。

1. 了解沟通对象

要想让沟通对象多看几眼商务信函，或者让沟通对象产生进一步了解商务信函中所说内容的欲望，甚至参与你的活动，了解沟通对象就至关重要。只有站在沟通对象的角度思考问题，充分感受对方的心理需求，才能更好地定位产品市场，以达到开拓市场的目的。

2. 使用第二人称

写作商务信函时，使用第二人称不仅是在表示对对方的尊重，更是在强调对方的利益，是一种人性的关怀。以对方的利益需求为重点，是获得其对产品或服务青睐的策略，也是留住客户最好的办法之一。

3. 开篇吸引读者

如同写作其他类型的文章一样，开篇吸引读者是写作商务信函的宗旨，因此怎样在最短的时间内吸引读者的眼球很重要。注意用说服的技巧来影响读者，避免消极写作。根据沟通的对象、环境甚至情节的不同，开篇吸引读者的方法也有所不同。我们可以开宗明义，也可以以情感人。

4. 交流目的单一

写作商务信函通常是为了完成通知、说服、指导和记录等任务，所以要做到主题突出、集中，不要在同一

要点总结

开头：向收信人或收信单位问候。

中间：明确事由，讲明要开展的业务，提出希望和要求。

结尾：写明希望对方答复的问题，表示祝愿或致敬。

篇商务信函中有过多的诉求，以免使读者产生厌烦心理，这是人际沟通技巧中需要注意的问题之一。交流目的单一容易让读者接受，但是在涉及强调对方应该提供的服务问题时，可以多方面阐述。

5. 运用标题、图表

运用标题、图表有助于突出商务信函的主题，便于解释商务信函中用文字解释不清的问题，同时也可以使读者信服你写的内容，达到写作商务信函的目的。

案例7.1.3

亲爱的思拜格女士：	称呼亲切，问候语有礼有节。
您好！	
我公司致力于为贵公司提供高效的服务。我公司拥有大量的专家和技术人员、充足的资源，能够为贵公司设计一流的健身服务。这将有助于贵公司提高劳动生产率，降低缺勤率。而且我公司收费很低。	开门见山地表明了目的，提供了说服对方的充分依据。
请您仔细考虑，选择我公司将会有如下收益：劳动生产率提高，员工士气高涨，缺勤现象减少，还有选择一流的供应商所带来的种种好处。	劝说、引导、吸引对方。
当您正考虑如何才能找到一家最好的公司时，我公司将为贵公司提供上述益处，我相信您一定会马上与我公司联系，以便我公司尽快开始改善贵公司的工作环境，提高贵公司的业绩。	再次强化沟通目的，敦促行动。
此致	
敬礼	结束语。
××× ××××年×月×日	落款：署名、日期。

案例7.1.4

收信人：Great Valley 人事部 写信人：质量提高小组 主题：停车场照明问题 日期：××××年×月××日	明确交代了收信人、写信人，突出了商务信函的主题。
今年夏天要在停车场的边缘增设照明灯，计划在停车场内增设 5 盏，左右两边各增设 3 盏，共计 11 盏。	标明写信日期。 进一步阐明商务信函的写作事由、目的和意义。言简意赅，没有赘述。
这些照明灯将创造一个更安全的环境。如有问题，请与质量提高小组成员联系。祝愉快！	
此致	
敬礼	

四、商务信函的惯用语

商务信函的惯用语是约定俗成的，能大大规范和简化商务信函的写作。

商务信函的起始惯用语有以下两种情况。

（1）建立商务关系用语，如"我们希望与您建立业务往来"。

（2）自我推荐用语，如"请允许我们作一下自我介绍，我们是首屈一指的贸易公司""本公司经营该业务很多年，并享有很高的国际声誉"。

商务信函的正文惯用语有以下几种情况。

（1）推销产品用语，如"相信您一定会对本公司推出的新产品感兴趣的"。

（2）索取资料用语，如"我们对贵公司的新产品甚感兴趣，希望能寄来贵公司的产品目录及价目表"。

（3）附寄资料用语，如"随函附上本公司推出的新产品的样品，请查收"。

（4）商讨价格用语，如"我方发现你方报价比我方从其他地方收到的价格信息偏高，请你方研究并作出降价调整，以适应价格竞争"。

（5）付款用语，如"兹附上支票一张以付清第××号发票上的金额"。

（6）回复函用语，如"11月28日函悉，谢谢。我方愿与你方商讨如何进一步扩大贸易"。

结尾惯用语类型很多，需根据实际情况斟酌确定，如"情况紧急，盼速回信"。

【感悟升华】

一、多项选择题

商务信函常用的写作技巧有（　　　）。

　　A．沟通事项要多　　B．了解沟通对象　　C．使用第二人称　　D．交流目的的单一

二、判断题（对的打"√"，错的打"×"）

1．商务信函的写作模式是固定不变的。（　　　）

2．商务信函既可以联系、商洽商业业务，又可以沟通个人事宜。（　　　）

3．商务信函是商务沟通常用的商业联系媒介。（　　　）

4．商务信函是一种"推销"函。（　　　）

三、实践训练

1．结合自身专业特点，给你的客户写一封沟通业务的商务信函。

2．修改案例7.1.5所示病文。

案例 7.1.5

刘经理：

　　原定于12月20日下午1点30分在会议中心的会面需要改期。昨天接到公司总部的电话，公司高层近期会有重要的人事变动，预计过几天后才能回到北京。我一回到北京会尽快与您联系。初步定在最近几天。希望届时能与您会面。礼！

　　　　　　　　　　　　　　　　　　　　　　　××公司张伟

　　　　　　　　　　　　　　　　　　　　　　　××××年×月×日

第二节 经济合同

【学习目标】

知识目标：理解经济合同的概念、种类，掌握经济合同的基本要素、结构。

能力目标：掌握经济合同的写作要求，能够签订规范的经济合同。

案例 7.2.1

百年契约[1]

陈志宏

从前，美国的一位庄园主带儿子去庄园巡视，五岁的儿子因为见什么都新奇，溜出庄园外，不小心掉下山涧而亡。遭遇此不幸的父亲，为了能天天见到儿子，在庄园里垒了一座小坟冢，每天黄昏前伫立风中忏悔。这一年是公元 1797 年。几年后，由于家道中落，这位庄园主不得不转卖庄园，但他对买主提出了唯一的要求并写到契约中："我儿子的墓必须作为土地的一部分，永远不要毁掉。"

墓地上野草青了又黄，黄了又青。多少年过去了，土地的主人换了一茬又一茬。百年流转，孩子的名字已被忘却，但是孩子的墓在一张张契约的保护下，依然完好无损。

一百年后，这块风水宝地被政府圈为格兰特将军的陵园。纽约市政府遵守墓地契约，依旧保留孩子的墓地，格兰特将军就安葬在他的身边。格兰特将军是美国第 21、22 届总统、南北战争时期北方军的统帅，孤独百年的孩子将与伟人做伴。

1997 年，纽约市市长朱利·安尼来到格兰特将军的陵园，隆重纪念将军墓地建成一百周年；与此同时，作为土地主人代表的朱利·安尼市长亲自签约，承诺让孩子的墓地永远存在，并把这个故事刻在了墓碑上。

一份普通的契约能维持两百多年，不能不让人感叹。其道理很简单，承诺了，就一定要做到。

墓地的新主人完全可以毁约，将土地辟为他用，谋取更大的利益。但是，他们却一代一代地遵守着契约，将诚信的火把坚定地传递下去。因为他们相信，诚信是自己的第二生命，是让自己从庸碌人生跳脱出来的阶梯……

当诚信成为遥远的海市蜃楼，当一诺千金渐渐成为传说，墓地的一纸百年契约分明向我们证明着什么，怀念着什么。

在古代，契约相当于合同。契约又称作"券"，依据其书写所用材料不同，分为"竹券""木券""纸券"等。契约双方用文字将议定的事项记录下来后，把"券"分为两半，各执一半为凭证。古代契约验合是辨别契约真假、决定契约能否发挥效力的最基本的手段。

《民法典》规定，合同是民事主体之间设立、变更、终止民事法律关系的协议。合同的签订方可以是单位与单位、单位与个人或个人与个人。合同关系是一种法律关系，具有强制性，一经签订，各方当事人都要严格遵守、认真执行，不能单方面进行修改或废止。

经济合同是当事人之间为实现一定的经济目的，发生某些经济往来，彼此达成明确的权利与义务关系的协议书。经济合同通常是谈判的结果，是当事人之间一次愉快的握手。

一、经济合同的种类

合同依据不同的划分标准往往可分为不同的种类，常见的划分方法如下。

按合同的内容，可划分为经济合同、技术合同、人员聘用合同、文化交流合同、社会服务合同。

按合同的性质，可划分为买卖合同、承包合同、补偿贸易合同、借款合同、租赁合同、承揽合同、委托合同等。

按合同的形式，可划分为条款式合同、表格式合同、条款+表格式合同。

按合同签订的时间，可划分为长期合同、中期合同和短期合同。

---

[1] 摘自 2005 年第 9 期《第二课堂》（高中版），略有改动。

常见的经济合同种类如下。

（1）买卖合同，是出卖人转移标的物的所有权于买受人，买受人支付价款的合同。

（2）租赁合同，是出租人将租赁物交付承租人使用、收益，承租人支付租金的合同。

（3）承揽合同，是承揽人按照定做人的要求完成工作，交付工作成果，定做人支付报酬的合同。

（4）建设工程合同，是承包人进行工程建设，发包人支付价款的合同。它包括工程勘察、设计、施工合同。

（5）运输合同，是承运人将旅客或者货物从起运地点运输到约定地点，旅客、托运人或者收货人支付票款或运输费用的合同。

（6）仓储合同，是保管人储存存货人交付的仓储物，存货人支付仓储费的合同。

（7）借款合同，是借款人向贷款人借款，到期返还借款并支付利息的合同。

（8）赠与合同，是赠与人将自己的财产无偿给予受赠人，受赠人表示接受赠与的合同。

（9）委托合同，是委托人和受托人约定，由受托人处理委托人事务的合同。

（10）行纪合同，是行纪人以自己的名义为委托人从事贸易活动，委托人支付报酬的合同。

（11）居间合同，是居间人向委托人报告订立合同的机会或者提供订立合同的媒介服务，委托人支付报酬的合同。

（12）供用电（水、气、热力）合同，是供电（水、气、热力）人向用电（水、气、热力）人供电（水、气、热力），用电（水、气、热力）人支付电（水、气、热力）费的合同。

（13）融资租赁合同，是出租人根据承租人对出卖人和租赁物的选择，向出卖人购买租赁物，提供给承租人使用，承租人支付报酬的合同。

（14）技术合同，是当事人就技术开发、转让、咨询或者服务订立的确立相互之间权利和义务的合同。

（15）保管合同，是保管人保管寄存人交付的保管物，收取保管费并按时返还该物的合同。

二、经济合同的基本要素

经济合同主要包括以下基本要素：标的，数量，质量，价款或酬金，履行期限、地点和方式，违约责任，解决争议的办法。

（1）标的，指双方当事人的权利、义务共同指向的对象。如保管合同的标的是物，运输合同的标的是行为，技术转让合同的标的是智力成果。

（2）数量，指衡量合同当事人之间权利、义务大小的尺度，通常用数字和计量单位来表示。

（3）质量，包括规格、性能、款式、标准、材质等。

（4）价款或酬金，价款是取得标的物应当支付的代价，酬金是获得服务应当支付的代价。

（5）履行期限、地点和方式，指履行合同的时间限度、交付标的物的方式、支付价款的方式等。

（6）违约责任，承担违约责任的主要方式为支付违约金，赔偿损失。

（7）解决争议的办法，指当事人关于解决争议的程序、方法等的约定。

三、经济合同的结构

无论哪种形式的经济合同，其结构通常都由如下内容组成。

1. 首部

经济合同的首部包括标题、合同编号、立合同人等内容。

（1）标题，表明合同所属的性质以及文种，如"买卖合同""建设工程合同""农副产品买卖合同"等。

（2）合同编号，通常写在标题的下方或右下方，有时也可以无此项内容。

（3）立合同人，指签订合同的单位的全称或个人的姓名。

2．正文

经济合同的正文包括如下内容：①引言部分，说明签约的目的或依据，如"为了促进农副产品市场的繁荣与发展，保证城市居民副食生活的丰富性与多样性，经双方协商，签订本合同，以资共同恪守"等；②合同基本要素的具体内容；③合同的有效期限；④合同的份数以及保存方式。

3．结尾

经济合同的结尾包括如下内容：①合同当事人签名盖章；②当事人的银行账户、电话、地址等；③公证机关或签证机关盖章；④签订合同的日期。

案例 7.2.2

买卖合同

××购字××号

甲方：××市粮油加工厂（以下简称"甲方"）

乙方：××××超市（以下简称"乙方"）

为了繁荣市场，保证食用油的供应，经双方协商签订本合同，以资共同恪守。

一、由甲方向乙方订购食用油贰佰吨，按每吨叁仟伍佰圆计算，甲方付给乙方货款共柒拾万圆整。

二、乙方于××××年 4—5 月分 4 次在××火车站，向甲方交付完所订购的食用油。

三、付款办法采取银行托收承付。甲方在验收第一批货物后 5 日内先付款 50%，在验收全部货物后的 5 日内付清余下货款。

四、采用塑料桶包装，每桶净重 10 千克。货物发运后的铁路运费及卸车费由甲方负担。

五、质量标准。按食用油规定水分不超过1%为合格，如不符合质量标准，甲方拒收。

六、双方按规定日期交付货物或货款，逾期不履行合同者，违约方按每天1%的违约款或货物折价款给付对方违约金。

七、本合同 1 式 4 份，双方各执正副本各 1 份保存备查。

甲方：××市粮油加工厂（盖章）　　乙方：××××超市（盖章）

代表人：×××（签名）　　　　　代表人：×××（签名）

地址：××××××　　　　　　　地址：××××××

电话号码：××××××　　　　　电话号码：××××××

开户银行账号：×××××　　　　开户银行账号：××××××

签证机关：××××××

签证时间：××××年×月×日

首部：标题表明了合同的性质；合同编号，由年度号、字号、顺序号三部分构成；立合同人，确定为甲方、乙方。

正文：引言写明订立合同的依据、目的。

合同条款具体内容：

一、确定了合同标的物及价款；二、说明了货物支付时间、方式和地点；三、注明了结算付款方式和有关要求；四、规定了包装方式和包装物处理的要求；五、规定了质量标准；六、明确了双方的违约责任和处罚方法；七、注明合同的执存方式。

结尾：签合同单位加盖公章、代表人签名、单位地址、电话号码、开户银行账号、签证机关和签证时间。

这份合同行文简明，内容具体、完备，平等互利，合理合法，执行中能够有效避免纠纷。

四、经济合同的写作要求

经济合同的写作要求包括如下内容。

（1）遵守国家有关法律法规。经济合同是依据经济合同法签订的，不论是合同的内容还是签订合同的程序都要遵守国家有关规定。

（2）经济合同的条款要完备。经济合同的内容应该是双方当事人共同协商确定的，一经决定不得擅自修改；语言表达要准确、周密，采用法定的计量单位，以免造成疑义。

（3）行文格式要规范。经济合同是具有法律性质的规范性文体，法律已经规定了其基本的条款及写作格式。有的单位有经济合同范本，要求填写时一定要规范，这充分显示了经济合同的法律效力及其庄重性、严肃性。

> **要点总结**
>
> 首部：经济合同的标题、编号、立合同人。
>
> 正文：签订经济合同的依据和目的、条款具体内容。
>
> 结尾：当事人签名盖章、账户信息、联系方式、签订时间等。

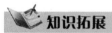

知识拓展

不能作为标的物的几类物品

1. 海洛因、可卡因、冰毒等毒品。　2. 冥币等封建迷信物品。

3. 黄色书籍、黄色录像等。　　　　4. 枪支弹药、走私物品。

5. 国家专卖物品。

经济合同写作小常识

起草经济合同切忌"抓大放小"，应注意每一个细节。"细节决定成败"，经济合同的严谨性正是建立在一个个细节之上的。

某装修公司王经理向家具生产商订购了一批家具，事先交了10万元的定金，家具生产商答应在两个月内交货。但由于该家具生产商又接到一份更大的货单，就决定取消王经理的订单。王经理按照合同违约责任要求对方双倍赔偿定金，可是该家具生产商仅仅还了10万元。后来王经理发现，自己错误地将"定金"写成了"订金"。定金是指履行合同的保障金，具有法律效力；订金是预付的部分货款，有某种承诺的意思，在法律上不具有担保合同履行的作用。一字之差竟带来如此大的损失。

此外，写作经济合同时不能用模糊语言，如"最近""基本""可能""大概""上一年"等；价款与酬金的数字一定要大写；字义、字形、字音、地名要核准，标点要正确。

房地产开发商有可能签订的合同

1. 银行：银行贷款合同。　　　　　　2. 自然资源局：国有土地使用权出让合同。

3. 建筑施工单位：建筑施工合同。　　4. 建筑材料供应商：建筑材料买卖合同。

5. 建筑设计单位：建筑设计合同。　　6. 电力公司：供电合同。

7. 煤气公司：煤气供应合同。　　　　8. 水务集团：建筑用水合同。

9. 租房者：房屋租赁合同。　　　　　10. 购房者：房屋买卖合同。

11. 房地产代理公司：行纪合同。

【感悟升华】

一、填空题

1. 经济合同的首部主要包括（　　　）、（　　　）、（　　　）。

2. 经济合同的正文主要包括（　　　　）、（　　　　）、（　　　　）、（　　　　）。

3. 经济合同的价款是取得（　　　　）应当支付的代价；酬金是获得（　　　　）应当支付的代价。

4. 承担违约责任的主要方式为（　　　　）。

二、判断题（对的打"√"，错的打"×"）

1. 经济合同可以根据双方意愿签订。（　　　　）

2. 签订经济合同条款要完备。（　　　　）

3. 任何事、物都可以成为经济合同的标的物。（　　　　）

4. 经济合同的写作可以适当地运用模糊语言。（　　　　）

三、实践训练

1. 完成任务单 7.1 布置的任务。

任务单 7.1

合同项目任务单

任务名称	模拟公司谈判并签订合同	班　级	
学习小组		组　长	
小组成员		完成时间	

布　置　任　务

任务描述	

清朝末年，天津府海河西侧小白楼南端，有条名为十八街的巷子。巷子里有家麻花铺，主人刘老八创造了什锦夹馅大麻花，因地处东楼十八街，故称"十八街麻花"，从此著称于世，成为天津"三绝"之首。

范贵林与其兄范贵材随母乞讨来津，先后在李富贵麻花铺和刘老八麻花铺当学徒，后两铺均倒闭，范家兄弟到东楼开店，后又各立门户，分别是"贵发祥"和"贵发成"。1956年两家店合并成一家店，1958年范家兄弟改"贵"为"桂"字，成立了"桂发祥"。

1968年，20岁的景志刚向范贵林拜师学艺，1984年9月两人订立"师徒合同"，约定范贵林愿再次系统总结一生积累的全部技艺、经验并毫无保留地传授给景志刚，并委托景志刚接代传后，保持什锦夹馅大麻花的风味特点，尤其注明范贵林一生中正式收作徒弟的只有景志刚一人。2008年底景志刚退休，他与儿子景林祥决定创业，于2009年初开办了一家小麻花厂名为"景林祥"，同样生产十八街麻花。2010年"桂发祥"状告"景林祥"，要求其停止生产十八街麻花，并给予自己赔偿。

谈判的可能性结果如下：

1. "景林祥"赔偿"桂发祥"；

2. "桂发祥"委托"景林祥"加工生产十八街麻花。

结合此案例，全班同学分组，组建谈判队伍，虚拟谈判现场，完成下列任务：

1. 成立"模拟公司"，分别代表甲方"桂发祥"、乙方"景林祥"；

2. 研究合同谈判的主要内容；

3. 对本次谈判活动作出详尽安排，并预测谈判双方可能会提出的要求；

4. 进行谈判，谈判结束后签订经济合同。

续表

<table>
<tr><td colspan="2" align="center">布 置 任 务</td></tr>
<tr>
<td>知识
储备</td>
<td>
1. 掌握经济合同的内容及结构；
2. 谈判前要作哪些准备？采用什么样的谈判方式更好？
3. 如何报价？谈判中让步的原则、方式、分寸分别是什么？
4. "谈判"与"合同"之间有什么关系？
5. 签订经济合同时应注意哪些问题？
6. 经济合同的结构以及写作要求有哪些？
</td>
</tr>
<tr>
<td>完成
形式</td>
<td>签订经济合同</td>
</tr>
<tr>
<td>具体
要求</td>
<td>
1. "模拟公司"成员要分工明确；
2. 做好谈判前的准备工作，适当地运用一定的谈判技巧；
3. 结合可能签订的经济合同的具体内容进行谈判；
4. "模拟公司"秘书及时记录并整理与签订经济合同有关的谈判内容；
5. 依据经济合同的结构以及写作要求签订经济合同。
</td>
</tr>
<tr>
<td>资讯
引导</td>
<td>
1. 自学经济法等有关法律知识；
2. 在央视网观看《法治在线》节目，扩大知识面；
3. 如需了解相关法律知识，请咨询经济法老师。
</td>
</tr>
<tr>
<td>学生
互评
笔记</td>
<td></td>
</tr>
<tr>
<td>教师
评语
笔记</td>
<td></td>
</tr>
<tr>
<td>完成
任务
总结</td>
<td>谈谈经济合同写作过程中产生的困惑以及获得的感悟</td>
</tr>
</table>

注：本任务单只供读者完成任务时做笔记使用，完整任务单见本书配套资料。

2. 情境模拟练习。根据下文所描述的情境进行表演，最后签订一份协议书。

诺贝尔经济学奖得主、美国新制度经济学的开山鼻祖科斯曾经讲过一个与合同有关的故事。有一个商人开了一家糕饼店，后来又搬过来一位医生。这位医生在离这家糕饼店远一点的地方盖了一个诊疗所，又在紧邻糕饼店的地方开发了一个花园。不久这位医生又改变了主意，把原来开发成花园的地方盖成了诊所。糕饼店中的糕点师在做糕点的时候会发出很大的声音，影响了医生给患者看病，由此他们之间发生了纠纷。但他们并没有通过法律途径解决纠纷，而是坐下来进行谈判协商，最终达成了一份协议。

3. 修改案例 7.2.3 所示病文。

案例 7.2.3

<h3 align="center">茶叶买卖合同</h3>

签订日期：××年×月×日　　　　　　签订地点：××市××区

供方：云南普洱茶厂　　　　　　　　地址：××市××路××号

需方：×××贸易公司　　　　　　　　地址：××市××路××号

一、需方购买供方一级云雾茶、一级滇红茶、特级茉莉花茶。

二、需方一次性通过银行托收承付方式将全部货款及包装费、运费结清。

三、供、需双方任何一方如要求变更或解除合同时，应及时通知对方。

四、执行本合同发生争议时，由当事人双方协商解决。

供方：云南普洱茶厂　　　　　　　　需方：×××贸易公司

法人代表：张××　　　　　　　　　　法人代表：王××

电话：××××××　　　　　　　　　　电话：××××××

地址：×××××　　　　　　　　　　 地址：×××××

第三节　招　标　书

【学习目标】

知识目标：了解招标书的内涵、特点、种类，掌握招标书的结构。

能力目标：了解开标与评标、签订协议的相关知识，学会关注市场，具有公平竞争意识，能够写出科学、合理、切实可行的招标书。

招标和投标是一项经济活动的两个方面。有招标就有投标，有开标就有评标。招标书是招标商传递招标信息的手段，是投标者竞标的依据，也是双方签订协议的依据。

案例 7.3.1

招标公告

受××市特殊教育学校委托，对下述项目进行国内公开招标，现邀请合格投标人参加投标。

一、项目名称：××市特殊教育学校康复设备采购项目

二、采购计划编号：××××（年）-12-4160

三、投标人应具备的条件：符合《政府采购法》第二十二条及相关法律、法规、部门规章的相应规定，本项目特定条件参看招标文件。

四、招标文件发布时间：

请于××××年×月×日前，登录××政府采购中心网站（www.××××.com.cn）免费下载招标文件。

五、标前答疑会：

1. 时间：××××年×月×日上午 10:00（北京时间）

2. 地点：××政府采购中心

六、开标时间、地点：

1. 开标时间：××××年×月×日上午 9:00（北京时间）

2. 开标地点：×××政府采购中心

标题：表明了文种。

前言：概括介绍了招标缘起、项目名称、目的、依据。

主体：交代了招标事项，介绍了招标项目的具体内容、程序。

结尾：明确了开标时间、地点，交代了项目联系人及其联系方式。

七、项目联系人：××　　　　联系方式：021-6773××××

　　　　　　　　×××政府采购中心（公章）　　落款：署名、日期。

　　　　　　　　××××年×月×日

"招"是征召的意思，"标"是指承包工程或买卖货物时，各个竞争者用比价方式所标出的价格。招标人被称为采购方或工程业主，投标人被称为卖方或工程承包商。

招标书是用以说明需要采购的商品或发包工程项目的具体内容，事先公布采购条件和要求，以吸引众多投标人参加竞争的一种经济文书。招标是招标人要求投标人在规定的时间和地点投标，招标人与投标人依据所提条件订约的一种行为。广义的招标书是指招标过程中所使用的各种文书，狭义的招标书是指招标通告、招标邀请书等。

一、招标的特点

从内容上看，招标具有如下特点。

1. 公开性

招标是一种经济活动的横向联合，它要求招标人开诚布公地将有关信息公布于众，便于投标人权衡事宜，以此作为竞标的依据。同时，它要求招标人借助相应媒体将竞标结果公布于众。另外，它还要求给予所有投标人平等的机会参与竞标。

2. 竞争性

招标本身的目的就是吸引更多的投标人参与竞标，无论是管理能力还是经济实力，都使得投标人之间构成了一种竞争关系。招标人可以在比较中寻找到更合适的合作伙伴。

3. 合作性

招标活动本身就体现了合作性的特点，具体体现在自身工作、工程需要他人的协助与支持等方面。招标人通常都会要求或期望在短时间内找到合适的项目合作伙伴，以达到招标目的。

二、招标书的种类

依据不同的标准可将招标书划分为不同的种类。

（1）按照内容分，有企业承包招标书、技术引进转让招标书、劳务招标书、商业经营招标书、建筑工程招标书、大宗商品交易招标书。

（2）按照形式分，有条文式招标书、表格式招标书、条文+表格式招标书。

（3）按照招标方式分，有公开招标书和招标邀请书。

三、招标书的结构

从招标书的结构来看，招标书包括标题、正文、落款三部分。

1. 标题

招标书的标题有三种形式。

（1）招标人+招标项目+文种，如《上海世博会场馆建设工程招标书》《××大学第十届大学生科技节活动项目招标书》等。

（2）招标项目+文种，如《××市地铁工程招标书》等。

（3）直接写文种，如《招标通告》《招标邀请书》等。

2．正文

招标书的正文包括前言、主体、结尾三部分。

前言包括招标缘起，概括介绍招标项目、缘由、目的、依据。

主体包括招标事项，介绍招标项目的内容和程序。内容包括招标范围、招标经济技术指标、规模、工程或项目名称、地址、总的工程量以及完成时间。程序包括招标起止时间，发售文件的日期，价格，投标、定标、开标的地点、日期、方法、步骤。

结尾包括招标人的联系信息，如名称、地点、法人代表、联系电话、传真等。

3．落款

落款包括招标人的名称、招标书制定日期，注意加盖公章。

案例 7.3.2

××大学教学科研设备政府采购项目招标公告

××对外进出口总公司受××大学的委托，对"××大学教学科研设备政府采购项目"进行国内公开招标。

一、项目名称：××大学教学科研设备政府采购项目

二、招标编号：1213-GMTN-1436

三、招标内容：货物名称、数量（套）、交货时间、交货地点、备注

创新电子实训台，详细货物要求见附件，按合同约定，交货地点为××大学指定地点；电子实训系统；工业光电检测创新实验设备；机器人系统、稳压电源等；电子测量工作站；CB 制版系统和回流焊机；高密度测量仪；气相色谱仪；基础化学仪器设备；任意波形发生器等；管理监控系统；基础实验台。

四、合格投标人

1．在中华人民共和国境内注册，能够独立承担民事责任，有生产或供应能力的本国供应商，包括法人、其他组织、自然人及其联合体；

2．遵守国家有关法律、法规和北京市人民政府采购有关的规章，具有良好的商业信誉和健全的财务会计制度；

3．投标人必须向招标人购买招标文件并登记备案，未向招标人购买招标文件并登记备案的潜在投标人均无资格参加本次投标。

五、购买招标文件时间、地点

1．时间：××××年×月×日至×××年×月×日，9:00 至 11:30，14:00 至 16:00（北京时间）；国家法定节假日除外。

2．地点：××对外进出口总公司。

3．招标文件售价：人民币 500 元（电子文档下载地址：××教育装备网"招标公告"栏目），招标文件售后不退。

六、投标截止时间及开标时间、地点

1．投标截止时间及开标时间：××××年 9 月 1 日 9:30（北京时间）。

2．开标地点：××对外进出口总公司。

七、其他

1．投标文件请于开标当日（投标截止时间之前）递交至开标地点，提前或逾期递交文件恕不接受；

2．届时请投标人派代表参加开标仪式。

标题：招标人+招标项目+文种。

前言：概括介绍了招标缘起、项目名称。

主体：交代了招标事项以及招标项目的具体内容、程序。

对投标人提出了具体要求。

购买招标文件的时间和地点，投标具体截止时间，以及开标的时间和地点。

相关事项。

评标方法。

八、评分方法

综合评分法，评标因素：价格 25%，相关业绩 10%，综合商务 25%，技术性能 40%。

招标代理机构：××对外进出口总公司

邮编：××××　　　　　　地址：××市复兴路甲 3 号电子大楼 135 室

开户银行：×××××　　　账号：××××××

联系人：×××　　　　　　联系电话：×××××　　传真：×××××

××对外进出口总公司（公章）

××××年×月×日

> **结尾：** 招标代理机构以及联系信息等。
>
> **落款：** 署名、日期。

要点总结

前言：招标缘起，概括介绍招标项目、缘由、目的、依据。

主体：招标事项，包括招标项目的内容、程序等。

结尾：招标人的联系信息。

四、开标与评标

开标是招标的最终目的。开标可以公开开标，也可以秘密开标。公开开标是按照招标人规定的时间、地点，在投标人或其代理出席的情况下，当众拆开密封的投标文件，宣读文件内容。秘密开标则没有投标人参加，由招标人自行开标选定中标人。如果招标人认为所有投标均不理想，可以宣布招标失败，并拒绝全部投标。

评标是指招标人开标后进行评审、比较，选择最佳投标人的过程。

五、签订协议

招标人选定投标人之后，发出中标通知书，中标人依约与招标人签订协议。

案例 7.3.3

建筑工程招标书范本

为了提高建筑安装工程的建设速度，提高经济效益，经＿＿＿＿（建设主管部门）批准，＿＿＿＿（建设单位）对＿＿＿＿建筑安装工程的全部工程进行招标。

一、招标工程的准备条件

本工程的以下招标条件已经具备：

1. 本工程已列入国家（或部、委，或省区市）年度计划；

2. 已有经国家批准的设计单位设计出的施工图和概算；

3. 建设用地已经征用，障碍物全部拆迁，现场施工的水、电路和通信条件已经落实；

4. 资金、材料、设备分配计划和协作配套条件均已分别落实，能够保证供应，使拟建工程能在预定的建设工期内连续施工；

5. 已有当地建设主管部门颁发的建筑许可证；

6. 本工程的标底已报建设主管部门和建设银行复核。

二、工程内容、范围、工程量、工期、地质勘查单位和工程设计单位

三、工程可供使用的场地、水电、道路等情况

四、工程质量等级、技术要求、对工程材料和投标单位的特殊要求、工程验收标准

五、工程供料方式、主要材料价格和工程价款结算办法

六、组织投标单位进行工程现场勘察，说明招标文件交底的时间、地点

七、报名投标日期，招标文件发送方式

报名日期：××××年×月×日

投标期限：××××年×月×日起至××××年×月×日止

招标文件发送方式：

八、开标、评标时间及方式，中标依据及通知

开标时间：××××年×月×日（发出招标文件至开标日期，一般不得超过两个月）。

评标结束时间：××××年×月×日（从开标之日起至评标结束，一般不得超过一个月）。

开标、评标方式：建设单位邀请建设主管部门、建设银行和公证处（或工商行政管理部门）参加公开开标，审查证书，采取集体评议方式进行评标、定标工作。

中标依据及通知：本工程评定中标单位的依据是工程质量优良、工期适当、标价合理、社会信誉好，最低标价的投标单位不一定中标。所有投标单位的标价都高于标底时，如属标底计算错误，应按实予以调整；如标底无误，通过评标剔除不合理的部分，确定合理标价和中标单位。评定结束后五日内，招标单位通过邮寄（或专人送达）方式将中标通知书发送给中标单位，并与中标单位在一个月（最多不超过两个月）内签订_____建筑安装工程承包合同。

九、其他

本招标方承诺，本招标书一经发出，不得改变原定招标文件内容，否则，将赔偿由此给投标单位造成的损失。投标单位按照招标文件的要求，自费参加投标准备工作和投标。投标书（即标函）应按规定的格式填写，字迹必须清楚，必须加盖单位和代表人的印鉴。投标书必须密封，不得逾期寄达。投标书一经发出，不得以任何理由要求收回或更改。

在招标过程中发生争议，如双方自行协商不成，由负责招标管理工作的部门调解仲裁，若对仲裁不服，可诉诸法院。

建设单位（即招标单位）：

地址：

联系人：

电话：

××××（公章）

××××年×月×日

【感悟升华】

一、填空题

1. 招标书的标题形式主要包括（   ）、（   ）、（   ）。

2．招标书的前言主要包括（　　　　）、（　　　　）、（　　　　）、（　　　　）。

3．招标书的招标事项介绍（　　　　）和（　　　　）。

4．招标的最终目的是（　　　　），评审、比较、选择最佳投标人的过程叫（　　　　）。

二、多项选择题

招标书的特点包括（　　　　）。

A．竞争性　　　　　B．公开性　　　　　C．合作性　　　　　D．生动性

三、实践训练

随着计算机在大学校园里的广泛使用，越来越多的同学意识到掌握好基本办公软件的操作方式和操作技巧的重要性，但许多同学对此并不熟悉。为了给同学们一个展现自己的舞台，体现学子特有的精神风貌，学校学生处特举办计算机基本操作能力 PPT 大赛。请结合上述内容，设计本次大赛的招标书。

第四节　投　标　书

【学习目标】

知识目标：了解投标书的内涵、特点、种类，掌握投标书的结构。

能力目标：了解投标前的准备工作，具有了解市场、驾驭市场的能力，能写出科学、严谨、可行的投标书。

投标是投标人（卖方或工程承包商）应招标人的邀请，根据招标人规定的条件，在规定的时间和地点向招标人递交投标书，以争取投标成功的行为。

案例 7.4.1

投 标 书	
致（招标单位名称）：	标题：表明了文种。
	称谓。
（1）经分析研究_____公路工程项目_____合同段（_____桥）的招标文件（含补遗书，如果有）和勘查工程现场后，我们愿意按人民币（大写）_____圆（_____元）投标，或根据上述招标文件核实并确定的另一金额，遵照招标文件的要求承担本合同工程的实施、完成及缺陷修复工作。	前言：这是公路工程项目投标书模板。开头概括介绍了投标的缘由，对招标事项表明态度。
（2）如果贵单位接受我方的投标，我方将保证在接到监理工程师的开工通知后，在本投标书附件写明的开工期内开工，并在____天的工期内完成本合同工程，达到合同规定的要求。该工期从投标书附件内写明的开工期的最后一天算起。	主体：交代了完成投标事项的具体承诺。
（3）如果贵单位接受我方的投标，我方将保证按照贵单位认可的条件，以本投标书附件内写明的金额提交履约担保。	对招标以及投标单位双方提出共同要求。
（4）我方同意从规定的开标之日起____天的投标书有效期内严格遵守本	

投标书的各项承诺。在此期限届满之前，本投标书始终将对我方具有约束力，并随时接受中标。

（5）在合同协议书正式签署生效之前，本投标书连同贵单位签发的中标通知书将构成贵我双方之间共同遵守的文件，对双方具有约束力。

（6）我方理解，贵单位不一定接受最低标价的投标书或贵单位接到的任何其他投标书。同时我方也理解，贵单位不负担我方的任何投标费用。

（7）随同本投标书，我方出具人民币____元的投标担保。如果我方在本投标书有效期内撤回投标书，或在接到中标通知书后28天内未能或拒绝签订合同协议书，或未能提交履约担保，贵单位有权没收担保金，另选中标单位。

（8）组合投标

投标单位：

投标单位地址：   邮政编码：

法人代表：   电话：   传真：

日期：

投标书附件：

合同条款要求（略）

结尾：交代投标单位名称以及联系方式等信息。

投标书附件。

×××（公章）

××××年×月×日

落款：署名、日期。

投标书是投标人向招标人申请承买或承包并报出价目时使用的一种文书，是对招标书的具体回答，表明投标人在承买大宗商品或承包建筑工程时，愿意接受招标人在招标书中提出的条件和要求。

一、投标书的特点

从投标书的写作内容来看，投标书具有以下特点。

（1）保密性。所谓的保密性是指投标书要求投标人将有关可能中标的信息传递给招标人，便于招标人权衡事宜，以此作为评标的依据；同时要求招标人对投标人的技术与相关的业务、技术信息保密。这是对投标人的尊重，同时也是投标人所具有的权利。

（2）时效性。时效性是指招标人对招标的项目通常都有时间限制，都会要求或期望在短时间内达到目的，找到合适的工程合作伙伴，所以投标人一定要在规定的时间完成相应的任务。

（3）竞争性。竞争性是指招标项目可能会吸引许多竞争者参与投标，所以投标人就要权衡自身的能力与条件，增强竞争意识和提高自身的业务素质，使得自身在众多竞标人中胜出。

二、投标书的种类

按照内容和形式，投标书可分为如下种类。

（1）按照内容分，投标书有企业承包投标书、技术引进转让投标书、劳务投标书、商业经营投标书、建筑工程投标书、大宗商品交易投标书等。

（2）按照形式分，投标书有条文式、表格式、条文+表格式。

三、投标前的准备工作

任何一个投标人在投标前都要作相应的准备工作，如研究招标书及相关文件，衡量自身能力、提出相应的指标和措施、确定具有竞争力的价格、提供投标保证金（保证金既可以是现金，也可以是银行保函或备用信用证）、制作投标文件、递送投标文件等。

四、投标书的结构

投标书一般由标题、称谓、正文、落款四部分组成。

（一）标题

投标书的标题有四种形式，具体如下。

（1）投标人+投标项目+文种，如《××建筑公司关于鸿翔体育场建筑工程投标书》等。

（2）投标项目+文种，如《××市地铁工程投标书》等。

（3）仅以文种为标题，如《投标申请书》《投标银行保函》等。

（4）新闻式标题，即由双行标题构成，可能是引题和正标题的组合，也可能是正标题和副标题的组合。例如《求稳、求快、求新——××城市地铁创新设计与施工投标书》就是由引题和正标题构成的新闻式标题。

（二）称谓

称谓是指开篇要写清楚招标人的名称。

（三）正文

投标书的正文包括前言、主体和结尾三部分。

1. 前言

前言主要交代投标的依据和目的，介绍投标人的基本情况以及对该投标项目的态度，表达投标意愿。

2. 主体

主体是指投标事项，主要介绍投标项目的内容、投标人所具备的软件与硬件条件，包括如下内容。

（1）本单位优势分析，如经营能力与范围、资金状况、组织结构、团队的综合素质分析。

（2）可能完成招标项目的方案。

（3）完成该项目所要采取的措施，如专业技术、组织管理、安全生产措施等。

（4）项目资金预算，写清楚投标报价。

（5）完成招标任务的承诺。

3. 结尾

结尾包括投标单位地点、法人代表、联系电话、邮箱等。

要点总结

前言：投标缘起，概括介绍投标项目，表达投标意愿。

主体：投标事项，介绍投标项目的具体内容。

结尾：投标人的联系信息。

（四）落款

落款包括投标人的名称、投标书的制定日期等，注意加盖公章。

案例 7.4.2

投标银行保函

致（招标单位名称）：

　　鉴于_____（投标单位名称）（下称"投标单位"）拟向_____（招标单位名称）（下称"招标单位"）送交关于_____（公路项目名称）合同段（_____桥）的投标书（下称"投标书"），根据招标文件的规定，投标单位须按规定的金额由其委托的银行出具一份投标保函（下称"保函"）作为履行招标文件中规定义务的担保。

　　我行同意为投标单位出具人民币（大写）_____圆（_____元）的保函，作为向招标单位的投标担保。本保函的条件是：（1）投标单位在投标书有效期内撤回投标书；（2）投标单位在接到中标通知书后 28 天内未能或拒绝签署合同协议书，或未能按照文件规定提供履约担保。满足上述任一条件的，我行将履行担保义务，保证在收到招标单位的书面要求，说明其索款是由于出现了上述任一情况后，向招标单位支付上述款项。

　　本保函在按投标须知第 12 条规定的投标书有效期期满或经延长的投标书有效期期满后 28 天内有效，任何索款要求应在上述期限内交到我行。招标单位延长投标书有效期的决定，应通知我行。

　　银行地址：

　　××银行（全称）（盖章）

　　邮编：××××××

　　法定代表人或其授权的代理人（职务）（姓名）（签字）

　　电话：××××××××　　　　　　传真：××××××××

标题： 表明了投标书的种类。

投标银行保函是指根据招标文件的规定，投标人必须按规定的金额，由其委托的银行出具一份投标保函作为向招标人出具的担保。其中明确了银行将承担的担保义务和违约责任。可见招标书、投标书都带有法律的性质和意义。

落款： 投标相关单位名称以及联系方式，注意加盖公章。

【感悟升华】

一、填空题

1. 投标书的标题形式主要包括（　　　）、（　　　）、（　　　）、（　　　）。

2. 投标书的新闻式标题包括（　　　）、（　　　）。

3. 投标书的投标事项主要交代（　　　）和（　　　）。

4. 投标书的结尾一般包括（　　　）、（　　　）、（　　　）、（　　　）等。

二、判断题（对的打"√"，错的打"×"）

1. 投标书具有保密性的特点。（　　　）

2. 投标书要写清投标事项。（　　　）

3. 投标书一般由标题、正文、落款组成。（　　　）

4. 投标书的前言主要交代投标事项。（　　　）

三、实践训练

　　××学院为了创造良好的教学环境，决定利用暑假的一个月时间，对一万平方米的教学楼进行整修，包工包料（涂料、油漆、水泥、木头、玻璃等由投标者自备），向社会各建筑工程公司公开招标（时间为 7 月 10 日至 8 月 10 日，质量好、技术高、速度快、价格低者优先）。如果你是××建筑公司负责人，请写出一份具有竞争力的投标书。

实习是在无人问津的地方历练，在万众瞩目的地方出现。正如古人所云：读万卷书不如行万里路。学其所用，走向实习岗位；用其所学，提前体会职场的欢愉。

第八章

实习报告与论文写作

第一节 实习报告

【学习目标】

知识目标：了解实习报告的内涵、特点，掌握实习报告的结构。

能力目标：掌握实习报告的写作技巧和写作要求，能对实习报告和实习总结进行区分，具有分析、归纳、总结问题的能力。

大学生一毕业就会面临就业问题，这就要求同学们提早接触社会，参与社会实践，将自己学到的知识应用于实践中，了解工作的具体内容，明确工作目标，积累丰富的工作经验。参与社会实践是非常重要的，这能够帮助大学生发现自身问题以便及时调整和解决，从而使自己的职业发展目标更加清晰。

案例 8.1.1

实习报告

实习是每一位大学毕业生都会拥有的一段经历，我们可以在实习中了解社会、巩固知识；实习又是对每一位大学毕业生专业知识的一种检验，我们可以在实习中学到很多在课堂上根本就学不到的知识，既开阔了视野，又增长了见识，是我们走向工作岗位的第一步。

这次实习，我有幸去了四大会计师事务所之一的毕马威会计师事务所。

我非常感谢毕马威会计师事务所领导对我的谆谆教导。首先，财务部门领导向我介绍了公司的基本业务、会计科目的设置，以及各类科目的具体核算内容；随后，又为我讲解了作为会计人员上岗前所应具备的一些基本知识和要领，对我在会计工作中会涉及的一些基本操作流程给予了悉心的指导。虽然实习不像正式工作那样忙、那样累，但我全身心地投入工作中，因而我觉得自己过得很充实，收获也很大。在师傅的帮助下，我迅速地适应了这里的工作环境，并开始尝试独立完成工作。

我以前在学校做过会计模拟实训，自认为凭证的填制很简单，所以对此一带而过。这种浮躁的态度让我忽视了会计循环的基石——会计分录，以至于公司让我尝试制单时，我显得手足无措。于是我只能在下班后找出《会计学原理》一书来补课，又对公司日常使用较多的会计业务反复研究，如银行账单、汇票、发票联的填写，以及需要注意的问题等。我学会了把所有的单据按月按日分门别类，并把每笔业务的单据整理好，然后用图钉装订好，为记账作好准备。上述会计业务能力在本次实习中我已基本掌握，而且我的实际操作能力也有所提高。

除了做好会计的本职工作，其余时间我还主动学习了出纳知识，增强了业务能力，学会了日常现金的保管与开支以及在学校没有学到的税控机的基本操作，为以后走上工作岗位打下了坚实的基础！

为期一个月的实习让我体会到它是一种历练，只有亲身体验才能知晓其中的滋味。从课本上学的知识都是最基本的知识，不管现实情况怎样变化，掌握了最基本的知识以及业务能力就可以以不变应万变。经过这次实习，我学到了

标题：表明了文种。

前言：高度概括了实习的目的和意义。

主体：概括介绍了实习单位和实习过程，讲述了实习的总体感受以及实习的心路历程。详略得当，突出实习中所遇到的典型困难，从中发现自身的不足并寻找到解决方法、改进措施。业务能力在实习中得到提高。

结尾：实习后的所想、所感、所悟。升华主题，展望未来。

　　在学校难以学到的东西，学会了如何与同事交往，学会了怎样与上级领导沟通，学会了怎样向周围的人虚心求教。

　　实习虽然结束了，但给我留下了许多值得回味的东西。如果说学校是知识的海洋让我遨游，那么实习就是让我拥有十八般武艺的练兵场，成就了我的梦想。明天我要做一个自食其力的人，做一个对社会有用的人！

×××
××××年×月×日

落款：署名、日期。

　　实习报告是在校学生依据其所学专业，有目标、有计划地将其所学到的理论知识拿到实际工作中去应用、检验，以锻炼工作能力，获得实践经验，为未来走向社会作好铺垫，并根据自己在实习中的收获、感悟、教训等写成的书面报告形式的文书。

一、实习报告的特点

　　从写作过程来看，实习报告具有如下特点。

　　（1）真实性。实习报告是用来指导实际工作的，或者为未来工作提供帮助、经验、教训。这就要求参加实习的人必须树立严谨的科学态度、具备认真求实的精神，亲身经历实习工作，才有可能写出真实可靠的对工作具有指导意义的实习报告，这体现了实习报告的真实性特点。

　　（2）针对性。实习是结合实习者所学专业特点而进行的一项有针对性的工作，这就决定了实习的目的性特别强，也决定了写作实习报告时要与实习工作中的重点相结合，做到中心明确、主题突出，明确完成实习任务所取得的成就以及存在的问题，并以事实材料为依据来说明观点。

　　（3）典型性。典型性是指在实习报告的写作过程中，选取的材料要能够揭示所要解决的问题，具有代表性、普遍性。实习报告要做到论证系统、逻辑严密，摆事实、讲道理，具有一定的说服力，使之成为值得借鉴的可靠资料，为自己和他人提供经验。

　　（4）系统性。实习报告的系统性或完整性是指从实习所获得的第一手资料中所得出的结论必须具有说服力。它是对整个实习活动的高度概括和详细总结，而且无论是经验还是教训，都必须是实习者自身对整个实习过程进行总体思考所得出的。

> **名言录**
>
> 　　一个人知道自己能干什么叫聪明，一个人知道自己不能干什么叫智慧。思想会变成语言，语言会变成行动。经验只能做好现成的东西，观念则决定长远的方向。
>
> ——佚名

二、实习报告的结构

　　实习报告一般由标题、正文、落款三个部分组成。

（一）标题

　　标题具有揭示实习报告主要内容的作用，包括如下两种。

　　（1）完整式标题：实习时间+地点+文种，如《2019年寒假上海立邦公司实习报告》等。

　　（2）省略式标题：具体实习内容+文种，如《财务工作实习报告》等。

（二）正文

　　正文通常包括前言、主体和结尾三部分。

1. 前言

前言可以以实习的时间、地点、任务作为引子，介绍实习的目的、意义，实习单位或部门的概况及发展情况，或实习要求等内容；也可以把几个月以来的实习感受、结果，用高度概括的语言表述出来，以引出报告的内容。这部分内容通常以前言或引言形式来写，不单列标题及序号。

2. 主体

主体主要介绍具体的实习过程，如实习内容、环节，以及专业知识与专业技能在实习过程中的应用。围绕实习的目的和要求，这一部分还要重点介绍在实习中发现的问题，对问题的分析、思考，提出的对策、建议等。分析讨论及对策建议的提出要有依据，有参考文献，并附在正文后。

（1）将在学校里学到的理论知识、方式方法运用到实践中去。例如原先你不了解实习部门的职能，在实习工作中因某些问题对其进行了了解、思考等。

（2）观察体验在学校里没有接触过的东西，了解它们是以怎样的形态或面貌出现的。例如工作中的人际协调和所学的公关理论与实务有哪些差异。

（3）以记叙或白描手法为基调，在完整介绍实习内容的基础上，对自己认为有重要意义或需要研究解决的问题作重点介绍，其他内容简述即可。

3. 结尾

结尾包括实习体会、经验教训及今后努力的方向。这一部分需用自己的语言对实习效果进行评价，可以着重介绍自己的收获体会，也可以以实习体会、经验教训为条目来构架全文。如果这一部分内容较多，可列出小标题，逐一汇报。

要点总结

前言：以实习时间、地点、任务作为引子，概括实践的总体感受和结果。

主体：实习过程（实习内容、环节、做法）。

结尾：实习体会，经验教训，努力方向。

（三）落款

落款要标明完成实习报告的报告者、报告日期。如果已在标题下注明，这里就可以省略。

案例 8.1.2

实习报告

实习单位：××××××	实习地点：××××××
实习时间：××××年×月×日	学生姓名：×××
指导教师：×××	班级学号：××××××

为了更好地提升专业技能，增加社会实践经验，这个寒假，有幸去到×××× 会计师事务所进行了为期两个月的实习。在这两个月期间，收获颇丰，以下将从三个方面对本次实习作系统性报告。

一、工作内容方面

由于是第一次去到会计师事务所实习，没有任何工作经验，所以本次负责的工作内容都是比较基础、简单的。主要有三项工作：

第一项工作就是抽凭。抽凭看似非常简单，但是在抽凭过程中，不能机械地去打钩、填附注，而应认真分析这笔分录，并检查其原始凭证是否齐全，记

标题：文种。

实习报告文头：实习单位、时间、指导教师、实习者等。

前言：高度概括了实习的目的、意义，用过渡句引出下文。

主体：实习的过程和具体收获。

账凭证与原始凭证是否相符，账务处理是否正确，是否记录于恰当的会计期间，只有都检查正确了才能打钩，切勿为了"高效"而"下拉式"地打钩。

　　第二项工作就是盘点。就票据盘点而言，要仔细核对清楚票号、出票人、背书人以及金额等内容。而就固定资产盘点而言，既要关注固定资产数量是否相符，又要注意资产的所有权问题；此外，盘点过程中还应注意资产是否存在损毁的情况。

　　第三项工作就是核对函证信息，重点核对的内容有：询证函抬头是否填写全称，函证金额是否正确，是否对零余额账户以及本期内注销的账户进行函证。

二、工作中遇到的问题以及对应的解决办法

　　在本次事务所实习工作中，主要遇到了如下两个问题。

　　其一是盘点固定资产里面的汽车时，出现了不认识车标的"尴尬局面"，当时只能一边盘点一边百度不同种类的车对应的车标，事后熟记了常见的数十种车标。

　　其二是在协助审计人员完成企业询证函填写的过程中，发现自己不能熟练使用 Excel 的各种复杂函数公式来帮助自己提高工作效率。事后，利用业余时间在网络上重新学习了 Excel 这门课程。

三、实习收获

　　本次××××会计师事务所实习可谓"硕果累累"，一方面是工作层面的收获，另一方面是"精神"层面的收获。就工作方面而言，除了学会如何高效抽凭、如何有效盘点，以及函证都有哪些注意事项外，还学会了一些生活中常用的技巧。如利用扫描全能王拍照将资料转为 PDF 版本时，可以选择多页模式以提高工作效率，学会使用打印机等生活中也常用的技能。此外也更加清晰地认识到，在写底稿时要对自己写的每一句话负责，每句话都必须有理有据。

　　就"精神"层面而言，一是大家对于加班"常态化"没有太多抵触，整个项目组成员能够齐心协力完成工作；二是在审计的过程中某个审计人员出现一些失误导致需要追加审计程序、增加工作量时，整个项目组成员能够团结一致，不抱怨、不推诿地去解决问题，完美诠释了"团队"这一概念。这种团队精神是值得学习、值得称赞的。

旁注（右栏批注）：

交代实习内容与专业知识、技能结合的情况。

实习中所遇到的问题以及处理问题的方法。发现了自身的不足，努力提升、学习、补课。表达积极的工作和学习态度。

结尾：回顾与总结，进一步归纳、概括实习的收获与深刻意义。

三、实习报告的写作技巧

　　写作实习报告同样需要讲究技巧，通常要从以下三个方面多加练习。

　　（1）强化综合素质。根据本专业的特点，明确写出该专业的工作者应该具备的综合素质，叙述在工作中如何体现综合素质。例如市场营销专业的学生去商场实习，其应该具备的综合素质包括市场营销工作者的心理素质、业务素质、与人沟通的能力、个人职业形象的塑造等。

　　（2）突出实习重点。根据具体的实习内容，实习者可以以一个专题作为重点描述对象，有针对性地确定某一局部工作为重点，进行实习报告的写作。例如审计工作的具体操作技巧、对工作人员的具体要求、所学知识在工作中的运用等，还要提及工作的方式方法是否符合工作实际需要、效果如何、有什么值得他人学习和借鉴的经验等，突出实习工作的重点。

　　（3）升华实习意义。实习收获或大或小，但它都能给实习者的人生带来不一样的感悟，也将对实习者的下一步工作起到铺垫作用。所以就这一点而言，任何人的任何实习工作无论成绩大小、经验多少、成功与否都将是富有意义的，可在实习报告中升华这种意义。

四、实习报告的写作要求

名言录

梦想如同弓弦，而欲将梦想之箭射向远方，就必须躬行、实践。
——佚名
真正的价值并不在人生的舞台上，而在我们扮演的角色中。
——席勒

了解了实习报告的写作要求，就能更好地写作实习报告。

（1）目的明确，材料充分。明确实习目的，为写作实习报告作好充分准备。拥有丰富的第一手资料，是写好实习报告的基础。从实习的那天开始，实习者就要注意广泛收集资料并以各种形式进行记录，让实习报告的主题建立在丰富的、有说服力的资料基础上。

（2）积累经验，丰富内容。实习是大学生观察、体验社会生活的最好机会。大学生要将在课堂上学习到的理论知识转化为实践技能，充分感受实习过程中的每个细节，积累丰富的实践经验，发现自身不足，及时调整、改进工作方法和技巧，这也是其写作实习报告的资料源泉。

（3）虚心学习，启发自己。在实习工作中，实习者要虚心向同事、前辈学习，汲取他人工作中的成绩、经验、方法，并以此作为自己行为的参照。实习者要总结、思考实习的收获，将其写到实习报告中并形成结论，使实习报告的主题更加突出。

（4）有所借鉴，有所创新。实习报告必须写自己真实的实习经历，可以参考别人的实习经验，但不能照搬别人的实习感受。照搬别人的实习感受既不利于实习者个人能力的提高，也不利于其未来的就业。所以在实习过程中，实习者要作好实习结束后回到学校交流实习经验、写作实习报告的准备。如果引用、摘录、借鉴了他人的实习材料或报告，切记要标明出处。

（5）观点鲜明，语言朴实。实习者在实习报告中要明确自己的收获，文字要朴素、明确、具体。实习者要善于用简要的议论总结经验，阐明规律，将说理和叙事有机地结合起来。根据专业的不同，有些实习报告也可以运用统计数字和数据分析来印证观点。

五、实习报告与实习总结的区别

实习报告是报告整个实习过程、记述实习工作的经过，围绕实习的目的和要求，重点介绍实习过程中遇到的问题以及解决问题的对策、方法，总结自己获得的经验。实习报告更强调实习者的具体实习过程、工作内容与环节、专业知识与专业技能的融合与运用。

实习总结是针对实习计划的实施情况，在实习任务完成后所进行的整体性总结和概括，以谈论实习中的感受、认识、看法，领悟其中的道理为主，有助于归纳总结实习者所取得的成绩、积累的经验和自身存在的不足，表明实习者对下一阶段工作的期望、打算。实习总结无须强调实习过程。

【感悟升华】

一、填空题

1. 实习报告的写作要求主要包括（　　）、（　　）、（　　）、（　　）、（　　）。
2. 实习报告一般由（　　）、（　　）、（　　）三个部分组成。
3. 实习报告的完整式标题包括（　　）、（　　）、（　　）。
4. 实习报告的结尾主要包括（　　）、（　　）、（　　）。

二、判断题（对的打"√"，错的打"×"）

1. 实习报告的正文由前言、主体构成。（　　　）
2. 实习报告的写作所选取的材料要能够揭示主要问题与收获。（　　　）
3. 可以借鉴他人的实习成果，写成自己的实习报告。（　　　）
4. 介绍实习过程时要突出实习内容、环节和做法。（　　　）

三、实践训练

依据所给材料，整理出一篇实习报告。

1. 实习时间：××××年××月×日
2. 实习地点：××市××银行
3. 实习内容：

了解我国银行业的组织框架、分类及作用；了解银行人才招收标准、岗位；了解银行的日常经营工作；了解××银行开展防电信诈骗专题讲座，具体内容参考如下。

（1）××银行股份有限公司成立于2018年，是一家总部位于××省××市的全国性股份制商业银行。作为一家年轻的商业银行，××银行秉承"真诚守信，笃行价值"的价值观，致力于为客户提供卓越的金融服务体验。

（2）××银行举办了防电信诈骗讲座，强调保护信息安全的紧迫性，表明网络安全还有很大的提升空间。讲座的内容丰富，介绍了电信诈骗的原理、手段以及防范方法。总的来说，该活动让人们对电信诈骗有了更深入的理解。

第二节　论文写作

【学习目标】

知识目标：了解毕业论文、课程论文的内涵、特点，掌握论文的写作程序。

能力目标：具有一定的逻辑思维能力，能够写出富有专业特点和创新思维的论文。

大学生都会被要求写作课程论文和毕业论文。课程论文的要求相对简单，毕业论文的格式一般有统一要求。本节只简单介绍论文写作的一般要求，以供读者在课程论文写作中进行参考，并提前熟悉毕业论文的写作要求。

毕业论文是考查、衡量即将毕业的学生系统地运用所学专业知识，独立分析解决实际问题的能力。其目的是促使学生学会综合运用所学理论知识，理论联系实际地思考、分析、解决实际问题；学会调查研究、整理材料、分析论证，掌握写作较长篇幅的议论性文章的技巧。

案例 8.2.1

浅论企业核心竞争力①

【提要】企业核心竞争力是企业经营的根本依托，是企业竞争优势的决定力量，同时核心竞争力又是一个复杂和多元的系统。企业核心竞争力的形成和培育必是一个长期的战略过程。

这是一篇具有时代感的学术论文。论文提要直述企业核心竞争力的重要性，作

① 转引自刘杰、付胜著《经济文书写作与范例》，有改动，人民出版社2005年版。

经济应用文写作（第3版）

【关键词】企业核心竞争力　学习型组织　企业文化

中图分类号：××××

文章编号：××××

随着市场经济的发展，企业核心竞争力已经成为企业竞争优势的决定性力量。从短期看，企业产品质量、性能和服务质量决定了企业的竞争能力；从长期看，以企业资源为基础的核心力量则是企业保持竞争优势的决定性源泉。在本文中，笔者仅就企业核心竞争力谈一点浅见。

一、核心竞争力的含义

1991 年，普拉哈拉德和哈默尔在《哈佛商业评论》上发表了 *The Core Competence of the Corporation* 一文，标志着企业核心竞争力理论的正式提出。他们认为，核心竞争力是企业组织中的集合性知识（collective learning），特别是如何协调多样化生产经营技术和有机结合多种技术流的知识。

通俗地讲，企业核心竞争力就是企业在那些关系到自身生存和发展的关键环节上所独有的、比竞争对手更强的、持久的某种优势、能力或知识体系。"企业文化"是企业生存和发展的"元气"，是企业核心竞争力的动力之源。"创新"是一个企业生存、发展的内在要求和基本形式，也是一个企业不断适应环境、实现自我超越的必然过程。"人才"是企业的核心战略资源，企业之间的较量，归根结底是人才及其综合素质的较量。"能力"作为企业核心竞争力的转换要素，特指企业动员、协调和开发企业内外资源的生产力，这种组合提供了企业潜在的竞争优势。

二、核心竞争力的构成

核心竞争力是一个复杂和多元的系统，包含多个层面。归纳起来，它主要包括以下几个方面。

（一）创新能力

一个企业要保持发展和竞争优势，就必须善于总结和提高，永远追求卓越，不断超越自我，不断进取和创新。所谓创新就是根据市场和社会的不断变化，在原基础上重新整合人才、资本等资源，进行新产品的开发和更有效的组织生产，不断创造和适应市场，实现企业的更大发展，它包括技术创新、产品和工艺创新、管理创新。

（二）形象力

这是通过塑造和传播优秀企业形象而形成的一种对企业内外公众的凝聚力、吸引力、感召力和竞争力，是隐含在企业生产经营活动背后的一种巨大的潜在力，是企业新的生产力资源，它包括产品形象、服务形象、品牌形象和管理形象。我们知道，塑造企业形象不是一朝一夕的事，形象力要求企业从长远发展角度来审视和制定企业的战略规划。它从企业的发展趋势和运行前景着眼，能对企业的发展产生长远的、战略性的推动力，带有战略性思考与制度安排的特征。

（三）服务增值能力

现代市场发展的一个重要趋势，就是服务竞争在现代市场竞争中的地位和作用越来越突出。质量概念不仅包括产品质量，也包括服务质量。国外企业文化研究中首先使用的"服务增值"的概念，值得重视。因为同样质量的产品，可以因服务好而"增值"，也可以因服务差而"减值"。企业形象从根本上表现为产品质量和服务质量。服务的永恒主题是企业同客户、用户、消

为选题的缘由、背景，提出本文的主旨：对企业核心竞争力谈一点浅见。本论文分三大部分。第一部分阐述何谓企业核心竞争力。文章在探究了"企业核心竞争力"的渊源和他人对其含义的界定后，提出了自己对企业核心竞争力含义的界定，继而阐述了企业核心竞争力与企业文化、人才等因素的关系。第二部分提出企业核心竞争力是一个复杂而多元的系统，它包括了创新能力、形象力、服务增值能力和管理能力这"四力"，并分别对这"四力"的作用和内涵进行了论述。第三部分提出企业核心竞争力的培育不是一种短期行为，其培育需依靠机制来保障，并做好建立学习型组织、建立良好的企业文化、建立良好的管理队伍和坚持做好技术创新与技术领先等方面的工作。

论文的末段对本论文的论点进行了综述，并对企业应注重核心竞争力的培育作了强调。

本论文语言简洁、明晰、流畅，以递进法安排三大部分的结

费者的关系问题。

（四）管理能力

据统计，生产中有50%的效益来自管理，技术中有80%的效益来自管理，可见管理能力的重要性。企业的管理也是生产力，它涉及企业结构组合、信息传递、沟通协调、激励奖惩以及各种生产要素的优化组合，通过高效的管理保障技术优势的发挥，从而将生产优势转化为市场优势。

三、核心能力的培养

企业核心竞争力的形成不是一种短期行为，关键是要把企业建设成为一种创新的学习型组织，在不断学习和积累中形成特有的竞争力，并通过机制来保障这种竞争力的发展。因此，形成并保持企业核心竞争力是一项长期的根本性战略。为此，企业必须做好以下工作。

（一）建立学习型组织

企业核心竞争力的出现是系统整合的结果，尤其面对日益复杂多变的环境，企业需要比以往任何时候都更重视持续地、更快地获取信息和知识。

（二）建立良好的企业文化

从企业文化的功能来说，它有五个方面。第一，凝聚力。企业文化搞好了，就是一种"黏合剂"，可以把员工紧紧地团结在一起，这是一种凝聚功能和向心功能。第二，导向力。这包括价值导向与行为导向。员工在企业行为中该怎么想、怎么做，企业价值观与企业精神发挥着无形的导向作用。第三，激励力。企业文化所形成的文化氛围和价值导向是一种精神激励，能够调动与激发员工的积极性、主动性和创造性，把人们的潜在智慧诱发出来。第四，约束力。在企业中哪些行为不该做、不能做，企业文化、企业精神常常发挥着一种"软"约束的作用，是一种免疫功能。第五，纽带力。企业特别是大企业集团的维系发展要有两种纽带：一种是产权、物质利益的纽带，另一种是文化、精神道德的纽带。这两种纽带相辅相成，缺一不可。

（三）建立良好的管理队伍

企业核心竞争力是企业综合实力的表现，是人的主观能动性得以发挥的成果。要产生这样的效果，企业必须要有良好的领导者和运行体系。拿破仑说过："世界上没有无用的士兵，只有无用的将军。"没有良好的领导者和运行体系，企业就难以建立起人力资源的集群和激励人力资源发挥作用的力量，而没有知识结构合理、能力结构互补、规模相当、人才队伍稳定的集群，员工是很难发挥出主观能动性的，企业也很难保持持久的核心竞争力的优势。

（四）坚持技术创新与技术领先

技术能力是企业赖以生存的关键。产品与服务的领先，其支柱是科技。例如英特尔公司不断推出高性能的微处理器的能力，三星集团不断推出新功能手机的能力，微软公司不断推出新的计算机软件的能力等，都是它们保持领先、形成垄断的基础能力。

综上所述，企业核心竞争力是企业综合实力的象征，是决定企业生死存亡的关键。企业应把核心能力的管理放到战略的高度来考虑，在企业的发展过程中逐渐积累、培育领先于对手的核心能力。

构，环环相扣，层层深入。本论文的第二、第三部分均采用并列法，以段旨句的方式构成段落，思路清晰，行文有序。

如果在论证过程中，写作者能适当地运用比较法和例证法，做到既有理（讲道理），又有据（摆事实），就会使论点得到更有力的支撑，会使论文更厚实。

此外，本论文论证的是"企业核心竞争力"，但多处却出现了"核心竞争力""核心能力"的说法，前后略不统一。但瑕不掩瑜，本文仍是一篇不错的论文。

毕业论文是对所学专业范围内的某些现象或问题进行科学的分析、论证，揭示其本质和规律，表达写作者的认识、观点的议论性文章。毕业论文具有学术性、创造性、科学性、指导性的特点。

课程论文也是学术交流的一种工具，它是以该学科所涉及的某些现象、规律、存在的问题、发展趋势等为研究对象，对其进行从理论到实践的研究，将所得观点、结论以学术论文的形式表现出来，用于指导学习和工作实践的文章。

一、论文的特点

相对于其他应用文，毕业论文以及课程论文具有如下特点。

（1）学术性，是指写作者必须从客观实际出发，对客体进行认真、仔细、周密的观察、分析，以获取大量的材料作为立论的依据，从中找出规律，揭示其本质或得出符合客观实际的结论。论文具有学术性，要求凡论证都必须具有严密的逻辑性，既不违背生活的常理，又不违反科学，且能经受实践的检验。

（2）独创性，是指论文所研究的论题、表达的观点应该是前人没有提出过或还没有充分论证过的。简而言之，就是写作的论文要能够提出新理论、新见解或新假说，自成一家之言。更重要的是，这种独创应该是科学而合理的。独创性是衡量论文学术价值的基本尺度，是论文的生命。

> **名言录**
>
> 在科学上没有平坦的大道，只有不畏劳苦沿着陡峭山路攀登的人，才有希望达到光辉的顶点。
>
> ——马克思

（3）专业性，毕业论文以及课程论文是写作者专业水平和综合素质的集中体现。专业性体现了写作者的专业知识水平及写作者将专业知识转化为专业能力的综合素质水平。一篇专业的论文，不但能反映写作者的专业水平，还能综合反映写作者的思维能力、创造能力、研究作风、研究方法和文字表达水平。

（4）现实性，论文中所阐述的理论要能够指导实践，才有意义、有价值。例如经济论文要从实际的经济情况出发，有针对性地提出指导实践的理论或解决问题的办法、措施，阐述相关的看法、意见或主张。无论是宏观经济学论文还是微观经济学论文，都要立足于瞬息万变的现实，探讨现实生活中急需解决的问题。只有将科研成果转变为生产力，为实践服务，论文才具有价值，也更具有研究意义。

二、论文的选题

写论文，首先要确定题目。有人说"题好文一半"，这里的"题"是指标识文章题目的文字。但我们所说的选题，具体是指同学们选择用来研究探讨的主要问题或打算解决的重要事项。选题的原则、技巧如下。

（一）选题的原则

选择论题是论文写作的第一步，也是至关重要的一步。论题选得好，有助于写作者写出高质量的论文。所以我们可以说，选好论题是论文写作成功的一半。选题的方法有两种：一种是浏览文献资料自己选，另一种是由论文指导老师指定题目。选题的原则如下。

（1）结合自己的专业特点选题。写作者遵循这一原则能发挥专业专长，有助于顺利完成对论题的研究，展示出自己的理论水平和才能。选题要选自己平时有所关注的问题，或者是自己感兴趣的、热衷的、有观点可表达的、有理论可阐述的问题。以国际贸易专业学生的毕业论文选题为例，可以选择《论劳动力的跨国流动》《亚洲服务市场营销与产品营销的差异性研究》等。

（2）选题大小、难易适中。论文选题既要考虑这一论题在前的学术价值和实用价值，也要考虑论题范畴的大小、收集资料的多少、驾驭的难易程度等因素。因此写作者应当选择具有学术价值和现实意义，能在规定时间内高质量地完成的论题。例如《跨国经营理论与实证研究》这一选题，对于非国际贸易专业的学生来说难度很大；而对于国际贸易专业的学生来说，要想取得一定的研究成果，也必须具有一定的国际贸易经验。

（二）确立标题的技巧

标题是文章的眉目。各类文章的标题样式繁多，但无论何种形式，都要从全方面或不同的侧面体现写作者的写作意图，表达文章的主旨，揭示或概括论文的主题，以引起读者注意。论文的标题具有暗示论文主题、揭示论文主题所属范围的作用。论文的标题一般分为总标题、副标题、分标题。

1．总标题

总标题是论文总体内容的体现，常见的写法如下。

（1）交代式。所谓的交代式标题是指交代论文内容的范围，引起读者的注意，以求产生共鸣。拟定这样的标题是对论文内容范围作出限定，通常不直接表明作者的观点、看法。这种形式的标题比较普遍，如《试论当代农民工的就业观》《正确处理中央和地方的财政关系》等。

（2）判断式。判断式标题是指用判断句式拟定论文的标题。一种论文研究的对象比较具体，涉及面较小，但引申的思想应该是深刻的，有很强的概括性。另一种论文所涉及的内容面比较宽，灵活性比较大，但总的要求是从小处着手、大处落笔。这类标题如《"低碳经济"是发展经济的本质》《乡镇企业的兴起是中国农村的希望之光》等。

（3）概括式。概括式标题是直接反映论文内容的标题，具有高度的概括性，便于读者把握全文的核心。这类标题通常要高度概括全文内容，或者本身就是文章的中心论点。诸如此类的标题很多，也很普遍，如《关于绿色环保经济模式的研究》《大型连锁超市经营策略之我见》等。

（4）提问式。提问式标题通常比较含蓄，可以用反问句、设问句的形式作为论文的标题，将要回答的内容隐去。这种形式的标题因其观点含蓄，容易引起读者的注意。实际上，写作者的观点是十分明确的，只不过语意婉转，需要读者加以思考罢了。这类标题如《大量占用农田用于房地产开发就是建设"经济开发区"吗？》等。

2．副标题

为了强调论文所研究的某个侧重点，点明论文的研究对象、研究内容、研究目的，可以设置副标题以对正标题加以补充、解释。一些商榷性的论文一般都有一个副标题，如《现阶段劳动薪酬的研究——如何看脑力劳动者与体力劳动者薪酬的差异》等。

3．分标题

分题既可以是论文中的小标题，也可以是行文中的段落标题。它能清晰地显示文章的层次，突出段落的中心，紧扣所属段落的内容，紧密联系上下文，为论文的主题服务。其具体要求如下。

（1）新颖。所谓的新颖是指既不标新立异，又不落窠臼，在令人赏心悦目的同时还要引人入胜，用自己的独特之处激起读者的阅读兴趣。

（2）明确。写作者所论述的主要内容以及写作意图，要能够揭示论题范围或论点，使读者看了标题便知晓论文的大体轮廓，而不会含糊不清、云山雾罩。

（3）简练。标题不能过于抽象、空洞，让读者如堕烟海，百思不得其解。分标题不宜过长，过长容易使人产生烦琐累赘的感觉，留不下鲜明的印象，从而影响对论文的总体评价。

三、论文的资料准备

"夫立言之要在于有物"[1]，资料是论文的物质基础。论文资料的丰富与否直接影响论文观点的深刻与否，直接关系到论文价值的大小。因此写作者在动笔之前，一定要抽出大量的时间搜集、阅读、整理、研究论文资料。正如庄子所说"水之积也不厚，则其负大舟也无力""风之积也不厚，则其负大翼也无力"[2]。

1. 资料的来源

论文的资料来源包括两个方面：一方面是书面资料，到图书馆或档案馆查阅资料，如期刊论文、研究报告、科研专著、会议文件、学位论文等，可以获得多方面的有用信息；另一方面是动态资料，包括观察到的或者通过直接访谈、调查获得的资料，如调查报告、问卷、电信访问、实验等。

2. 资料的整理

资料整理是提高论文写作质量的重要步骤。根据论文写作、研究的目的，运用科学的方法，对所获得的书面资料、动态资料进行审查、检验、分类、汇总，使之系统化、条理化，为写好论文打下坚实的基础。资料整理的原则是真实性、科学性、准确性、完整性、系统性、统一性、简明性和新颖性。

资料的内容、形式与应用方式不同，因而资料的搜集与整理方法也有所不同，具体有以下五种方法。

（1）卡片记录法。部分形式的资料，如提纲、片段、语录等，常用抄录卡片的方法。因字数不多，阅读时随手制作、应用也很方便。

（2）剪贴法。过期的刊物中如果有有用资料，应用这种方法最为合适。这样做既可保留全文，又简便省事，是一种很有效益的方法。

（3）打印法。应用打印的方式保存资料，是比较经济可行的方法。

（4）复印法。如果资料内容比较重要，需要复制保留全文的完整形式，而且所需份数不多，那么采用此种方法最为理想。只要条件允许，就可适当应用。

（5）电子文档保存法。将电子文档保存于磁盘是最方便的方法。资料较多时可利用文献管理软件保存文档，如 NoteExpress 和 NoteFirst 等软件一般都提供试用版。

3. 资料的评价

资料的评价是对所拥有资料的综合评价，它包括资料的品质如何、可靠性如何、性质如何。评价的宗旨是是否符合论文主题的需要，进而最终决定资料的取舍。

4. 资料的取舍

资料的取舍是指依据是否紧扣论文的基本观点或课题的研究范围进行仔细考量，留下不可替代的材料，做到取舍得当。

四、论文的写作要求

论文在写作时要符合以下要求。

首先，观点鲜明。无论是定义、原理，还是要点、结论，都应清楚明白地表达出来，不要模糊不清、令人费解。同时，分析并指出该论题所具有的研究价值和意义。其次，语言生动。论文的写作要讲究文采，有较强的吸引力和可读性，语句要通顺、流畅，表达要准确。

[1] 章学诚，《文史通义》。
[2] 庄子，《逍遥游》。

总之，论文要能够忠实地反映客观情况，叙述、说明、推理、引用等必须恰如其分，避免冗长、病句和错别字，做到深入浅出。

五、论文提纲的写作

案例 8.2.2

企业必须对应收账款采取有效的控制手段（提纲）

为了提高市场占有率，许多企业采用赊销的方式进行促销活动。这一方面增加了企业的销售量，另一方面也使企业产生了大量的应收账款。企业必须高度重视对应收账款采取有效的事前、事中和事后控制，避免陷入财务危机。
 绪论：约 800 字。

一、应收账款形成的原因

（1）企业经营环境的影响；（2）企业自身的问题；（3）信用销售前资信评估环节薄弱；（4）商业竞争；（5）销售和收款的时间差。

二、应收账款风险

（1）影响企业资金的周转；（2）夸大了经营成果；（3）增加了企业现金的流出；（4）增加了企业资金的机会成本。 **本论：约 4 200 字。**

三、全面加强对应收账款的有效管理

（1）建立专门的信用管理机构，对赊销进行管理；（2）建立客户动态资源管理系统；（3）建立应收账款的监控体系；（4）建立积极的收款政策和风险转移机制。

在实际工作中，企业只重视账面上的高额利润，却往往忽视了规避应收账款的风险，致使管理不到位，直接影响企业的生存与发展。因此，企业应把对应收账款的有效控制作为一项长期的、制度化的工作来抓，力求将应收账款控制在合理水平，把坏账率降到最低，防范经济损失。 **结论：约 700 字。**

提纲体现了写作者的写作思路，是论文逐步成形的过程。拟制提纲是论文写作的依据和修改的标准。在拟制提纲的过程中，写作者首先要明确中心论点和分论点，确保论点的新颖与正确。其次要精选材料，选取切实可靠的、翔实典型的、富有新意的材料，还要考虑材料的搭配；同时安排结构，即绪论、本论、结论。拟制提纲的具体要求如下：①用简洁、鲜明的语言概括论文主旨，拟好论文标题；②用写主题句的方法概括出论文的中心论点；③安排论文全篇的结构布局，确定从哪几个方面论证中心论点；④把材料分属于它们所要证明的论点，并标上序码备用；⑤考虑段落的具体安排，写出每段的段旨。

六、毕业论文的标准格式

毕业论文的标准格式由前置、主体、结尾三部分构成，学校一般都会提供毕业论文的标准格式和具体要求。

（一）前置部分的格式

案例 8.2.3

××财经大学本科毕业论文

题 目 <u>论管理会计的发展趋势</u>

学生姓名	×××_____
专　　业	会计学_____
年　　级	××××级_____
学　　号	×××_____
指导教师	×××_____
通信地址	××市尖山街 13 号_____
联系电话	××××××_____

××××年×月×日

毕业论文的前置部分一般包括封面、题名、序言、摘要、关键词和目录等。

（1）封面，即论文的外壳。毕业论文都需要加封面，如果是发表在期刊上可不加封面。

（2）题名，即论文的标题。毕业论文的标题要恰到好处地揭示论文的主题，只需交代论文的主要内容即可。

（3）序言，主要是向对你提供帮助的个人或相关部门表示感谢，有时也叫鸣谢，可以放在致谢中。

（4）摘要，以简短的陈述和评论，介绍、概括本篇论文的缘起、背景、主旨、意义。用于国际交流的论文需要加外文摘要，摘要一般不超过 300 字，外文摘要一般不超过 250 个实意单词。摘要的字体与正文不同。

案例 8.2.4

摘要：本文通过讨论我国管理会计的历史背景、理论地位、影响作用和近代发展情况，阐述了管理会计在各个方面的现状。论文集中分析了……重点讨论了……，就在知识经济条件下如何应用管理会计的问题提出了个人的看法，并说明了在新形势下管理会计的发展前景。

点评：本例高度概括了论文的主要内容与观点，具有引导读者阅读的作用。

（5）关键词，用以表示论文主要内容，能表达论文主要观点的词语或词组。用于国际交流的论文需要加外文关键词，即"key words"。通常一篇论文可以有 3～5 个关键词，词与词之间不用标点符号，而用空格隔开。

案例 8.2.5

关键词：管理会计　应用研究　发展趋势
key words: management accounting　research on appliance　development trend

（6）目录，即论文的导读图。它能够使读者在阅读该论文之前对全文的内容、结构有一个大致的了解，为读者选读论文中的内容提供方便。目录要做到完整、准确、清楚，文章的各项内容都应在目录中反映出来，不得遗漏。目录中应逐一标注该行标题在正文中的页码，且必须清晰无误。使用微软 Word 或金山 WPS 等文字处理软件时，在定义标题级别后可直接生成目录，不必一一手动录入。

案例 8.2.6

目　　录

（二）主体部分的格式

论文主体一般情况下包括绪论、本论、结论和致谢四部分。

1. 绪论

绪论又叫引言，是用于引导读者阅读论文的概括性文字，能够让读者体会到该论文的价值所在，吸引读者继续阅读全文。绪论要交代该论文研究的目的、范围、国内外知识的空白点，对所研究问题的基本分析，论文的研究设想、研究方法、预期结果及意义。注意绪论与摘要有所不同。

案例 8.2.7

"口红效应"是指一种有趣的经济现象。每当经济不景气、消费者的购买预期有所下降时，口红的销量反而会呈现逆势而上的反周期性质，销售额会直线上升。口红并非生活必需品，但因为它的廉价能给消费者带来欲望的满足和心灵的慰藉，所以才会出现这一经济现象。"口红效应"到来之时，人们的审美取向也在发生着变化，甚至异化。（略）

点评： 本例能够让读者体会到论文的价值所在，吸引读者继续阅读全文。

2. 本论

本论就是论文的正文部分。该部分没有统一的要求，但是要能够体现出论文的核心内容，运用大量的理论论据、事实论据证明观点，证明过程要客观真实、合乎逻辑，这样才能推导出令人信服的结论。

案例 8.2.8

1."口红效应"背景下审美取向的特点

"口红效应"的出现意味着经济危机的到来，经济危机会影响人们的审美取向，其表现不仅仅是口红的热卖，有些地方还会出现土豆的热卖，武打小说、网络游戏的火爆等，这说明人们的审美取向发生了变化。当这一特定经济现象发生时，人们的审美取向呈现多层次、多样性的特点。

亚洲金融风暴发生时，韩国影视、动漫、网络游戏等优势产业蓬勃发展。这是因为人们从原来紧张的工作、学习和生活中解放出来，有了更多的闲暇时间看电影、玩游戏。人们的生活账单发生了变化，文化消费成了金融危机时的首选，经济下行、文化趋旺的"口红效应"也在国内逐渐显现。看电影既廉价又可以给人们带来欢乐，所以电影业也找到了逆境上扬的机会。（略）

1.1 金融危机对人们审美取向的影响

有人总结说，金融危机会对人们的审美取向产生影响，同时也会推动文化产业的繁荣，但这并不是说金融危机出现后，就一定会带来文化产业的繁荣。与电影市场的火爆相比，含金量更高的传统艺术种类市场增长潜力不大，导致很多从业者无奈转行。于是，文化品位的审美需求呈现倾斜的状态。是什么原因造成了人们审美取向的变化呢？

1.1.1 审美心理需求的变化决定了审美取向的变化

"口红效应"出现时，人们的审美心理需求也会发生变化。惊险、武侠、神怪小说中的侠客飞檐走壁，网络游戏中的三国杀、植物大战僵尸，开心网上的偷菜游戏等让人们找到了在现实生活中找不到的感觉，得到了生活中想得到又得不到的东西，实现了生活中想实现而又实现不了的愿望，满足了人们一时多变的审美心理需求。即便有些作品的审美价值不大，但确实有很多需求，所以审美心理需求的变化自然会影响审美取向的变化。

1.1.2 审美心理需求的个体性、共同性特点影响着审美取向

在"口红效应"背景下，人们的审美心理需求既会不断增强也会不断减退。审美心理需求的个体性、共同性影响着审美取向。一个长期在紧张而忙碌的工作环境中工作的人，在金融危机到来之时反倒会有一种强烈的欲望，很想借此机会离开闹市，去一个可以让心灵放松的地方。此时是最好的机会，也是一种长时间以来的审美期待。这种审美心理需求具有个体性，同时具有共同性。美的世界丰富多彩、变化万千，人的审美感受更是因人而异、复杂多样。鲁迅先生说："在《红楼梦》中，经学家看见《易》，道学家看见淫，才子看见缠绵，革命家看见排满，流言家看见宫闱秘事……"

点评：这篇论文的本论部分初步展示了该论文的核心内容，运用了一定的理论事实作论据来证明观点，对推导出令人信服的结论起到了铺垫作用。

3. 结论

结论是指论文针对所研究的问题，要在研究方法、观点等方面有所突破，而不是对上述内容的简单重复，要显现出理论或实际的价值与意义。

案例 8.2.9

随着社会经济、政治、科技、文化的飞速发展，人们的审美水平在不断提高，审美观念也在不断变化。审美取向成为一种满足个人情感宣泄和实现心理补偿的现实需求，是人们达到审美心理平衡的结果，是审美心理需求不断实现、内心情感得到补偿和丰富的过程，是一种具有特殊审美规范的自我被发现和实现的过程，也是人们的心理获得满足和审美品位不断调整的过程。所以，我们应该学会接受在"口红效应"背景下人们的特定审美心理需求和审美取向，了解经济学和美学在我们生活中的意义和作用。

点评：本例是论文的结论部分，对"口红效应"与审美取向问题的研究有所突破，显现出该论题在理论研究方面的实际价值与意义。

4. 致谢

致谢部分要对论文指导教师和相关人员表示感谢，表明自己虚心学习的态度，恳请专家学者指教论文中的不足等。

（三）结尾部分的格式

毕业论文结尾部分的格式不是严格统一的，可根据需要而定。通常情况下，结尾部分包括附录、参考文献和索引，具体内容如下。

（1）附录。附录是论文的补充项目，并不是必需的，普通论文一般不需要写附录。对于正文内容有用的补充信息，如原始数据、统计表、结构图等都可作为附录内容编入结尾部分。附录要求另起一页，置于正文之后。

（2）参考文献著录表。标注参考文献不仅仅是为了表明参考资料的来源，也是对引用别人成果的尊重，以及表明写作者严肃、科学的态度。在论文后要列明参考文献著录表，主要采用"顺序编码制"和"著者-出版年制"。这两种格式均可采用，但一篇论文或一部著作只能使用一种格式。毕业论文一般采用顺序编码制。

> **知识拓展**
>
> 参考文献的标注由文内标注和文后著录两部分组成，通常写作者只关注文后著录，即"参考文献著录表"（一般以"参考文献"为题列于文后），而忽略文内标注。文内哪一句话、哪一段文字、哪一项数据、哪一个观点来自哪一个文献，都要在正文内标好。顺序编码制用上角标的序号（如"[1]"）与文后的参考文献著录表一一对应，著者-出版年制用"（著者，出版年）页码"与文后的参考文献著录表对应。如非原文引用或需要说明，还可通过在文内直接指明来源、用圆括号注释、脚注等方式进行补充。
>
> 参考文献格式的使用宜先参考学校、老师提供的论文格式要求，在其中叙述不全或不准确的情况下可查《信息与文献 参考文献著录规则》。

（3）索引。为了将论文储存于计算机中，需要提供有关的输入数据，如编排出分类索引、作者索引、关键词索引等。篇幅短小的论文不需要加索引。

七、论文的修改

论文的修改是论文写作中具有重要性和必要性的环节之一。思维认识的复杂性，决定了修改论文的重要性；行文本身的特点，决定了修改论文的必要性。修改是提高论文质量和写作者写作能力的重要途径。概括来说，修改论文是针对论文提出的要求，仔细整理论文的格式，在格式完备的基础上修改论文的内容。论文的具体修改方法如下。

（1）修改论文的观点。通常，我们不提倡在整篇论文完成后修改论文的观点。因为这样会给全篇论文带来很大的改动，同时会影响论文的质量。最好是在论文写作初期，确定提纲后，就论文的整体思路以及主要观点请教老师，听取老师和其他人提出的意见，加以慎重考虑，如发现问题应及时修改，以免论文完成后发现问题造成更大的遗憾。

（2）增删论文的材料。写入论文中的材料有可能需要修改。一种情况可能是所引用的材料有失准确，如时间、地点、数字不够准确，事物以及具体细节不合乎逻辑，引文资料的来源不够准确；另一种情况可能是获得了能够证明论点的更好、更新的材料，从而将旧的材料替换下来；还有一种情况可能就是分论点的改动，导致了材料的更换。

（3）调整结构。材料如水，结构如渠，好的论文是水到渠成。随着论文观点或材料的改动，文章的立论方式也会发生变化；立论方式发生变化了，结构就可能发生变化。所以要依据材料的选择、观点的确立重新调整论文的结构，自始至终都要注意从整体上把握论文的全篇结构。

**知识拓展**

学术论文常用的论证方法

1. 例证法——举例法，即运用归纳推理进行论证的一种方法，就是用典型事例作论据来证明论点的方法。

2. 引证法——引用法，即用一些权威的理论作论据来证明论点的方法。

3. 比较法，即通过事物之间的比较来证明论点的方法。

4. 比喻法，即用具体的事物、道理作比喻，来说明不易理解的抽象事物或道理的方法。

5. 因果法，即通过分析，揭示论点和论据之间的因果关系以证明论点正确的方法。

6. 归谬法，即先假定对方的论点是正确的，接着以此为前提进行推理，却只能引出荒谬的结论，从而证明对方论点错误的方法。

论文写作"四不要"

论文写作有"四戒"，即"四不要"。

一不要"杂"。杂，指的是杂乱无章，语无伦次，说大话空话，不在文字上下功夫；文章结构杂乱，是从网络上摘抄的，毫无章法；构思不够缜密，做不到言简意赅。

二不要"浅"。浅，指的是浅尝辄止，头重脚轻。计算、实验、公式、图表等内容贵在分析，要用自己拥有的材料来论证自己的观点。

三不要"乱"。乱，指的是不守规范，胡乱成篇。有些论文不遵守论文写作的基本规范，术语、记号、格式、引用方式等不合规范。

四不要"错"。错，指的是错误百出，词不达意。论文在 Word 文档中显示时，拼法有错之处会显示红线，语法有错之处会显示绿线，而有人却对此"视而不见"。正所谓"细节决定成败"，写作者在写论文时必须注意章法、注意细节。

（4）锤炼语言。修改论文的语言是论文修改中比较细致的环节。写作者要反复通读论文，用多种方式审阅。改完电子稿后，一定要打印出来再看两遍，这时往往还会发现在电子稿上看不出来的问题。无论是语法方面的错误还是字词方面的错误，大都是由不细心造成的。鲁迅先生倡导，尽可能将可有可无的字、句、语段删掉。任何一篇优秀的论文，一定是言简意赅的。

八、毕业论文的答辩

毕业论文的答辩一般包括如下程序：写作者自述、专家导师提问、写作者准备、写作者答辩、导师总结并宣布答辩结果。

在答辩过程中，需要注意如下事项。①论文答辩开场以及结束时要使用礼貌用语。②介绍论文时一定要熟悉所写论文的内容，回答问题突出要领，准备好与论文相关的材料。③听取答辩小组提问时精神要高度集中，尽可能将问题记在本子上，以便更好地回答问题。④对导师所提出的问题要迅速作出反应，用流畅的语言明确回答每个问题，维护自己的正确观点。⑤对提出的质疑要审慎回答，实事求是，态度谦虚，勇于承认自己的不足。

**知识拓展**

毕业论文与毕业设计的区别

毕业论文是对所作项目或所研究问题的论述、论证，有规定的格式和要求。

毕业设计一般包括毕业论文，还包括一些与课题相关的设计图纸、实验设计、实物制作、外文翻译、文献综述、开题报告等。毕业设计可能是实习后的一篇报告，也可能是自己设计的作品。毕业设计是按照导师的要求做出来的成果，根据写作者所选的项目来定。有的课题只需要毕业论文，有的必须两者都要。对文科而言，除了艺术设计专业外，一般只需要毕业论文。

毕业论文与调查报告的区别

毕业论文是对某一问题或现象的分析，一般按照提出问题、分析问题、解决问题的思路进行。毕业论文是对所选择的论题进行评论并得出结论的文体。调查报告是对某项工作、某个事件、某个问题，经过深入细致的调查后，将在调查中收集到的材料加以系统整理、分析研究，指出存在的问题，提出解决的建议，并以书面形式向组织和领导汇报的一种文书。调查报告的特点有写实性、针对性、逻辑性等。

【感悟升华】

一、多项选择题

论文的写作要求主要包括（　　　　）。

A．观点鲜明　　　　B．表达形象　　　　C．语言生动　　　　D．内容感人

二、判断题（对的打"√"，错的打"×"）

1．一篇论文，其关键词可以选择 3～5 个。（　　　　）

2．一篇论文，其关键词可以选择 9 个。（　　　　）

3．本科生所写毕业论文要与专业相结合。（　　　　）

4．他人公开发表的论文内容不可以参考。（　　　　）

三、实践训练

1．有一名经济学专业的高校毕业生写了一篇论文，题目为《〈北京晚报〉发展前景探析》。他认为这篇论文的重点在于"晚报"和"北京"，他需要思考怎么在"晚"和"京"这两个字上做文章。他从缺点入手谈晚报的改进策略，从市场需求、版块的设计等多方出击，寻求晚报摆脱被淘汰的窘境的解决方案。这篇文章主要不是谈晚报的优点，而是谈它的缺点。结合这一论题，分别从读者和编辑的角度谈谈你的看法。依据自己所学专业的特点，写一份与自身专业相结合的论文提纲。

2．结合任务单 8.1，完成课程论文写作任务。

任务单 8.1

<table>
<tr><td colspan="4" align="center">课程论文任务单</td></tr>
<tr><td>任务名称</td><td>试论……或探析……</td><td>完成时间</td><td></td></tr>
<tr><td>姓名</td><td></td><td>班级</td><td></td></tr>
<tr><td colspan="4" align="center">布 置 任 务</td></tr>
<tr><td>任务描述</td><td colspan="3">　　论文的写作是对学习研究能力的一种检验手段，是对所学知识进行科学整合的过程，也是将理论用于实践的一次尝试。论文的写作，从选题的确定到资料的搜集，再到写作、修改、定稿，都需要下功夫。但完成论文写作之后，你一定会有所收获，且你的学习研究能力会有明显的提升。
　　结合自身专业的特点，考查选题的论证价值和意义，搜集有关材料，按照论文的写作要求，写一篇格式规范且与所学专业有关的课程论文。</td></tr>
</table>

	布 置 任 务
知识储备	1. 选题的动机是什么？论文选题是怎样取舍的？与选题相关的论证有哪些？ 2. 搜集资料时如何评价资料？应注意哪些问题？如何取舍资料？ 3. 优秀的论文具备哪些特点？ 4. 怎样理解写作犹如做人？ 5. 修改论文有哪些方法、技巧？
完成形式	完成 3 000～5 000 字的课程论文的写作
具体要求	1. 选定所要写作的论文选题； 2. 确立论文的主题以及研究方法； 3. 论文写作准备从资料的搜集开始； 4. 注意事实与分析、逻辑与情趣、创建与借鉴的有机融合； 5. 按照规范的论文格式写作论文。
资讯引导	1. 阅读学习高等教育出版社出版的王首程的《论文写作》； 2. 上网查阅相关选题的论文，开展学习与研究； 3. 仔细研究学校对课程论文的写作要求； 4. 学习论文的修改技巧、方法，为修改论文作准备。
学生互评笔记	
教师评语笔记	
完成任务总结	谈谈在论文写作过程中产生的困惑以及获得的感悟

注：本任务单只供读者完成任务时做笔记使用，完整任务单见本书配套资料。

"最爱湖东行不足，绿杨阴里白沙堤。"（白居易《钱塘湖春行》）公文不是你的"湖东"，但可能是你必需的"白沙堤"。从古至今，最简单的文字往往拥有最震撼人心的力量，流转在字里行间，公文亦是如此。言简意赅，不喧哗自有声。

第九章

公务文书写作

第一节　公文概述

【学习目标】

知识目标： 了解公文的内涵、特点、种类，掌握常用公文的行文规则与结构。

能力目标： 能够根据工作需要写作规范的公文。

> **名言录**
>
> 要把自己的理念和思路变成具体可实施的东西，需要按照一定的流程和规范去做。
>
> ——佚名

文章需要发表和传播才能产生作用，而公文的"发表"和"传播"就是指按照一定的规则来运行和传递。法定公文的运行更要遵照《党政机关公文处理工作条例》等诸多规定。公文以法定的受文机关、主送机关和抄送机关为特定的读者对象，所以公文的写作者、读者是特定的、具体的。有些公文还规定了阅读范围和抄送范围。

本章我们集中介绍通知、通报、报告、请示、批复、函等常用公文的写法。关于其他种类公文的写作，读者可自行在本书的配套材料中查找相关学习资料。

公文是公务文书或公务文件的简称，是党政机关、社会团体、企事业单位以及其他社会组织行使法定职权，处理日常事务时经常使用的一种应用文体。

一、公文的特点和种类

公文具有权威性、保密性、时效性、真实性的特点。

依据 2012 年 4 月 16 日中共中央办公厅、国务院办公厅印发的《党政机关公文处理工作条例》（中办发〔2012〕14 号）的规定，我国现行公文有 15 种，包括决议、决定、命令、公报、公告、通告、意见、通知、通报、报告、请示、批复、议案、函、纪要。

二、公文的行文规则

中共中央办公厅、国务院办公厅规定在收发公文的过程中要遵循以下规则。

1. 行文关系

行文关系是机关单位之间的组织关系在公文运行中的体现，也可以理解为发文机关与受文机关之间的关系。行文关系共有四种：上下级关系、隶属关系、平级关系、非隶属关系。

简单来说，我国现行的行政机关体系依次是：中央人民政府，即国务院；省、区（自治区）、市（直辖市）人民政府；市、州（自治州）人民政府；市（县级市）、区（市辖各区）、县人民政府；乡、镇人民政府。

2. 行文方向

行文方向就是一份公文的运行方向。依据我国现行的行政机关体系，公文的行文方向包括以下三种。

（1）上行文，指向上级机关单位运行的公文。公文的上行文有议案、报告和请示，但有的下行文如通知、通报等在一定情况下（如让上级机关单位了解某项工作的进展或结果等）也可以上行（抄送）。

（2）下行文，指向下级机关单位运行的公文。公文的下行文较多，有决议、决定、命令、意见、通知、通报、批复等。

（3）平行文，指向同级或不相隶属的机关单位运行的公文。函、通知等都可以平行运行。

3. 抄送规则

通常情况下，只有非常重要的公文才需要抄送。例如向下级机关或者本系统运行的重要公文，就需要同时抄送直接所属的上级机关。因为重要公文往往关系到重要公务或者重大问题。例如决定、通知和批复等公文中涉及撤换下级主要领导人、增设重要机构、审批大型项目、进行重要涉外活动等内容的，就需要抄送。

三、公文的结构

公文一般由份号、密级和保密期限、紧急程度、发文机关标志、发文字号、签发人、标题、主送机关、正文、附件说明、发文机关名称、成文日期、印章、附注、附件、抄送机关、印发机关和印发日期、页码等组成。

（1）份号。份号是指公文印制份数的顺序号。涉密公文应当标份号。

（2）密级和保密期限。这是指公文的秘密等级和保密的期限。涉密公文应当根据涉密程度分别标注"绝密""机密""秘密"，同时标注保密期限。

（3）紧急程度。紧急程度是指公文送达和办理的时限要求。根据紧急程度，紧急公文应当分别标注"特急""加急"，电报应当分别标注"特提""特急""加急""平急"。

（4）发文机关标志。发文机关标志由发文机关全称或者规范化简称加"文件"二字组成，也可以使用发文机关全称或者规范化简称。联合行文时，发文机关标志可以并用联合发文机关名称，也可以单独用主办机关名称。

（5）发文字号。发文字号由发文机关代字、年份号、发文顺序号组成。联合行文时，使用主办机关的发文字号。

（6）签发人。签发人是指在上行文中应当标注签发人姓名。

（7）标题。公文的标题由发文机关名称、事由和文种组成。

（8）主送机关。主送机关是指一份公文的主要受理机关，应当使用机关全称、规范化简称或者同类型机关统称。

（9）正文。正文是公文的主体，用来表述公文的主要内容。

（10）附件说明。附件说明是指公文附件的顺序号和名称。

（11）发文机关名称。这是指发文机关的全称。

（12）成文日期。成文日期指一份公文正式生效的日期。联合行文时，写最后签发机关负责人签发的日期。

（13）印章。公文中有发文机关具名的，应当加盖发文机关印章，并与具名机关相符。有特定发文机关标志的普发性公文和电报可以不加盖印章。

（14）附注。附注是指公文印发传达范围等需要说明的事项。

（15）附件。附件是指对公文正文的说明、补充或者参考材料。

（16）抄送机关。抄送机关是指除主送机关外需要执行或者知晓公文内容的其他机关。

（17）印发机关和印发日期。这是指公文的送印机关和送印日期。

（18）页码。页码是指公文页数顺序号。①

---

① 特别说明：因为版式所限，本章中案例格式不能严格按照公文规定设置，建议读者关注附录中的《党政机关公文格式》。

文化长廊

公文写作必须"咬文嚼字"

曹建

公文写作必须"咬文嚼字"。所谓"咬文嚼字"，一要实事求是。写文章必须尊重事实，不能根据个人的喜好随意夸大或有所隐瞒，更不能凭空想象、肆意捏造，要力求准确客观、简洁明了，少说套话、多捞干货。二要标准规范。起草公文，从标题到落款，从字体到标点符号，从行间格式到页面设置，都有规范要求。在成文过程中，必须严格遵守规范要求，做到用词规范、格式规范、行文规范。三要持之以恒。汉语博大精深，文字能力的提升非一朝一夕之功。要勤于学习、善于思考，日积月累、积少成多。要有"板凳宁坐十年冷，文章不著一字空"的勇气和"为人性僻耽佳句，语不惊人死不休"的韧劲。不能满不在乎、不懂装懂，如将"一挥而就"写成"一蹴而就"，"务必"写成"勿必"，如此等等，酿成大错，悔之晚矣。

（节选，见于《秘书工作》2016年第2期）

【感悟升华】

一、填空题

1. 依据现行的行政机关体系，公文行文方向包括（　　　）、（　　　）、（　　　）三种。
2. 公文的标题由（　　　）、（　　　）、（　　　）组成。
3. 发文字号由（　　　）、（　　　）、（　　　）组成。
4. 我国现行公文有（　　　）种。

二、判断题（对的打"√"，错的打"×"）

1. 公文可以联合行文。（　　　）
2. 公文具有法律效力。（　　　）
3. 任何人都有发公文的权利。（　　　）
4. 公文可以依据需要进行合理的想象。（　　　）

三、简答题

1. 什么是行文关系？
2. 公文由哪些内容组成？
3. 公文抄送的规则是什么？

第二节　通　　知

【学习目标】

知识目标：了解通知的内涵、特点和种类，掌握通知的结构与写作要求。
能力目标：能够根据实际工作需要，写作合乎公文格式要求的通知。

在现行公文中，通知的使用频率最高，使用范围最广。国家行政机关、社会团体、企事业单位在公务活动中都要用到通知。这与通知本身的属性有直接关系。通知具有承上启下、联系内外、传达信息的作用。其使用灵活方便，不受机关或组织性质、级别限制。

案例 9.2.1

商务部外贸发展事务局关于组织"走进华为学管理"培训班的通知

商务部各直属机构及各有关单位：

为了更好地提升人才素质，学习、借鉴华为的管理经验，商务部外贸发展事务局定于20××年6月22日—23日组织"走进华为学管理"培训班。大家将深入华为总部，通过现场体验、高管讲解、互动交流等方式，探索、学习华为成功之道。培训具体内容如下。

一、华为园区体验

近距离体验华为办公室文化，感受华为精神力量；全面展示产品理念与营销理念；传递华为管理智慧和实战经验；学习华为后勤管理平台化、市场化、社会化。

二、培训内容

1. 华为文化

（1）"狼性文化"的核心；（2）"以客户为中心"的理念贯彻始终，统领所有工作；（3）"以奋斗者为本"，打造发展原动力；（4）"长期艰苦奋斗"，保持克服困难的卓绝进取精神。

2. 华为制度

（1）人才评价体系、晋升制度、薪酬体系设计、末端淘汰制度；（2）营销、研发、财务、供应链管理考核制度；（3）中层管理者如何发挥作用。

3. 华为全球化

（1）国际化战略路径选择；（2）国际化市场营销；（3）全球研发；（4）国际化人才输出。

三、相关事宜

时间：20××年6月22日—23日

地点：华为深圳总部

电话：××××

邮箱：××××

附件："走进华为学管理"培训班报名回执表

商务部外贸发展事务局（公章）

20××年5月8日

知照性通知。

标题： 发文机关、事由、文种。

发文字号： 这是一则事务性通知，故而没有发文字号。如果是正式红头文件或公开普发性文件，则需标注发文字号。发文字号一般包括机关代字、年份号、发文顺序号。

主送机关。

开头： 交代通知的依据、目的。过渡语引出下文。

主体： 通知事项的具体内容及相关要求。

附件： 和培训有关的事宜。

落款： 发文单位、成文日期，加盖公章。

通知适用于发布、传达要求下级机关执行和希望有关单位周知或者执行的事项，以及批转、转发公文。

一、通知的特点

相对于其他公文，通知具有以下特点。

（1）功能的多样性。通知的使用频率最高，既可以要求有关单位周知有关事项，又可以晓谕广大群体周知有关事项，还可以发布、传达有关部门需要照办、执行的事项。其应用具有多样性的特点。

（2）使用的广泛性。通知的广泛性一方面体现在使用单位的广泛性上，上至国家机关，下至企事业单位、基层组织、团体都可以使用通知；另一方面体现在阅读对象的广泛性上，很多通知的告知对象相当广泛，通知事项对许多人都具有知晓的作用。

（3）写作的灵活性。通知写作灵活方便，形式多样。它既可以是发布的长篇的重要指示，又可以是转发的重要文件的短文，有的甚至只有一两句话。它既可以公开张贴，又可以内部发文；既可以独立发文，又可以联合行文。例如"商财发〔2018〕486 号"文件就是一份联合通知（《商务部 发展改革委 财政部 海关总署 税务总局 市场监管总局关于完善跨境电子商务零售进口监管有关工作的通知》）。

（4）办理的时效性。通知事项一般要求立即办理、执行或知晓，不容拖延，大多有明确的时限要求，在一定的时间内产生效力。受文单位不得延误。

二、通知的种类

通知可以划分为以下四种。

（1）知照性通知：用来传达需要有关单位周知或共同执行的事项时使用的通知。

（2）指示性通知：上级机关向下级机关布置带有普遍性的工作，作出相应指示时使用的通知。

（3）批转、转发性通知：批转下级机关、转发上级机关和不相隶属机关的公文时使用的通知。

（4）发布、印发性通知：用于将本机关的规定、办法、会议文件、领导讲话等重要文件以公文的形式发给下级机关时使用的通知。

三、通知的结构

通知的结构包括以下内容。

（一）标题

通知的标题可以划分为以下三种类型。

（1）完整式标题。发文机关+事由+文种，如《国务院办公厅关于推广第二批支持创新相关改革举措的通知》等。

（2）部分省略式标题。事由+文种，如《关于立即停止生产一次性发泡塑料餐具的紧急通知》等。

（3）完全省略式标题。标题只写"通知"二字。

（二）主送机关

主送机关是通知的主要受理机关，是负责承办、贯彻和需要知照的机关，即被通知的对象（单位或个人）。如果通知的主送机关较多，注意一定不能遗漏。

（三）正文

通知的正文是用来表述公文的主要内容的。正文的结构比较规范，一般采用因果式安排结构，即依次说明发文缘由、通知事项和执行要求。根据内容的多少，正文结构或篇段合一，或采用条文形式。

1. 开头

通知正文的开头主要写发文缘由。一般陈述发布通知的背景、原因和目的，说明依据，阐释意义等，文字简明扼要，并以"现通知如下""现将有关事项通知如下""为此，特作如下通知"等类似的过渡语句引领下文。例如"由国家互联网信息办公室、科学技术部、工业和信息化部、浙江省人民政府共同主办的第五届世界互联网大会'互联网之光'博览会将在浙江乌镇举行。诚挚欢迎全国各地互联网业界人士和社会大众前往乌镇现场参观。现将有关事项通知如下"。

2. 主体

通知正文的主体主要写通知事项，即写明告知或要求办理、执行的具体内容。一般来说，指示性通知的事项部分应明确、具体地交代工作的任务和执行要求，切忌含混笼统，令人不得要领。知照性通知的事项部分只需写明应知、应办的具体事项。批转、转发性通知和发布、印发性通知的事项部分应指明批转、转发、发布、印发的文件和批转、转发、发布、印发的文件的必要性和重要性。例如，《世界互联网大会"互联网之光"博览会通知》的正文部分是由以下几个部分构成的：博览会时间和地点、博览会展示内容、参观须知、博览会观众报名联系人。

3. 结尾

通知的结尾要写明执行要求，即执行具体任务或知照某一事项的具体要求，有时还会提出希望、建议等。通常在通知中独立成段。例如，"希望各有关部门……""各单位请将执行情况于××××年×月×日前上报""特此通知""以上通知，望认真执行""凡违反以上规定的，要追究责任"等。结尾也叫结语，通常使用惯用语，如"特此通知"等语句。一些知照性通知则可以意尽言止，自然结尾。

（四）落款

落款由发文机关与成文日期组成。其位于正文右下方，发文机关名称写全称或规范简称，成文日期如用汉字，"零"要写作"〇"。如果已在标题中写明了发文机关名称和成文日期，这里可以省略，但必须加盖公章。

四、通知的写作要求

依据通知的特点，其写作要求如下。

（1）明确通知对象。原则上来说，上级机关不可以作为通知对象，如有事情需要沟通，可视情况采用合适的公文文种。

（2）通知事项要具体明确，不可以反复修改所发出的通知。

（3）要求执行的通知，表态要明确，不可模棱两可。

（4）作为公文的通知具有法律效力和行政效力，所以应酌情考虑所发通知内容可否以公文形式发送。

案例 9.2.2

关于修订印发《政府财务报告编制办法》的通知

财库〔××××〕21 号

有关中央预算单位，各省、自治区、直辖市、计划单列市财政厅（局），新疆生产建设兵团财政局：

为进一步规范政府财务报告编制工作，结合××××年印发的《财

标题：包括发文机关、事由、文种。

发文字号：包括机关代字、年份号、发文顺序号。

主送机关。

政总会计制度》（财库〔××××〕41 号）和政府财政财务管理需要，我部对《政府财务报告编制办法（试行）》（财库〔××××〕56 号）进行了修订。现将修订后的《政府财务报告编制办法》予以印发。请遵照执行。

执行中有何问题，请及时反馈我部。

财政部（公章）

××××年×月×日

附件：政府财务报告编制办法.pdf

正文：开门见山，直奔主题，表明发文目的，提出要求。

落款：成文单位、日期、印章。

附件：附带政府财务报告编制办法。

点评：这是一篇发布、印发性通知。此类通知的主要功能是对下属机关需要知道、了解并要求贯彻执行的有关事项进行发布。该公文语言清晰，表述准确。

五、病文评改

病文例文见案例 9.2.3。

案例 9.2.3

××市出租汽车总公司关于进行职业道德教育的通知

今年一月以来，公司开展了一系列以职业道德为主题的活动，各部门纷纷行动起来，采取各种各样的形式开展这一活动，在公司上下掀起了"爱我岗位，全心全意为乘客服务"的热潮。通过学习，许多干部职工明确了职责，服务质量不断提高，受到了乘客的普遍好评，收到了良好的社会效益。但是仍然存在不少问题，有的司机对乘客态度冷漠，对他们的询问不理不睬；有的绕道行车，给乘客带来很多不便，最近还发生了司机王某殴打乘客的恶性事件，造成了极其恶劣的影响。这说明，在当前进一步深入开展职业道德教育是十分必要的。现将有关材料发给你们，希望组织职工认真学习，不断提高干部职工的职业道德水平。

××市出租汽车总公司

××年×月××日

案例 9.2.3 属于指示性通知，其存在的主要问题表现在以下几个方面。

（1）行文本末倒置，没有抓住重点，致使下级不知如何贯彻执行。

（2）内容复杂，通知内容应分条列项，逐一说明。

（3）格式和语言方面也存在一定问题，如没有主送机关，语言不够准确、精练。

根据以上分析，对原文作出一定的修改，如案例 9.2.4 所示。

案例 9.2.4

关于加强法纪和职业道德教育的通知

×公汽总公司〔××××〕×号

各部门、各车队：

今年一月份，公司开展了以职业道德为主题的"爱我岗位，全心全意为乘客服务"学习活动，在这次学习中，许多干部、职工进一步明确了工作目的，提高了服务质量，取得了一定的社会效益。然而，这一活动在一些部门、一些车队，没有得到认真、切实的开展，致使在我公司至今仍然不断地出现违背职业道德，甚至违法违纪的事情。例如有的司乘人员对乘客的询问不予理睬，甚至恶语相向；有的司乘人员把乘客的遗留物占为己有，最近又接连发生了三起司乘人员殴打乘客的恶性事件，影响十分恶劣。所有这些都说明，在公司内部加强对干部职工的法纪教育和职业道德教育不仅十分必要而且十分迫切。为了保障公司经营活动的有效进行，为了维护公司的声誉和广大职工的切身利益，我们下决心开展好这次教育活动，现将有关事项通知如下。

一、公司办公室必须在×月×日前将有关法纪教育资料和我公司对几起恶性事件处理情况的材料印发给各部门、各车队。

二、公司第一副总经理要主持本次学习，各部门、各车队也必须明确相关的负责人。

三、要根据公司实际把法纪教育和职业道德教育有机地结合起来。

四、各部门、各车队要从实际出发制定出相应的规章制度。

五、时间定在本月的每周一次的例会之后。

六、各部门、各车队负责人于下个月 6 日上午 8—11 时在公司会议室汇报交流教育活动情况，并由××副总经理作教育活动总结。

以上通知，请遵照执行。

××市公共汽车总公司（公章）

××××年×月×日

【感悟升华】

一、判断题（对的打"√"，错的打"×"）

1. 通知是用于发布、传达要求下级机关执行、周知有关事项的公文。（　　　）
2. 各单位可以根据通知内容决定是否执行该通知。（　　　）
3. 通知的正文一定要写通知事项。（　　　）
4. 通知多用祈使句。（　　　）

二、实践训练

1. 根据所给材料以××学院办公室的名义写一篇通知。××××年×月×日 13 时在开发区会议中心召开有关春季防火、植树等内容的会议，13 时 30 分入场完毕，按指定位置就座，在会场直接签到，要求各单位主管该项工作的主要领导以及相关工作人员参加会议。

2. 人才市场招聘会将在××××年×月×日举行，地点是人才市场交流中心，安达街 23 号。请依据此项内容写一篇通知，有关事项、具体要求要讲得清楚明白。

3. 修改案例 9.2.5 所示病文。

案例 9.2.5

元旦联欢会的通知

各位同学：

为了丰富学生的校园生活，将在近期举行元旦联欢会。具体要求如下：

1. 以"放飞梦想"为主题，形式不限。

2. 以班级为单位，精选 1～2 个节目。

3. 本次会演设集体节目和个人节目，分别设一等、二等、三等奖，优秀奖。

××月×日

第三节 通 报

【学习目标】

知识目标：了解通报的内涵、特点和种类，掌握通报的结构与写作要求。

能力目标：能够根据实际工作需要，写作合乎公文格式要求的通报。

在工作、学习、生活中，一听到通报大家就会有一种本能的反应，那就是有人遭到批评了。其实不然，各级机关、企事业单位和社会团体在工作中表扬好人好事时也可以使用通报；交流经验，吸取教训，教育干部职工，推动工作的进一步开展时也可以使用通报。由此可见通报所发挥的作用之大。

案例 9.3.1

中国民用航空局
关于表彰川航 3U8633 航班机组人员的通报
民航局（2018）×号

各省民航局：

2018 年 5 月 14 日，四川航空股份有限公司 A319/B-6419 号飞机执行重庆至拉萨的 3U8633 航班任务，6 点 27 分起飞后，正常爬升至 9 800 米巡航高度，在飞经成都空管区域时，驾驶舱右座前风挡玻璃突然爆裂脱落，造成飞机客舱失压，旅客氧气面罩掉落，驾驶舱部分设备受损，副驾驶和一名乘务员受轻伤。在这次重大突发事故中，机组人员临危不乱，果断应对，反映出高超的技术水平和职业素养，是当代民航精神的体现，我们为英雄的机组点赞。

该事迹震撼了全中国，震撼了全世界。为了弘扬机组人员临危不惧、勇于担当、团结协作的精神，中国民用航空局决定发出向 3U8633 航班机组人员学习的通报，授予优秀机长及优秀乘务组称号。希望各有关单位掀起学习的活动热潮，学习他们严谨科学的专业精神，学习他们勇于奉献的职业精神。

特此通报。

中国民用航空局（公章）
2018 年 6 月 17 日

（右侧批注）
表彰性通报。
标题：发文机关、事由、文种。
发文字号：机关代字、年份号、发文顺序号。
主送机关。
开头：总叙先进事迹、列举具体事迹。
主体：通报的目的、通报表扬的具体决定。
提出希望、要求。

惯用语。
落款：发文单位、日期，加盖公章。

案例 9.3.1 是表彰性通报，表彰性通报选择内容时要慎重，要有突出的典型性；要抓得准，抓得及时，给人有益的启示和教育意义；对先进事迹的介绍要简洁明了，对先进事迹的评议要充分肯定并且讲分寸。

通报适用于表彰先进、批评错误、传达重要精神和告知重要情况。

一、通报的特点

相对于其他公文，通报具有如下特点。

（1）时效性。通报的事件或情况一定是对工作、生活等方面具有极大影响的，要在短时间内将此事通报给一定范围内的人。这样的事件或情况就会有时间的限定、要求，因为只有在适当的时间发出通报，才能更好地发挥通报的作用。

（2）严肃性。通报是正式的公文，通报的内容决定了其语言形式的严肃性。无论是表彰性通报还是批评性通报，或者是情况通报，表彰、鼓励、惩戒或警示都要严肃慎重。

（3）典型性。无论是表彰还是批评，都要求所通报的事项具有一定的代表性。因为通报的目的在于通过典型的人和事引导人们辨别是非、总结经验、吸取教训、弘扬正气、树立新风，所以所通报的人和事应该具备一定的典型性，能够反映、揭示事物的本质规律，具有广泛的代表性和鲜明的个性。

二、通报的种类

通报包括以下几种。

（1）表彰性通报。用来表彰先进单位和个人，介绍先进经验或事迹，树立典型，号召大家学习的通报。

（2）批评性通报。用来批评、处分错误，以示警诫，要求被通报者和大家吸取教训的通报。

（3）情况通报。在一定范围内传达重要情况和有关重要事件的动向，以指导工作为目的的通报。

三、通报的结构

通报一般由标题、主送机关、正文和落款组成。

1. 标题

标题一般由发文机关、发文事由、文种组成，有时可省略发文机关，但是不可以只写"通报"二字。在国家行政公文中，有些通报需用"通知"来转发。

2. 主送机关

主送机关即通报的受文机关，是负责承办、贯彻的机关。通报一般是上级机关为了使下级机关知道某一方面工作的经验、教训或重要情况而制发的，这种情况下应有主送机关。有时为了扩大影响，通报会通过登报、张贴等形式发布，这时可以不写主送机关。

3. 正文

通报的正文通常由开头、主体和结尾三部分组成。不同类别的通报，其内容和写法也有所不同。

表彰性通报的正文分为三个层次。

开头，说明通报缘由，对先进人物（单位）的先进事迹作简要介绍，要求具体、简明。

主体，评议先进事迹，说明通报决定，既要充分肯定，又要讲分寸。

结尾，发出号召或提出希望。

批评性通报的正文分为三个层次。

开头，简要介绍事件发生的过程，包括时间、地点、事件情节、造成的损失和后果。

主体，组织上对该事件原因的调查、分析与评议，宣布对事件责任人的处理决定。

结尾，应吸取的教训，要求引以为戒，并提出相应措施。

无论是表彰性通报还是批评性通报，结语都可写成"特此通报"。

4. 落款

落款由发文机关与成文日期组成，写在正文右下方，同时要加盖公章。

四、通报的写作要求

根据通报的内容特点，通报有如下写作要求。

（1）表彰性通报或批评性通报在选择内容时要慎重，要有突出的典型性。

（2）明确写作目的，表态要明确，批评性通报应切中要害，切实达到让大家吸取教训，指导以后工作的目的，要说明应吸取的教训，引以为戒，并提出防止此类事故发生的措施。

（3）表扬或批评的态度要中肯，语言要得体，不要小题大做，夸大其词。

（4）对于情况通报，要秉持客观的态度，依据事实说话。

案例 9.3.2

生态环境部关于××省四城市大气污染防治不力问题的通报

生态环境部〔××××〕×号

各省、自治区、直辖市：

党中央、国务院高度重视大气污染防治工作，要求坚决打赢蓝天保卫战，对空气污染严重地区作出了部署，提出了要求。但××省四城市没有落实到位，连续出现空气重度污染，AQI 长时间出现"爆表"，影响群众生产、生活，造成不良社会影响。

针对上述情况，我部迅速组成督察组开展专项督察。督察发现秸秆禁烧工作不力，××省农委履行职责不到位，大面积焚烧问题没有得到遏制。经调查、约谈，纪检委报请省委批准，决定对 65 名责任人实施问责。其中 45 人给予党纪政务处分，诫勉 17 人，通报批评 3 人。

党中央、国务院高度重视生态环境保护工作，并就坚决打好环境防治攻坚战作了全面部署，××省农委和四城市大气防治工作不力问题及背后的原因十分典型，必须吸取教训，切实抓好工作落实，以环境质量改善的实际成效取信于民。

特此通报。

生态环境部（公章）

××××年××月×日

批评性通报。

标题： 发文机关、事由、文种。

发文字号： 机关代字、年份号、发文顺序号。

主送机关。

开头： 违规情况总结概括、依据、背景。

主体： 列举具体违规情况，对相关单位的违规行为所作的处分决定。

结尾： 提出采取的措施、要求、希望。

落款： 发文单位、成文日期、印章。

五、病文评改

病文例文见案例 9.3.3。

案例 9.3.3

关于××××年度个人获得各级表彰的通报

现将获表彰的先进个人通报如下，以此号召大家在工作中向他们学习，努力工作，争创××××年教育教学工作新局面。

附：获奖名单。

××获××××年度省教育厅教学管理先进个人称号；

××获××××年度优秀班主任称号；

×××、×××获教育系统优秀教师称号。

××大学（公章）

××××年×月×日

案例 9.3.3 所示的例文主要有以下几处错误。

（1）这篇通报缺少主送单位。

（2）这是一篇表彰性通报，用来表彰先进个人，介绍经验，号召大家向他们学习。因此，对先进事迹或者经验的介绍应是重点，但文中却未提到，只是提出了相应的要求和号召，忽略了表彰性通报很重要的一部分，所以应在文中就先进事迹进行描述。

（3）通报中一般都有一个过渡句，如"现将获表彰的先进个人通报如下"等，这样比较正式和醒目。文中应写出此类话语。

根据以上分析，对原文作一定的修改，如案例 9.3.4 所示。

案例 9.3.4

关于××××年度个人获得各级表彰的通报

××〔××××〕12 号

各学院、图书馆、后勤管理中心：

××××年，全体教工认真学习"党的二十大"精神，积极开展教育教学研讨与改革工作。在过去的一年里，有大批同志积极进取、尽职尽责、成绩突出，并受到省教育厅、市教育局的表彰和奖励。希望全体教师向他们学习，把我校的教育教学工作开展得更好。现将获表彰的先进个人通报如下。

附：获奖名单。

××获××××年度省教育厅教学管理先进个人称号；

××获××××年度优秀辅导员称号；

×××、×××获教育系统优秀教师称号。

××大学（公章）

××××年×月×日

 知识拓展

通知和通报的区别

通知与通报都可以下行，二者的事项都是在一定范围内需要周知的，其主要区别在于以下几点。

（1）目的不同。通知一般用于告知事项或明确提出执行要求，其写作者与阅读者的目标是一致的；而发通报的目的是以某一重要情况或典型事件，作为教育材料来引导和提醒有关单位和人员，让他们从中吸取经验和教训，改进工作或沟通信息，传达重要情况和精神。

（2）用途不同。通知的内容，可以是对某一事项具有重大指导意义的，也可以是一般的日常事务；而通报要告知的事项，一般都是对一定范围内的工作有指导意义的重大事项。所以通报的用途不如通知广泛。

（3）执行力不同。通知中传达的各项事项，需要下级认真执行；而通报的行政约束力相对小一些，它主要用于告知情况，并不要求受文者主动执行。

（4）表达方式不同。通知多使用祈使句，提出的是要执行的具体要求；而通报多使用叙述的表达方式，讲述的是"事"，多就此事提出希望。

【感悟升华】

一、判断题（对的打"√"，错的打"×"）

1. 通报通常用于批评坏人坏事。（　　　）
2. 批评性通报要概括介绍事件发生的时间、地点、情节。（　　　）
3. 通报不属于正式公文。（　　　）
4. 通报的目的在于通过典型的人和事引导人们辨别是非。（　　　）

二、实践训练

1. 根据下面所给的材料，以教育部的名义写一篇表彰性通报。

　　　佳木斯市第十九中学教师张丽莉勇救学生。张丽莉在危急时刻挺身保护学生被轧断双腿，体现了一个人民教师的深厚慈爱之情，令人感动，可敬可佩。（时任）中央政治局委员、国务委员刘延东同志号召全国广大教师和教育工作者要以张丽莉为榜样，爱岗敬业，关爱学生，严谨笃学，勇于创新，为人师表，无私奉献，以人格魅力和学识魅力教育感染学生。

　　　全国妇联决定号召广大妇女向张丽莉学习，学习她临危不惧、勇于担当的崇高精神境界，学习她大爱无疆、舍己救人的高尚道德情操，学习她恪尽职守、敬业奉献的优秀工作作风，践行传统美德，弘扬社会正气，在各自岗位上争创一流。教育部授予张丽莉"全国优秀教师"荣誉称号。

2. 修改案例9.3.5所示的病文。

案例 9.3.5

关于经管学院学生夜不归寝的通报

　　××××年×月×日22时经管学院学生处对经管学院学生归寝情况作了检查，总的看大多数同学挺好，个别寝室有没回来的，行为恶劣，影响坏。不听辅导员的话，提出通报批评，希望上述同学赶快改正，给他们记大过。

　　希望上述同学赶快改正，给他们记大过。

学生处

××××年×月×日

第四节　报　　告

【学习目标】

　　知识目标：了解报告的内涵、特点和种类，掌握报告的结构与写作要求。

　　能力目标：能够根据实际工作需要，写作合乎公文格式要求的报告。

　　在日常公务活动中，将一些行政机关、企事业单位某一阶段做了哪些工作，是怎样开展的，取得了哪些成绩，单位贯彻执行各项方针、政策的情况等汇报给上级，有利于上级机关在全面掌握情况的基础上，准确、有效地指导工作。这些情况汇报就是报告。

案例 9.4.1

××省文旅集团××××年上半年工作报告

××〔××××〕×号

××省人民政府：

××××年上半年，××省文旅集团认真贯彻落实上级各项决策部署，坚定贯彻新发展理念，突出问题导向、目标导向、结果导向，砥砺奋进、实干笃行，全力推动文化旅游产业实现高质量发展新跨越。

一、上半年工作完成情况

截至6月末，集团主要经营指标均超额完成年度目标，营业收入为×亿元，利润总额达×亿元。回顾上半年工作，主要围绕以下六个方面开展：

（一）立足"服务大局"，着力推动集团战略高效落地

上半年，集团认真落实政府部门和上级单位工作部署，围绕服务"文化强省"战略任务，在推动文化旅游产业高质量发展中充分彰显我省文旅集团的责任与担当。一是积极推动文旅融合发展，联合相关部门合力推进专项活动；开展全力对接，聚焦平台建设，加大重大项目建设支持力度，今年以来新启动重大项目8个，投资额×亿元，主动服务实体经济，推出优惠门票政策，惠及游客数万人次；推进景区智慧化升级，智慧化程度达到80%，有效提升游客体验和管理效率。二是全力推动旅游市场复苏，推出一系列促消费活动，开展线上线下营销活动累计吸引游客几十万人次，带动旅游消费千亿元；联合多家旅行社推出多条精品旅游线路，实现团队游客接待量数万人次，同比增长80%。三是主动融入区域协同发展，围绕区域文旅发展战略，强化与周边地区的合作，充分依托集团品牌和资源优势，为区域文旅协同发展注入新动能；累计与30多个城市达成战略合作，新增多个文旅项目。

（二）立足"创新驱动"，着力夯实集团发展基础

上半年，集团始终坚持将创新作为文旅产业发展的核心动力，通过加强科技应用、优化管理模式、创新营销方式等一系列有力措施，进一步夯实集团发展基础。一是坚持"科技赋能"，牢固树立科技创新意识，树立"发展引擎、效益倍增器"理念，始终把科技应用作为提升核心竞争力和服务能力的重要手段，以"打造智慧文旅标杆"为目标定位，坚持突出"数字化转型"，压实各级主体责任，推动集团科技投入。二是做实"精细管理"。建立全面预算管理机制，各经营单位立足业务特点，每月跟踪成本收益、完善经营策略；各分公司立足推动指导，每月研判经营形势，及时指导下属单位优化措施；集团本部立足监测协调，每月掌握各单位经营状况和市场反应，协调解决问题，适时调整发展策略。通过各级管理人员的定期互动，促使集团上下形成合力，做到管理与经营深度融合，真正发挥精细化管理对提质增效的重要作用。三是把握"市场导向"，重点抓"产品创新"，围绕热点主题，以整合资源、创新体验、打造IP等方式切实将产品创新落到实处；加强市场调研和客户反馈，从"找痛点、解难题"入手，积极将工作方式由被动响应向主动服务转变，成功推出多项新产品，市场反响良好。

（三）立足"品质提升"，着力提升游客服务质效

上半年，集团牢牢把握"提升游客体验"这一根本点，主动对标国际一流水平，持续提升服务质量，推动旅游接待量再创新高的同时，实现"服务优、口碑

陈述性报告。

标题：发文机关、事由、文种。

报告陈述对象。

开头：开门见山，直入主题，引出下文。

主体：首先概括陈述了上半年工作完成情况，从四个方面具体阐述。条理清晰，表意明确。

经济应用文写作（第3版）

佳"的目标。具体如下。

一是持续深化景区服务内涵。积极响应"品质旅游"号召，深入推进活动，聚焦重点领域，重点加大对核心景区资源倾斜，支持传统景区改造升级，积极打造新兴业态；聚焦重点客户群体，积极运用差异化服务、个性化定制及会员优惠等策略，一客一策匹配差异化旅游产品，稳步提升市场占有率。上半年实现景区服务满意度98%，同比提升10个百分点。

二是持续挖掘文化产业市场潜力。突出抓住热点，持续推广文化+旅游融合发展模式，积极支持非物质文化遗产保护与开发，文化产业板块收入增长×亿元，非遗项目覆盖率达80%；突出推进主题营销，推动文创产品销售额提升至×亿元；突出填补文化演艺市场空白，密切跟进重点项目，成功实现演出100多场次。

三是持续夯实旅游基础设施建设。聚焦提升改造旅游基础设施项目，实现投资2亿元；聚焦生态环保与旅游发展协调，实现投资1亿元；聚焦乡村振兴战略，积极支持乡村旅游项目，实现投资1亿元；聚焦旅游集聚区域提质发展，实现投资2亿元。

（四）立足"客户至上"，着力增强可持续发展动能

一是着力发挥重点客户带动效应。做实重点客户名单制营销，围绕名单不断加大资源投入，逐步推进用好用足优质客户消费潜力，实现重点客户消费额新增×亿元；抓优提升服务质量，围绕高端市场领域，"底部"基础客群不断拓展。截至6月末，新增会员×万人，××××年度计划已完成率达70%，客户满意度不断提升，投诉率较年初下降，全面完成年度服务质量提升目标。

二是着力夯实客户拓展基础。分别通过抓"平台"和"场景"，利用官方网站、小程序等渠道掌握客户需求，提升新客户拓展空间；通过抓"产品"和"体验"，围绕核心景区配套，加强餐饮、住宿、购物等全产业链营销，提升获客精准性；通过抓"网点"和"流量"，加快线下体验中心建设，增强基层客户服务能力，提升客户覆盖面和产品渗透率。截至6月末，年消费额万元以上高端客户数达万人。

三是着力提升新业态领域服务水平。积极对接文化旅游新业态重点项目，共投资2亿元；深入推进专项营销行动，实现重点指标覆盖率稳步提升；瞄准高成长性新市场客户培育，推动优质客户消费额占比提升近60%。

二、当前工作中存在的问题

（1）旅游市场持续复苏的稳定性存在短板。

（2）服务文化旅游产业深度精度有待提高。

（3）新形势下文旅产品创新模式面临挑战。

三、下半年工作思路和主要措施

下半年，集团的总体思路是坚定不移地贯彻新发展理念，深入落实工作思路，聚焦"文化强省"战略，以文旅融合为主线，重点布局，加大重点领域和薄弱环节支持力度；以科技赋能为手段，着力强化场景联动，持续深化客户基础建设；以创新转型为抓手，优化精细管理机制，突出重点战略落实落地；全力打造文化旅游产业新发展格局、激发高质量发展新动能。

（1）聚焦精准营销，提升旅游市场持续复苏能力。

（2）提升服务品质，发挥重点景区示范引领作用。

（3）优化顶层设计，构建全域旅游发展新模式。

（4）强化客户画像，提升全量客户服务质量效率。

（5）突出长效机制，构筑文旅产品持久竞争优势。

结尾：首先指出当前工作中存在的问题，然后提出下半年工作思路和主要措施。

落款：作报告的人、成文日期，加盖公章。

（6）突出人才培养，加强文旅专业人才队伍建设。

×××

××××年×月×日（公章）

报告是向上级机关汇报工作、反映情况、答复上级机关询问等所使用的公文文种。报告属于上行文，一般产生于事后或事情进行中，应用广泛，使用频率较高。它的优点在于能及时、准确地向上级机关反映情况、汇报工作、答复所询，使下情上传，为上级机关提供决策的信息和材料，使上级机关在全面了解情况的基础上，更好地指导工作。

一、报告的特点

相对于其他公文，报告具有以下四个特点。

（1）汇报性。报告是指下级机关将已完成的工作或调查出来的情况向上级汇报，使上级掌握、了解，以便进行工作指导。多数报告用于在事情做完或发生以后向上级汇报，是事后或事中行文。所以它在内容上体现为以汇报工作成绩、经验、不足为主。

（2）陈述性。这是报告区别于请示的最主要特点，即报告中不要请求事项。报告主要是向上级反映情况、汇报工作、答复询问，这就决定了它的表达方式要以叙述、说明为主，在语言运用上要突出陈述性，把事情交代清楚，充分显示内容的真实性和材料的客观性。

（3）沟通性。报告是下级机关下情上传的主要手段，虽然不需要批复，却是下级机关取得上级领导的支持、指导的桥梁。对上级机关来说，报告是获得信息、了解下情的方式，是决策、指导和协调工作的依据。

（4）单向性。这是指报告的行文方向是下级机关向上级机关行文，其目的是为上级机关解决实际问题提供依据，一般不需要受文机关的批复，属于单向行文。

二、报告的种类

常用的报告包括以下三类。

（1）工作报告，是指向上级机关汇报本单位、本部门、本地区工作情况、做法、经验、问题的报告。这类报告主要在汇报例行工作或临时性工作时使用，是报告中常见的一种类型，具有主动性和阶段性的特点，是一种最基本的告知性上行文。就其内容来看，它可以分为综合报告、年度报告、阶段性报告、专题报告、工作进展情况报告等。

（2）情况报告，是指向上级机关反映某种临时性情况、事故的报告。这类报告主要反映正常工作运转中出现的新情况、新问题，特别是在处理突发事件、特殊情况、意外事故、个别问题时使用。情况报告重在反映情况的全过程、后果及处理意见，并对情况作出分析。与工作报告相比，情况报告反映的内容更具体，针对性更强。情况报告突出的是工作中的"情况"，工作报告则注重工作的"全过程"。

（3）答复报告，是指对上级机关所询问的问题作出答复的报告。这类报告在答复上级的询问和汇报有关情况时使用。因为上级机关询问或要求在先，报告反映情况在后，所以答复报告属于被动行文，这也是它与工作报告和情况报告的主要区别。这种报告针对性强，要就事论事，不能答非所问。

此外还有报送报告，是向上级机关报送文件或物件时，随文随物而写的报告，是报告中最简单的一类。

三、报告的结构

报告一般由标题、主送机关、正文和落款四部分组成。

（一）标题

标题通常有以下两种形式。

（1）完整式标题。发文机关+事由+文种，如《交通运输部关于重庆公交车坠江事故情况的报告》等。

（2）省略式标题。事由+文种，如《关于百货大楼重大火灾事故的报告》等。使用省略式标题的公文，一定要在落款中标明发文机关名称。

（二）主送机关

大多数报告的主送机关只有一个，即直属的上级机关，一般用上级机关的简称。如果需要同时报送其他上级机关，以抄送方式处理。除主送机关外，需要执行或者知晓该公文内容的其他机关就叫抄送机关。抄送机关应当使用全称。

（三）正文

正文是报告的核心内容，一般由开头、主体和结尾组成。

1. 开头

开头是报告的缘由部分，通常交代报告的起因、目的、主旨或基本情况，要写得集中、概括、开宗明义，一般都比较简短。工作报告和情况报告常以"现将××汇报于后""现将有关情况报告如下"等惯用语作为过渡句引出下文。答复报告的正文开头一般是先以上级的询问或要求为依据，再以"现将××报告如下"作为过渡语，引出下文。

2. 主体

主体是各类报告正文最重要的部分，主要写报告事项，将所要报告的事项条分缕析地讲述清楚，让上级领导通过该报告，明确事情、工作等的具体情况。

以情况报告为例。情况报告的正文主体一般包括三个层次的内容，结构顺序为：基本情况—问题及原因—办法及措施（意见或建议）。第一个层次一般包括事件的起因、经过、结果或问题的主要表现及影响，第二个层次则是对造成这一事件或产生该问题的原因进行分析，第三个层次提出解决问题的措施和办法。有的情况报告可以将"情况"和"分析"结合起来写。

对于正文的主体部分，工作报告要讲清工作的开展情况以及目前的结果；答复报告一定是答为所问，语言简洁，表意明确；报送报告只要写清报送文件或物件的名称和数量即可。

3. 结尾

结尾通常写报告所涉及的部门未来的工作打算，如果是情况报告就要说明解决问题的具体措施和办法，还可以提出建议、希望等。

在报告结尾处通常要写报告结语。所谓的报告结语通常是一句上行公文的习惯用语，可以作为报告正文的一个组成部分。例如工作报告、情况报告的结语为"特此报告"，答复报告的结语为"专此报告"，报送报告的结语为"请收阅""请核收"等。有的报告也可以无结语。

（四）落款

报告落款包括发文单位和成文日期，并要加盖公章。

四、报告的写作要求

依据报告的特点，其写作要求如下。

（1）报告中不能夹带请示事项。

（2）报告的结语中不能带有明显的期复性词语，如"以上报告，请批复""以上报告，请审批"等。

（3）情况报告要及时，不能隐瞒事故真相。

（4）报告的语言使用要慎重，既不可轻描淡写，也不可言过其实。

案例 9.4.2

<table>
<tr><td>

××市人民政府关于治理××河水质污染问题的报告

××〔××××〕×号

××省人民政府：

省政府转来××委员会提出的关于××河水质污染状况的报告，经市政府研究，对报告中提出的有关问题及解决方案报告如下。

一、解决××河水质污染问题的关键是尽快建成××区污水处理厂。（略）

二、热电厂的粉煤灰也是污染源之一。解决方案……（略）

三、略。

××市人民政府（公章）

××××年×月×日

</td><td>

答复报告。

标题： 发文机关、事由、文种。

发文字号： 机关代字、年份号、发文顺序号。

主送机关。

开头： 答复报告的答复依据，过渡语承上启下。

主体： 解决问题的方案、措施、要求。

落款： 发文单位、成文日期，加盖公章。

</td></tr>
</table>

点评： 这类报告一般针对上级机关提出的问题或询问而写。答复报告的针对性强，有问必答，所答问题要周全，答复依据要简要，答复内容要具体。答复报告的主体，只要针对上级机关的询问或要求将有关工作和情况回答清楚即可，不应旁及其他问题。答复报告可分条列项地写，写作过程比较简单。

五、病文评改

病文例文见案例 9.4.3。

案例 9.4.3

××省××局关于开展省政府各部门用房清查工作的报告

根据省政府办公厅《××通知》、×省住房和城乡建设厅《××工作方案》，我局为切实摸清省政府各部门办公、住宅、营业及其他用房的家底，进一步加强房屋资产管理，拟在省政府各部门开展房屋清理工作。通过对房屋的清查，掌握省政府各部门各类房屋的具体情况，并针对管理中存在的问题，研究提出相应的政策和采取有效的措施，以充分发挥房地产资源的有效作用；检查和杜绝少数单位在建房中超资金、超计划、超面积、超装修标准的现象，推进廉政建设；同时防止部分单位个别领导在管理、支配房屋使用时以权谋私现象，避免国有资产荒废、闲置、流失。为搞好这项工作，现将有关问题报告如下：

这次清查工作内容多，任务重，人员少，时间紧，需要购置计算机×台，相机×部，同时还要支付所聘专业技术人员工资及各种报表绘图材料等印刷费用，需要经费×万元。特请求省政府予以解决。为切实搞好这次清查工作，由省×局牵头，省纪委、省财政厅等部门联合组成清查小组。以上单位各抽出 1~2 名干部，共分 4 个分队分别进行清查。清查时间为×年×月上旬至×月中旬。以上涉及的此款项作为清查房屋的专款，单独列支，由省财政厅对其使用进行监督、审核。

这次摸底清查包括省政府序列内的行政机关、直属事业单位，行政机关下属事业单位及其驻外省市的同类机构所属的所有办公用房、住宿用房、营业用房、其他各类用房及土地的利用情况。其内容包括土地的地理位置和面积，各类房屋的位置和面积，修建年限，房屋原值和重估价值，房屋结构，装修标准，自用房面积，出租房面积及资金回收使用情况，各单位空地场所及面积，绿化地面积，危房的鉴定、维修与重建等。清查结束后，绘图成册，建立严格的档案记载。

以上请示，请批复。

××××年×月×日

案例 9.4.3 所示报告主要存在以下几个方面的问题。

（1）文种使用不当。从标题上看，这是一篇报告，但从内容和结语上看，有明显的请示内容和期复性结语，应该用请示文种。报告应以汇报工作为主，不能涉及请示事项，结语多用"特此报告""请审阅"等，不能用期复性词语。请示则是就某一具体问题请求上级机关给予答复或审批，为事前行文。

（2）无主送机关。无论是请示还是报告，都属于上行文，行文时应写明主送机关，即发文单位的直属上级机关。

（3）内容表述不清。例文在结构上应遵循请的格式，先写缘由后写请示事项，让人一目了然。

根据以上分析，对原文作一定的修改，如案例 9.4.4 所示。

案例 9.4.4

××省××局关于开展省政府各部门用房清查工作的请示

××局〔××××〕×号

×××：

为切实摸清省政府各部门办公、住宅、营业及其他用房的家底，进一步加强房屋资产管理。根据省政府办公厅《××通知》、××省住房和城乡建设厅《工作方案》，我局拟在省政府各部门开展房屋清理工作。现将有关问题请示如下。

本次检查工作，需要从各单位抽调检查组工作人员组织并开展调查。由于清查的工作多，任务重，还需要购置计算机×台，相机×部，同时支付所聘专业技术人员工资以及各种绘图资料等印刷费用共×万元。需要省政府帮助解决经费问题。以上请示妥否，请批复。

××省××局（公章）
××××年×月×日

 知识拓展

报告和通报的区别[1]

（1）行文性质不同。从公文的行文上看，报告属于上行公文，而通报属于下行公文。

---

[1] 本部分内容的参考资料为范增友、张立华所著《常用公文写作模式探析》。

（2）行文内容不同。报告的内容涉及面较广，如检查单位本身的工作是否按照上级部署或工作计划进行；回答上级查询的有关问题；让上级机关及时掌握情况，给予指导，以免出现错误；希望上级机关就有关问题提出建议；要求批转给有关部门单位遵照执行；等等。而通报的内容范围较窄，主要是表扬好人好事，或揭露反面典型，或传递情况、指导行动等。

（3）行文时间不同。报告的写作时间灵活，可以在事情发生前、事情发生中和事情发生后行文，而通报的写作时间一般在事情发生之后。

【感悟升华】

一、简答题

1. 什么是报告？调查报告与公文中的报告有区别吗？
2. 报告有哪些种类？

二、实践训练

1. 根据所给材料，以××省××市××县教育局的名义，写一篇情况报告。要求写清事故的起因、经过、后果及处理过程。

××××年11月16日9时15分，××镇发生了一起重大交通事故。一辆大翻斗运煤货车与××镇××幼儿园校车相撞，共造成21人遇难，其中包括19名儿童，受伤的43名儿童还在接受救治。校车安全问题再度引发社会的强烈关注。官方分析发生该起交通事故有以下五大原因。

（1）校车驾驶人员安全意识淡薄，严重违规超载，左车道超速逆行。

（2）幼儿园私自改装车辆，逃避监管，车辆限定9座改装为无座。

（3）幼儿园董事长李××安全责任意识不强，对所辖737名学生只安排4辆校车接送，没有尽到第一责任人责任。

（4）因受大雾天气影响，货车和校车司机遇到紧急情况处置不力。

（5）教育、交警部门监管不力。

11月19日，××省××县人民检察院依法对"11·16"重大交通事故犯罪嫌疑人李××以涉嫌交通肇事罪批准逮捕。经初步审查，大货车驾驶员、犯罪嫌疑人樊××涉嫌交通肇事罪，已于16日被公安机关刑事拘留；××幼儿园董事长、犯罪嫌疑人李××因涉嫌重大责任事故罪，已于16日被公安机关刑事拘留。

据调查，事故发生时，校车驾驶员安全意识淡薄，左车道逆行，同时两车都是超速行驶，其中幼儿园校车在限速每小时60千米的情况下，时速达80千米；幼儿园私自改装车，将9座车辆改为无座，车中幼儿园孩子一部分用小板凳坐在车中，一部分站着。

2. 修改案例9.4.5所示病文。

案例 9.4.5

农村中小学教育收费专项检查情况的总结报告

政府教育部门：

11月8日—9日召开座谈会，听取了部分省（区、市）的汇报。据不完全统计，各地共检查农村中小学近2万所，查出违纪违规收费金额2.6亿元，已纠正处理6 836万元，其中退还学生5 800万元。

一、治理农村中小学乱收费的对策

（1）政策和法治观念淡薄；（2）教育经费投入不足；（3）教育系统内部管理不到位；（4）脱离实际的"达标升级"活动难以禁绝。

二、农村中小学乱收费产生的原因

（1）教育行政主管部门乱收费；（2）地方政府乱收费；（3）价格主管部门监督检查难以落到实处；（4）教育行政主管部门应进一步加强内部管理；（5）充分发挥价格主管部门的职能作用。

三、学校乱收费现象

（1）统一思想、提高认识，把治理中小学乱收费作为一项重要的政治任务来抓；（2）加大对基础教育的投入；（3）综合治理，加大对政府和部门违规收费行为的处罚力度。

第五节　请　示

【学习目标】

知识目标：了解请示的内涵、特点和种类，掌握请示的结构与写作要求。

能力目标：能够根据工作需要，写作合乎公文格式要求的请示。

党政机关、企事业单位以及各团体在公务活动中，总会遇到自己能力或职权范围内不能处理的情况或难以解决的问题，而应用文写作中有一个公文文种可以解决这一问题，这种特殊的公文文种就是请示。

案例 9.5.1

××省科学技术委员会关于调整科学技术奖奖金标准的请示

×科委〔××××〕×号

科技部：

　　为了更好地贯彻落实《深化科技奖励制度改革的方案》，充分调动广大科技工作者的积极性，释放各类人才的创新活力。现请求将我省的科学技术奖奖金作调整，具体调整方案见附件。

　　以上请示如无不妥，请批复。

　　附件：科学技术奖奖金调整方案

××省科学技术委员会（公章）

××××年×月×日

请求批准性请示。

标题：发文机关、事由、文种。

发文字号：机关代字、年份号、发文顺序号。

主送机关。

开头：交代请示写作背景、缘由。

主体：提出具体请示事项。

结尾：期复性结语。

落款：发文单位、成文日期，加盖公章。

请示是下级机关在工作中遇到某项工作或事情，在自己的职权范围内无法解决，需要向上级机关请求指示、批准或答复时使用的一种法定行政公文。

请示事由一般比较简单，通过引用某条款提出存在的困惑或分歧，明确提出自己的认识，以便上级机关作出明确的答复。写作时要简要地写清缘由，明确提出请示的问题，语言简练，便于上级批复。

一、请示的特点

从写作的内容来看，请示具有以下四个特点。

（1）目的性。写作请示通常都是由于遇到了本单位权限范围内无法决定的重大事项或克服不了的困难，所以其目的很明确，需要请示上级机关给予指示、答复或批准。

（2）答复性。上级机关对呈报的请示事项，无论同意与否，都必须给予"批复"回文。

（3）及时性。对于当前工作中出现的情况和问题，需事先请示，以得到上级机关的指示、批准。只有发文及时，才能使问题得到及时解决。

（4）单一性。请示应一文一事，只写一个主送机关；如果需要同时报送其他机关，则只能用抄送形式。

二、请示的种类

根据内容、性质的不同，请示可分为以下三种类型。

（1）请求批准性请示。当工作中遇到超出本机关、本单位处理范围，必须经上级机关批准才能办理的事项，或因特殊情况需要变通处理事项时，可以使用请求批准性请示，请求上级机关批准。

（2）请求指示性请示。当工作中遇到疑难问题或不好解决的重大问题，出现无法可依、无章可循的情况，或部门间意见分歧较大而难以统一时，可以使用请求指示性请示，请求上级机关给予指示或裁决；当对某些规章制度中的个别条文不理解，影响到贯彻执行时，需要上级机关指导、解释，从而进一步明确有关制度时，也可以使用此种请示。

（3）请求帮助性请示。当处理工作中遇到的困难，需要动用人力、物力、财力时，由于该问题在单位权限、能力范围内难以解决，这时就需要请求上级机关的帮助，如请求增补经费、增加设备、为某项事情拨款等。

三、请示的结构

请示一般由标题、主送机关、正文和落款四部分组成。

1. 标题

请示的标题一般有以下两种构成形式。

（1）完整式标题。发文机关名称+事由+文种，如《深圳市人民政府关于建立南方科技大学的请示》等。

（2）省略式标题。事由+文种，如《关于农民工子弟就近入学的请示》等。

2. 主送机关

主送机关是指负责受理和答复该文件的机关，即请示的对象，是和发文机关有隶属关系的上级机关或主管部门。每篇请示只能写一个主送机关，不能多头请示。

3. 正文

正文一般由开头、主体和结尾三部分组成。

（1）开头。请示的开头要明确交代请示的缘由。原因要讲得客观、具体，理由要讲得合理、充分，要用上级机关的方针、政策或有关文件来说服上级机关，有时可采用以情感人的方式取得上级机关的信任、理解和支持。这样有利于上级机关及时作出决断，予以有针对性的批复。请示的缘由是请示事项能否成立的前提条件，也是上级机关作出批复的依据。

经济应用文写作（第3版）

（2）主体。请示的主体要具体说明请求事项，它是向上级机关提出的具体请求，也是陈述请示的目的所在。这部分内容应单一，只宜请示一件事。另外，请示事项要写得具体、明确、清楚，请求资金要写明数额，请求物资要写清品名、规格、数量，以便上级机关给予明确批复。

（3）结尾。请示的结尾一般要提出期复性要求，要用征询性习惯用语，也可叫作结语。如"以上事项，请明示""特此请示，请批复""当否，请批示""妥否，请批复""以上请示，请予审批""妥否，请批示"等，都是请示的常用结语。

4. 落款

落款由发文机关名称和成文日期组成。如果标题中写明了发文机关名称，落款可不再具名，但需加盖单位公章。

四、请示的写作要求

在运用请示时，要注意如下写作要求。

（1）一文一事。古代就有一文一事的行文制度。一事一请示，以便上级给予批复。

（2）只写一个主送机关。一篇请示写一个主送机关，可以得到及时有效的批复。如果写几个主送机关，很可能会出现没有一个主送机关批复的情况。

（3）请示不能抄送下级机关，因为下级机关无权批复请示事项。

（4）请示不能直接主送领导人。公文不是个人行文，不能以私人关系办文。

（5）请示的主旨要鲜明集中，材料要真实，所提问题理由要充分。

（6）请示事项要明确、具体，语气要平实、恳切，以期引起上级机关的重视。

案例 9.5.2

××市职业技术学院工程立项请示

××职院（××××）6号

××市发展和改革委员会：

我院自××××年被省政府批准升格为高职学院以来，为建设合格的高职学院，不断努力完善各项办学条件。据省教育厅安排，将于××××年初对我院进行"高职高专人才培养工作"评估，其结果将作为核实我院招生计划、发展规模、专业设置等的主要依据。

由于现有校园土地面积有限，严重制约了学院的发展，与教育部《普通高等学校基本办学条件指标（试行）》的有关规定有较大差距。经我院领导班子研究决定，拟投资建设蓝星新校区（包括教学楼、办公楼）。所需建设资金由学院向金融机构贷款及其他渠道融资自筹解决。

以上请示妥否，请批复。

××市职业技术学院（公章）

××××年×月×日

标题： 发文机关、事由、文种。

发文字号： 机关代字、年份号、发文顺序号。

主送机关。

开头： 请示的缘由、目的、依据。

主体： 请求批准性请示的事项。

结尾： 期复性语言。

落款： 发文单位、成文日期，加盖公章。

点评： 这篇请示是发文机关对本单位内的机构设置有某种设想、打算，需向上级机关请示，经上级机关批准后方可执行。其写作具有理由阐述充分、措施具体的特点。请求批准的缘由部分一般需比较详尽地陈述情况，文字精练，所述理由充分，请求事项明确，以便上级机关了解具体情况并作出有针对性的批复。

五、病文评改

病文例文见案例 9.5.3。

案例 9.5.3

关于请求添置计算机设备的请示

市政府、市教育局：

由于我校近两年来每年以 400 人递增的幅度扩大招生规模，目前在校学生已达 3 560 人。但是，由于我们的经费有限，自××××年以来只添置了 10 台用于教学的计算机，学生在校学习三年期间人均上机练习操作的时间，已经减少到××小时，此外，我校的计算机大部分是 5 年前购置的，严重影响了教学。

为保证计算机教学的正常进行，我们拟添置计算机××台，需总投资××万元，请市教育局帮助解决。请尽快拨款，以解燃眉之急。另外，我校离休教师的交通费问题也亟待解决，请一并批准。

××大学

案例 9.5.3 所示请示属于请求帮助性请示，其存在的主要问题如下。

（1）请示理由阐述不充分。

（2）标题用语重复，应去掉"请求"二字。

（3）请示的主送机关只能是一个，不能多头请示。该请示的业务主管部门应为市教育局。

（4）没有遵循"一文一事"的原则。

（5）不宜使用带命令性语气的结语，应使用征询性的惯用语。

（6）缺少作为行政公文请示的发文字号、成文日期等内容。

根据以上分析，对原文作出一定的修改，如案例 9.5.4 所示。

案例 9.5.4

关于添置计算机设备的请示

×× 〔××××〕×号

××市教育局：

随着经济建设和科学技术的飞速发展，以及用人单位对人才的计算机素质要求的不断提高，我校在教学中注重加强计算机教学质量，取得了较好的成绩。但是，我校近几年来每年招生人数递增 400 人，学生总人数已经达到 3 560 人，而计算机数量远远满足不了学生上机的需求。此外我校的计算机大部分是 5 年前购置的，设备落后、陈旧，经常出故障，严重影响学生学习和教师教学。

为了保证计算机教学的正常进行，我们拟于今年新生入学前添置用于教学的计算机××台，需总投资××万元。我们采取了积极措施，已从教学经费中挤出××万元，现尚缺少资金××万元，特请市教育局帮助解决。

妥否，请批示。

××大学（公章）

××××年×月×日

 **知识拓展**

请示与报告的区别

请示与报告都属于向上级机关报送情况、反映问题的上行文，其标题、主送机关等都有相似之处，但也有明显的不同。

（1）行文目的不同。报告是向上级机关汇报情况，反映问题，下情上传，以便上级机关作决策参考、指导工作，属于陈述性公文，不需要上级审批答复；请示是请求上级机关批准某项工作或者解决某个问题，属于期复性公文，需要上级给予批复回答。

（2）行文时间不同。报告可以在事后或者事情发展过程中行文；请示则必须于事前行文。

（3）内容要求不同。报告的内容比较广泛，可一文一事，也可一文数事；请示的内容则比较单一，要求一文一事。

（4）正文内容不同。报告的正文内容一般是基本情况、主要成绩或问题、今后打算；请示的正文内容是请示缘由、请示事项、结语。

（5）结束用语不同。报告的结语多用"特此报告""谨此报告，请审阅"等形式，不写希望上级予以答复的期复性词语；请示的结语一般为"妥否，请批示""以上请示当否，请批复"等，有明显的期复性。

（6）行文语气不同。报告属于陈述性公文，用语要严肃畅达；请示属于请示性公文，用语要讲求分寸，语气多含有请求性。

【感悟升华】

一、单项选择题

请示的特点有（　　　）。

A. 指导性　　　　　　B. 单一性　　　　　　C. 说明性　　　　　　D. 总结性

二、判断题（对的打"√"，错的打"×"）

1. 请示具有命令性。（　　　）
2. 请示具有答复性。（　　　）
3. 本单位权利范围内无法解决的问题可以向上级主管部门写请示。（　　　）
4. 可以将工作中的若干事情一起向上级请示。（　　　）

三、实践训练

1. 为进一步培养大学生自主创业的观念与意识，提高大学生创业能力，积极弘扬大学生自主创业的精神，同时与培养人才的国际化理念接轨，我院向市教育局请求参加20××年3月在××举办的亚洲大学生优秀创业团队大赛，并请求拨款5万元作为此次参赛的费用。请你代表学院写一篇公文给市教育局。

2. ××公司因公关人员增加，需向公司办公室申请购置办公用品，包括计算机、打印机、卷柜、办公桌椅若干。请为此写一篇请示，字数在200字左右。

3. 修改案例9.5.5所示病文。

案例 9.5.5

成立××市住房资金管理中心的请示

〔××××〕×号

人民政府：

根据《××市住房制度改革方案》，结合我市实际情况，现在住房、租房特别混乱。拟成立"××市住房资金管理中心"，与我局房改处联合办公，人员暂由房改处编制调剂解决。

期盼领导快快批示。

××市房地产管理局

×月×日

4. 以小组形式完成任务单9.1布置的任务。

任务单 9.1

请示项目任务单

任务名称	模拟工作情境，完成请示写作任务	班级	
学习小组		组长	
小组成员		完成时间	
布　置　任　务			

任务描述	××大学商学院为了丰富学生的实践经验，提升学生的职业技能，打算带领会计电算化专业的学生前往××会计师事务所实习，选派两名会计专业的老师同行。特决定向院长办公室写一篇请示，请求学校答复。根据上述所给内容，完成如下工作： 1. 小组进行讨论研究，确定请示的具体内容； 2. 小组成员进行角色扮演，递送请示； 3. 小组成员进行角色扮演，为写作批复作准备； 4. 明确公文行文中的礼貌用语，正确写作请示。
知识储备	1. 了解公文的行文规则； 2. 了解请示的结构，掌握请示的写作要求； 3. 掌握写作请示时应注意的问题； 4. 掌握如何从所给材料中整理出重要的信息。
完成形式	写作一篇请示
具体要求	1. 依据专业特点，充分阐明请示理由； 2. 明确请示事项，请示问题要具体； 3. 请示的语言要得体； 4. 将与该请示相关的内容写在附件中。
资讯引导	会计师事务所是指依法独立承担注册会计师业务的中介服务机构，是由有一定会计专业水平、经考核取得证书的会计师（如中国的注册会计师、美国的职业会计师、英国的特许会计师、日本的公认会计师等）组成的，受当事人委托承办有关审计、会计、咨询、税务等方面业务的组织。中国对从事证券相关业务的会计师事务所和注册会计师实行许可证管理制度。
学生互评笔记	
教师评语笔记	
完成任务总结	谈谈写作请示时遇到的困惑以及产生的感悟

注：本任务单只供读者完成任务时做笔记使用，完整的任务单见本书配套资料。

第六节　批　　复

【学习目标】

知识目标：了解批复的内涵、特点和种类，掌握批复的结构与写作要求。

能力目标：能够根据实际工作需要，写作合乎公文格式要求的批复。

应用文写作活动中有一个公文文种是针对下级机关请示事项而发的，其内容单纯、针对性强，代表着上级机关的权力和意志，对请示事项的单位有约束力，这种公文文种就是批复。任何一个机关单位或企事业单位在发出请示后，都特别期望得到回复。

案例 9.6.1

国务院关于同意将福建省莆田市列为国家历史文化名城的批复

国函〔2023〕107号

福建省人民政府：

你省关于申报莆田市为国家历史文化名城的请示收悉。现批复如下：

一、同意将莆田市列为国家历史文化名城。莆田市历史悠久、文化厚重，历史文化遗存丰富，传统格局和历史风貌保存较好，地域文化特色鲜明，具有重要的历史文化价值。

二、你省及莆田市人民政府要以习近平新时代中国特色社会主义思想为指导，全面贯彻党的二十大精神，按照党中央、国务院决策部署，落实《中华人民共和国文物保护法》《历史文化名城名镇名村保护条例》要求，深入研究发掘历史文化资源的内涵与价值，明确保护的原则和重点，强化历史文化资源的保护利用，传承弘扬中华优秀传统文化，讲好中国故事。编制实施好莆田市历史文化名城保护规划和文物保护等专项规划，制定并严格实施保护管理规定，明确各类保护对象的清单以及保护内容、要求和责任。正确处理城市建设与历史文化资源保护的关系，加强地下文物保护，制定"先考古、后出让"配套政策，重视保护城市格局和风貌管控，加强整体性保护、系统性保护；保护修复历史文化街区，补齐配套基础设施和公共服务设施短板，不断提升人居环境品质；加强不可移动文物和历史建筑修缮保护，推动文物保护单位开放利用，充分发挥不可移动文物和历史建筑的使用价值。不得改变与名城相互依存的自然景观和环境，不得进行任何与名城环境和风貌不相协调的建设活动，不得损坏或者擅自迁移、拆除不可移动文物和历史建筑。进一步强化责任落实，对不履职尽责、保护不力，造成名城历史文化价值受到严重影响的行为，依法依规加大监督问责力度。

三、你省与住房城乡建设部、国家文物局要加强对莆田市国家历史文化名城保护工作的指导、监督和检查。

国务院（公章）

2023 年 9 月 30 日

标题：发文机关、表态用语、事由、文种。

发文字号：机关代字、年份号、发文顺序号。

开头："收悉"为批复引语，"现批复如下"为过渡语。

主体：批准性批复内容。答复具体，表态明确。

落款：发文单位、成文日期，加盖公章。

案例 9.6.1 是一篇批准性批复。上级机关针对下级机关需要批准、审定的事项，以及上报的规划、方案等给予明确的答复，或肯定，或否定。肯定时只需表明态度，否定时要说明不同意的理由，注意语气要委婉。

答复下级机关请示事项的行政公文叫批复。

一、批复的特点

从批复的内容与形式来看，它具有如下特点。

（1）权力的集中性。批复是针对请示行文的，请示必须由特定机关批复，相对而言权力比较集中，具有决定请示事项能否实施的作用。批复的写作目标集中，表态明确。

（2）内容的针对性。必须先有请示的事项，后有相应的批复。与许多主动行文的文种如指示等相比，它具有明确的针对性。批复只针对下级机关的请示行文，它依据请示的内容有问必答，不涉及请示以外的内容。

（3）态度的明确性。批复是针对下级机关提出的请示问题作出的，要求其必须认真贯彻执行。这就要求批复的内容要具体明确，不能有模棱两可的语言，否则请示单位将不知如何处理。

二、批复的种类

批复按照内容和性质的不同，可以分为以下两种类型。

（1）指示性批复。它主要用于对下级机关提出的不理解的政策问题、难以解决的问题给予解答或解决，或对审批的问题提出一系列相关的指示，要求下级机关遵照执行。上级机关应根据问题的内容选择解决态度与方法，适当地回复。

（2）批准性批复。它主要用于对请示中请求上级机关批准的具体事项，或下级机关制定的某些规划、方案等，作肯定或否定的回答。

三、批复的结构

批复一般由标题、主送机关、正文和落款四部分组成。

（一）标题

批复的标题可以概括为以下四种类型。

（1）完整式标题。发文机关名称+事由+文种。此类标题比较规范，也比较常见，经常用于指示性批复，如《安徽省税务局关于中小企业网上报税的批复》等。

（2）省略式标题。事由+文种。这种标题比较简单，表意明确即可，如《关于××大学扩大招生的批复》等。

（3）受文对象式标题。发文机关名称+受文对象名称+事由+文种，如《××关于××市建立农村改革试验区请示的批复》等。

（4）表态式标题。发文机关名称+表态用语+事由+文种。在一些批复中，上级机关对请示的问题直接在标题中就表明了态度，但一般只针对同意的情形，如《国务院关于同意江西省南昌市人民政府驻地迁移的批复》等。如果请示不予批准，则一般不采用此类标题。

（二）主送机关

批复的主送机关一般只有一个，就是报送请示的下级机关。批复不能越级行文，当所请示的机关不能答复下级机关的问题，而需要向更上一级机关转报"请示"时，更上一级机关所作批复的主送机关不应是原请示机关，而是"转报机关"。如果批复的内容同时涉及其他机关和单位，则需采用抄送的形式送达。

（三）正文

正文是表明批复态度的核心部分，包括开头、主体和结尾。

1. 开头

批复的开头要引述来文，也叫批复的引据，即用凝练的语言先引请示的标题，或引发文字号，使下级机关清楚是针对哪篇请示所作的批复。

案例 9.6.2

你省《关于申请批准新建海南自贸试验区的请示》××〔××××〕×号收悉。

点评：本例先引请示的标题，后引发文字号，是比较规范而完整的批复引据。

2. 主体

主体部分是批复的核心，主要内容是批复的事项。这部分要针对请示中提出的问题作答复。批准性批复应用明晰的语言给出审批意见，可以是肯定性意见，也可以是否定性意见。不管是肯定性意见还是否定性意见，都要针对请示的事项表明态度，不能只是笼统地写成"同意你们的意见"。

案例 9.6.3

同意将"上海高新技术产业开发区"更名为"上海张江高新技术产业开发区"。

点评：本例的批复针对请示提出的问题给予了明确的审批意见，表态明确，语言简练。

3. 结尾

批复的结尾部分要另起一段，可以用惯用的结语如"特此批复""此复"等收束作结。如果前文中有"现批复如下"等语句，为避免重复，也可以省略结语。

（四）落款

批复的落款包括发文单位、成文日期，并加盖公章。如果标题中出现了发文单位，此处可以不写单位名称。落款应写在批复正文右下方。

四、批复的写作要求

批复的行文方向决定了批复具有如下写作要求：①针对请示中提出的问题要及时答复；②批复事项表态要慎重、明确，不能模棱两可；③用语简洁、明了，不可含糊其词；④无论是肯定性意见还是否定性意见都要有所依据，不可感情用事。

案例 9.6.4

国务院关于同意设立中国（上海）自由贸易试验区临港新片区的批复

国函〔2019〕68号

上海市人民政府、商务部：

你们关于增设中国（上海）自由贸易试验区临港新片区的请示收悉。现批复如下：

一、同意设立中国（上海）自由贸易试验区临港新片区。

二、中国（上海）自由贸易试验区临港新片区先行启动区域面积为119.5平方公里（具体四至范围见附件）。落桩定界工作，经商务部、自然资源部审

标题：发文单位、事由、文种。

发文字号：机关代字、年份号、发文顺序号。

主送机关。

开头：引用请示的标题，过渡语引出

核验收后报国务院备案，由商务部、自然资源部负责发布。

三、上海市人民政府、商务部要会同有关部门做好《中国（上海）自由贸易试验区临港新片区总体方案》的组织实施工作。

附件：中国（上海）自由贸易试验区临港新片区先行启动区域四至范围

国务院（公章）

2019 年 7 月 27 日

下文。

主体： 批准性批复。批复内容依据请示的内容回答，并提出具体要求。

落款： 发文单位、成文日期，加盖公章。

点评： 本文为批准性批复，全文针对请示中的多个问题采用分条列项的写法进行答复，简洁明晰。如果批复的内容涉及其他单位，在批复的结尾处可以列出多个抄送机关，用抄送的形式行文。

五、病文评改

病文例文见案例 9.6.5。

案例 9.6.5

××市人民政府关于同意设立××经济管理职业学院的请示的批复

市教育局、市教育局各部门：

你们的请示收到。撤销××市经济管理干部学院建制，可以设立××经济管理干部学院；××经济管理干部学院应由国资委举办；××经济管理干部学院是专科层次普通高等学校，开展的是高等职业教育，可以考虑继续举办成人高等学历教育和职业培训。

××（公章）

××××年×月×日

案例 9.6.5 所示例文属于批准性批复，其存在的主要问题如下。

（1）标题不够简练。

（2）批复的主送机关只能是一个，不能多头批复，请示的单位业务主管部门应为市教育局，不应将直接请示的单位与其他相关单位一并列为主送机关。

（3）引语部分没有标明引用请示的标题和发文字号，针对哪一请示的回复不够明确。

（4）批准性批复应在文中明确表达肯定或否定。

（5）批复中答复的问题要有层次性。

根据以上分析，对原文作出一定的修改，如案例 9.6.6 所示。

案例 9.6.6

××市人民政府关于同意设立××经济管理职业学院的批复

×府〔××××〕15 号

市教育局：

你局《关于设立××经济管理职业学院的请示》（×教计〔××××〕3 号）收悉。现就有关问题批复如下。

一、同意设立××经济管理职业学院，同时撤销××市经济管理干部学院建制。

二、××经济管理职业学院由市国资委举办。

三、××经济管理职业学院属于专科层次普通高等学校，主要开展高等职业教育，同时可继续举办成人高等学历教育和职业培训。

××市人民政府（公章）

××××年×月×日

【感悟升华】

一、判断题（对的打"√"，错的打"×"）

1．批复属于公文中的平行文。（　　　）
2．批复的表态语可以模棱两可。（　　　）
3．批复要依据请示来文作答复。（　　　）
4．下级机关没有权力批复上级机关文件。（　　　）

二、简答题

1．谈谈批复和请示有什么关系。
2．结合实例谈谈批复的标题有哪些种类。

三、实践训练

1．××职业技术学院商贸分院为了丰富学生的社会实践经验，打算带学生去国际商业中心实习，需选派一名市场营销专业的教师做领队，特此向学院院长办公室写了一篇请示。请你根据该请示的内容，以院长办公室的名义写一篇批复。

2．××市人民政府经研究同意案例 9.6.7 所示请示中的所有事项，请你写作一篇针对此请示的批复。

案例 9.6.7

××大学关于成立大学生联合艺术中心的请示

××〔××××〕×号

××市人民政府：

随着市场经济的发展变化，现在的用人单位对大学生的要求越来越高，为了提高大学生就业竞争能力，提升大学生的文化素养，丰富大学生的业余文化生活，拟以我校为主成立全省大学生联合艺术中心，管理人员、地点、经费等自行解决。

以上请示事项妥否，请批复。

××大学学生处（公章）

××××年×月×日

第七节　函

【学习目标】

知识目标：了解函的概念、特点和种类，掌握函的结构与写作要求。

能力目标： 能够根据工作需要，写作规范的行政公函。

函是使用频率较高的一种公文，是人们传递和交流信息的一种书面沟通工具。其适用范围相当广泛，已经远远超出一般书信的范畴；而且它比较灵活，具有一定的法律效力。

案例 9.7.1

××省人民政府
关于请求支持我省恢复驻××办事处的函告

×府〔××××〕×号

××市人民政府：

　　我省在××曾设立过办事处。它对于沟通情况，加强联系，减少接待工作上的麻烦，促进各项工作的开展，起到了较好的作用。但是，由于某些客观原因，一段时间以来我省取消了驻××办事处。现在，根据工作需要，急需恢复我省驻××办事处。为此，特请求给予支持，协助恢复该办事处，并希望能继续使用原办事处办公场所。

　　上述意见如何，盼予答复。

××省人民政府（公章）
××××年×月×日

商洽函。
标题： 发文单位、事由、文种。
发文字号： 机关代字、年份号、发文顺序号。
主送机关。
开头： 对以往工作成绩的肯定、写作缘由、依据。
主体： 写作目的、商洽的事项。
结尾： 惯用语。
落款： 发文单位、成文日期，加盖公章。

　　点评： 此类函适用于进一步商洽所要解决的新问题，或主动发文的单位希望对方能与之更好地合作，为此提出新的意见和建议。

函适用于平级机关或不相隶属机关之间商洽工作、询问和答复问题、请求批准和答复审批事项，以及催办有关事宜、函报材料、统计数字和表格等。函有时也用于对某一原发文件作适当补充、说明或更正。函起着沟通、交流的桥梁作用。

一、函的特点

相对于其他公文，函具有以下特点。

（1）灵活性。函是公文中使用最灵活的一个文种。其灵活性表现为行文关系灵活，是平级机关或不相隶属机关之间经常使用的文种；也表现为行文内容灵活，既可以商洽工作、询问和答复问题，又可以请求批准和答复审批事项。

（2）单一性。函的内容、主旨单一，通常一函一事，针对所要沟通的问题、看法、请求等开门见山，无须阐述更多的缘由和意义。

（3）平和性。函的语言表达是写作者在众多公文类型写作中最容易把握的，其语言的平和源于态度的诚恳与谦和。这也是由函所承担的任务决定的。语言谦恭、谨慎，用语平和、亲切、庄重更是公务员工作作风的一种体现。

二、函的种类

按照性质，函可分为公函和便函。其中，便函不属于公文。在机关单位公务活动中，收到公函时一定要复函。常用的公函可以分为以下几种。

（1）商洽函。它主要用于不相隶属机关之间商量、洽谈办理某一事项，如联系参观、学习，商洽干部调动，请求帮助支持等。

（2）询问函。它用于平级机关或不相隶属机关之间，向对方征询对某一问题的看法或处理意见，也可要求对方予以答复。询问工作情况或某一具体事情，下级向上级机关的业务主管部门询问有关方针、政策、规定和工作中遇到的界限不明确的问题等，也可以使用函。

（3）请求批准函。它用于向有关业务主管部门请求批准某一业务事项。

（4）答复函。它用于答复对方需要解决的某一事项或对某一问题的疑惑。

（5）知照函。它用于向有关单位告知某一事项或某种情况，以引起对方的注意，或在受托的代办事项办理完后告知代办情况。知照函的中心内容是告知情况或事项，要围绕这一中心写清楚有关内容。

（6）委托函。它用于委托有关单位或部门代办某一事项。

三、函的结构

和其他公文相同，函也包括标题、主送机关、正文和落款四部分。

（一）标题

函的标题包括以下两种形式。

（1）完整式标题。发文单位+事由+文种，如《教育部办公厅关于进一步推行政务公开工作有关情况的函》等。

（2）省略式标题。事由+文种，如《关于请求解决我校进修教师住宿问题的函》等。

（二）主送机关

函的主送机关是指平级机关、不相隶属机关沟通情况、解决问题所确定的受文单位，即一份公文的受理机关。

（三）正文

函的正文包括开头、主体和结尾三部分。

1. 开头

开头交代发函的缘由，写明发函的目的、根据，然后用过渡语引出下文，如"现将有关问题说明如下""现将有关事项函复如下"等。答复函的开头先引叙来文的标题和发文字号，然后写下文。例如先写"×年×月×日贵单位来函收悉"或"×字×号函悉"，然后写"经研究决定函复如下"作为过渡语。

2. 主体

主体是函的核心部分，主要写明致函的事项，针对所要沟通的事情、要解决的问题进行写作。写作者把要告诉对方的问题、意见讲清楚，使对方在接到函后能快速了解来函的目的。如果是答复函，答复事项要有针对性。

主体的内容应单一，一函一事。无论是商洽工作，还是向有关主管部门请求批准事项，都要使用简洁得体的语言。

3. 结尾

结尾一般用礼貌的语言向对方提出希望或请求，如给予支持、帮助或合作，或提供情况，或请对方协助解决某一问题，或请对方提出意见或请主管部门批准等。之后可用惯用的结语结束全文。常用的结语有"即请函复""特此函商""特此函询""特此函达""特此函告""特此函复"等。

（四）落款

落款由发文机关和成文日期组成，并加盖公章。发文机关写全称或规范化简称。成文日期要写明年、月、日。

四、函的写作要求

函的写作要求如下：①公函是公文的一种，不可以用于私人信件交往；②无论是商洽工作，还是向有关主管部门请求批准事项，都要一函一事；③用语平和、谦逊，以诚相待。

案例 9.7.2

<table>
<tr><td>

××大学人事处关于商洽××同志调动工作事宜的函

×× 〔××××〕×号

××人力资源处：

　　我校××同志，××××年××大学毕业，分配到我校后，工作认真负责，教学、科研都取得了显著成绩。该同志只身在我校工作，家庭的其他成员全部住在你市，其妻××同志在贵单位工作。夫妻分居两地，妻子身体虚弱，尚有不满周岁的儿子需要照顾。根据该同志多次申请，经我校领导研究，为了解决××同志夫妻两地分居的困难，我校同意该同志调往贵单位。

　　特此函达，诚请函复。

××大学人事处（公章）

××××年×月×日

</td><td>

商洽函。

标题：发文单位、事由、文种。

发文字号：机关代字、年份号、发文顺序号。

主送机关。

开头：发函的依据。

主体：发函的缘由、目的、商洽的事项。

结尾：盼复函。

落款：发文单位、成文日期，加盖公章。

</td></tr>
</table>

　　点评：商洽函多用于商调干部、查询或了解有关人员。对于工作中的人员调动事宜，去函提出商洽，复函有针对性地给予答复。函也可以用于联系参观学习、查询或了解有关事情等。

案例 9.7.3

<table>
<tr><td>

财政部办公厅关于征求中央单位××××年
政府集中采购目录意见的函

×× 〔××××〕×号

党中央有关部门办公厅，国务院各部委、各直属机构办公厅（室）：

　　按照《中华人民共和国政府采购法》和国务院有关文件规定，财政部需要拟定中央单位××××年政府集中采购目录上报国务院。为了做好这项工作，尽早上报国务院，以利于明年工作的开展，现请中央有关集中采购机构、各部门和单位结合国务院下发的××××年政府集中采购目录执行情况，对××××年政府采购目录项目是否扩大和调整提出修改意见。集中采购机构在提出意见时，要就如何落实集中采购目录中的项目提出初步设想和实施意见。反馈意见请以书面形式于 10 月 20 日前函复财政部国库司。

　　联系人：×××

</td><td>

询问函。

标题：发文单位、事由、文种。

发文字号：机关代字、年份号、发文顺序号。

主送机关。

开头：函的写作依据、背景、写作缘由。

主体：函的写作目的、具体事项、对受文单位答复问题的明确要求。

</td></tr>
</table>

电话：×××××

财政部办公厅（公章）

××××年×月×日

结尾：联系方式。

落款：发文单位、成文日期，加盖公章。

点评：此类函适用于某单位为更好地完成某项工作，向对方征询对某一问题的看法或处理意见，也用于简述涉及对方机关权限范围及有关事项的处理意见并需对方给予答复。通常是主动发文的单位以函的形式发文，受文单位以复函的形式回文。

五、病文评改

病文例文见案例9.7.4。

案例 9.7.4

关于要求继续举办提高班的请示

×人函字〔××××〕

××省教育厅：

"十四五"期间是我省经济发展的关键时期。（函请的缘由）近年来，我们在全面加强国家公务员培训的同时，在省教育厅的大力支持下，收到了明显成效。（培训工作的成绩）根据我省各地区、各部门的要求，（发函的依据）为进一步培养干部，（发函的目的）经研究决定自××××年起每年从全省各级行政机关中挑选 200 名具有大专学历的中青年业务骨干，委托××大学、××大学采取半脱产形式培训。（请批的事项）请继续给予大力支持，我们将万分感谢，永生难忘。

此致

敬礼！

××省人社厅

××××年×月×日

案例 9.7.4 所示例文属于请求批准函，其存在的问题主要表现在以下几个方面。

（1）这是一则请求批准函，要用"函"来行文。

（2）标题的事由部分不够清楚，不能集中概括公文的主要内容。

（3）发函的依据、发函的目的、请批的事项没有写清楚。

（4）用语不当。请批的事项尚未得到批准不应用"决定"。公函中的结语也不能用"此致""敬礼"，而要用"特此函告""特此函达"等。

根据以上分析，对原文作一定的修改，如案例 9.7.5 所示。

案例 9.7.5

关于要求继续举办公共行政管理专业干部提高班的函

×人社函〔××××〕×号

××省教育厅：

"十四五"期间，是我省经济发展的关键时期。要实现我省"十四五"规划所确定的国民经济和社会发展目标，关键是要有一支能够坚持党的基本理论和坚持贯彻党的路线方针政策，能担负起新世纪改革发展重任的高素质干部队伍。加强培训教育，是建设高素质干部队伍的重要环节。近年来，我们在全省国家行政机关中有计划、有组织地选拔中青年业务骨干进行培训深造，提高他们公共行政管理方面的业务水平，收效明显。这里要感谢省教育厅给予的大力支持。根据我省国家行政机关干部队伍素质的实际情况和各地区、各部门的要求，为进一步适应培养干部、提高素质的需要，经研究，拟从××××

年起每年从全省各级行政机关中选拔 200 名具有大专学历的中青年业务骨干，委托××大学、××大学采取半脱产形式，举办公共行政管理专业干部提高班，请继续给予大力支持。

特此函达。

××省人社厅（公章）

××××年×月×日

 **知识拓展**

答复函与批复的区别

答复函与批复的写作目的相同，都是用于答复来文有关事项的公文。批复与请示相对应，答复函可以是对函的回复，也可以是对请示的回复，都属于被动行文。两者的主要区别如下。

（1）使用范围不同。答复函比批复的使用范围更广，应用更灵活。答复函既可用于回复平级机关、不相隶属机关的来函，也可以用于答复上级机关询问的问题；批复只能用于批准、答复下级机关的请示事项。

（2）答复函用于平级机关或不相隶属机关之间的沟通交流，使用对象不同。批复用于上级机关答复下级机关的请示。

（3）行文方向不同。答复函是函的一种，属于平行文；批复则属于指示性的下行文。

（4）答复函是平行文，虽然也要求回复问题时态度明朗，但语气相对批复平和得多。批复针对请示行文，态度要明朗，不能模棱两可，语气要求坚定而严肃。

【感悟升华】

一、填空题

1. 函的灵活性表现在（　　　　）、（　　　　）。
2. 函可以商洽工作、（　　　　）、（　　　　），以及催办有关事宜等。
3. 函具有（　　　）、（　　　）、（　　　）的特点。
4. 向对方询问问题可以使用（　　　　）。

二、判断题（对的打"√"，错的打"×"）

1. 函是平行文中的一种。（　　　）
2. 函只适用于平级机关。（　　　）
3. 不相隶属机关之间商洽工作使用通知。（　　　）
4. 作为公文的函可以用于商量私事。（　　　）

三、实践训练

1. 写作训练。结合以下内容，写一篇函发给兄弟院校和毕业的学子们，同庆建校 50 周年。

金风送爽的季节，××大学迎来了建校 50 周年。在金秋十月，喜迎华诞的日子，母校真诚地邀请您和您的家人，能够在百忙之中抽出闲暇时间，回归母校的怀抱，畅所欲言，同喜同贺。

写作要求：内容明确，中心突出；格式正确、规范；语言准确、简明、得体。

2. 修改案例 9.7.6 所示病文。

案例 9.7.6

请求解决进修教师宿舍问题的函

校长您好：

为了培养师资，提高教学水平，我校派一些青年教师去你××学院参加培训。据说这个学院住宿不够，没办法解决，所以我和你们学校联系联系，看看能不能有办法解决一下。

特此写信。

此致

敬礼！

××××年×月×日

第八节 会 议 纪 要

【学习目标】

知识目标：了解会议纪要的概念、特点和种类，掌握会议纪要的结构与写作要求。

能力目标：能够根据工作需要写作规范的会议纪要。

会议纪要是用于记载、传达会议情况和议定事项时使用的公文文种，是传达会议精神、指导工作和交流信息的重要工具。它是产生于会议后期或者会后，根据会议精神和要求，在归纳整理会议记录等各种会议材料的基础上形成的具有高度概括性的文件。

案例 9.8.1

××市强村共富直播带货活动全面启动研讨会纪要

××部〔××××〕×号

会议时间：××××年××月××日

会议地点：会议中心

参会人员：市委组织部、市委网信办、市农业农村局、市商务局有关人员

会议主题：如何开展强村共富直播带货活动

为了深入贯彻落实数字乡村发展战略，以数字化赋能乡村振兴为目标，3月14日，市委组织部、市委网信办、市农业农村局、市商务局联合召开了如何开展强村共富直播带货活动的会议，会议达成以下共识。

一、会议决定××××年将全面启动强村共富直播带货活动

以乡村振兴为目标，立足村庄资源禀赋，利用新媒体平台开展网上直播带货，宣传和推介一批网红农品。让手机成为新农具，直播成为新农活，让数据成为新农资，进一步拓宽乡村特色农品销路，助力××农民走向全国，促进农村一二三产业融合发展，提升村庄集体经济发展水平，帮助农民增收共富。

二、会议讨论研究决定强村共富直播带货活动共分四大主题活动

（1）确立××市网红农品打卡地，基于其地域特色和网络知名度，制作网红农品打卡地图，并能导航前往。

专题会议纪要。

标题：发文单位、事由、文种。

发文字号：机关代字、年份号、发文顺序号。

开头：交代会议精神、概括会议主要内容，过渡语引出下文。

主体：详述会议过程，以及会议讨论的结果和达成的共识。

（2）组织新闻媒体、自媒体宣传网红农品背后的故事，推介网红农品的产品特色、品质优势，进行广泛宣传。

（3）结合村镇实际，精心选取特色鲜明、品质优良、绿色健康、需求广泛的农产品，鼓励村干部参与直播带货。

（4）引入专业服务公司并开展合作，充分利用好抖音、快手、淘宝、京东等平台吸引网民，增加粉丝，拓宽产品销路。

三、会议要求开展"农品四季"专题直播活动

"春采"季，"夏游"季，"秋收"季，"冬藏"季。组织直播带货主播、网红达人积极参与，结合四季主题，开展直播带货活动，提升带货效果。

本次会议认为，借助千千万万个屏幕，势必会让本市农品真真正正地"红"起来，为全面推进乡村振兴助力。

××市委组织部、市委网信办、市农业农村局、市商务局（公章）

××××年××月××日

落款：发文单位、成文日期，加盖公章。

点评：这类会议纪要适用于有关工作的重要方针政策、措施、办法的交流讨论，记录公布讨论结果，指导并实施。

一、会议纪要的特点

相较于其他公文，会议纪要具有以下特点。

（1）表达的概括性。会议纪要既要反映与会者所达成的一致意见，又要反映个别有代表性的意见。会议纪要虽然是根据会议内容和各种会议材料整理而成的，但它不是对会议情况的简单再现，也不是对与会者意见逐字逐句的复述，而是在分析、综合会议情况的基础上锤炼而成的。因此必须抓住会议的要点和精髓，按照逻辑关系，以极为简洁、精练的文字对会议精神和议定事项进行记录。

（2）范围的确定性。一方面指使用范围的确定性，即会议纪要属于会议文件，并不是普遍使用的，仅限于会议；另一方面指作用对象的确定性，即会议纪要的作用对象仅仅指与会单位、与会人员，要求其共同遵守执行，若需在更大的范围发挥作用，就要请上级领导机关批转。

（3）内容的纪实性。会议纪要是根据会议的议题、决议及情况整理而成的公文，它是对会议的基本情况的真实记录和客观整理。会议议定的事项、达成的共识和作出的决定不能随撰写者的主观愿望而更改，同时也不能掺杂撰写者对会议内容的主观评论。会议纪要之所以具有凭证作用和保存价值，正是由其纪实性特点而决定的。

（4）对受体的指导性。会议本身具有权威性，而会议纪要集中反映了会议的主要精神和决定事项，所以会议纪要对与会单位、人员具有约束力，并且一经下发，将对有关单位和人员产生类似于指示、决定或决议等指挥性公文的作用。它也是与会人员将会议精神上传下达的文字依据。

二、会议纪要的种类

1. 按性质不同分类

（1）指示性会议纪要。指示性会议纪要常用于领导机关办公室，是以会议形成的决定、共识以及所作的安排、部署为主要内容的。这种会议纪要的特点是指导性强，会议上确定的工作事项，都要求与会单位及有关方面共同遵守或执行。

（2）通报性会议纪要。通报性会议纪要是将主要议题、讨论内容、交流情况和结果等会议的有关情况和信息告知给与会者及有关方面，以便作为协议各方会后执行公务和履行职责的依据，并起到传递信息、交流情况的作用。它的主要特点是对相关人员有明显的思想引导性，却没有具体的工作指导作用。

（3）研讨性会议纪要。研讨性会议纪要主要用于记载和反映经验交流会议、专业会议或学术研讨会议的研讨情况，其不以共识和议定事项为主要内容，而是以介绍与会者各种不同的观点及研讨情况为主。

2. 按会议类型分类

（1）办公会议纪要。办公会议纪要是记述机关或企事业单位等对重要工作或日常工作进行讨论、研究、议决等事项的一种会议纪要。办公会议纪要一般有例行办公会议纪要和现场办公会议纪要。前者是指记述例行办公会议情况及其议决事项的会议纪要，后者指那些为解决某重大问题而召集有关方面人员和有关单位在现场研究、议决或协商的办公会议纪要。

（2）专题会议纪要。专题会议纪要是专门记述为解决某一问题而召开的座谈会、研讨会的研究情况与成果的一种会议纪要。这类会议纪要涉及有关工作的重要方针政策、理论原则及解决方法的交流讨论情况，以启发思想、指导工作为目的。

三、会议纪要的结构

1. 标题

会议纪要标题有以下三种写法。

（1）发文单位+会议名称+文种。如《××市人民政府第×次现场办公会议纪要》《国务院关于研究解决供销社政策性亏损问题的会议纪要》。

（2）会议名称+文种。如《全国城市教育综合改革会议纪要》。

（3）正标题+副标题。如《进一步贯彻〈关于党内政治生活的若干准则〉 坚决纠正不正之风——中央纪委召开第三次贯彻〈准则〉座谈会会议纪要》，正标题揭示会议主旨，副标题标明会议名称和文种。

2. 发文字号

发文字号写在标题的正下方，由机关代字、年份、序号组成，用阿拉伯数字全称标出，并用"〔〕"括入，如〔××××〕7号。办公会议纪要对文号一般不作必需的要求，但是在办公例会中一般要有文号，如"第××期""第××次"，写在标题的正下方。会议纪要的时间可以写在标题的下方，也可以写在正文的右下方、主办单位的下面，要写明年、月、日，如"××××年××月××日"。

3. 开头

开头主要记述会议的基本情况和背景，包括中心议题、意义、目的，召开会议的时间、地点、主持人、与会人员及所在单位等。上述内容可根据实际情况选择，可详可略。

4. 主体

主体是会议纪要的核心部分，它体现和涵盖了会议的主要精神、会议议定的事项、会议达成的共识、对与会单位布置的工作和提出的要求。在结构上，多用"会议认为""会议指出"等惯用语作为每层意思的开头；也可以分条列项地记载会议事项和情况，用序号标明层次；还可将会议内容分几个方面分别阐述，分列小标题，概括出每层意思的内容。

5. 结尾

结尾可以对会议作出评价或强调会议意义，对与会人员提出希望和要求，或是对会议召开有所贡献的单位和个人表示感谢，等等。

6. 落款

落款由发文单位与制文时间组成，位于正文末右下方，并加盖公章。发文单位名称写全称或规范简称。

案例 9.8.2

××集团有限公司办公会议纪要

×××委〔××××〕×号

会议时间：××××年××月×日 9:00—10:30

会议地点：公司总经理办公室

会议议题：讨论如何完善公司发展与管理

出席人员：总经理、副总经理，以及各部门负责人

记录整理：孙波、徐文林

××××年×月×日，××总经理组织公司有关领导召开会议，讨论如何完善公司各项工作，现就会议形成的意见归纳纪要如下：

一、关于公司过去一年的发展情况

我公司过去的一年发展思路明确，改革和发展的步伐稳健。公司在每位员工的共同努力下，基本做到了"深化改革，整合资源，改善条件，提高质量，打造品牌"，整体是向前发展的。所谓深化改革，就是要深化公司管理体制改革，依法实施员工聘任制，坚持市场化原则，积极鼓励外资、民资参股、入股。大力推进人事、分配制度和公司后勤社会化等方面改革……（略）

二、下大决心调整公司布局，全方位提升公司员工技术技能水平

研发部开展对本部门员工的培训，挑选业务骨干，外请专家对员工进行技术培训，解决个别员工技术滞后、缺乏创新意识的问题。（略）

三、切实加强人事管理，完善入职人员专业技术水平的考核，提升公司人员整体技术水平

以往在选人、用人上存在一定问题，而且问题不少，必须切实加强队伍建设与管理。要针对我公司业务研发的标准，坚持有所作为，不断优化队伍素质。要坚持择优选人，人尽其才……（略）

××公司总经理办公室（公章）

××××年××月×日

点评：此类会议纪要是办公会议，用于讨论、研究、议决一些事项而写。

（侧栏批注）
办公会议纪要。
标题：发文单位、事由、文种。
发文字号：机关代字、年份号、发文顺序号。
开头：会议时间、会议地点、参会人员等。
概括会议主要内容，过渡语。
主体：会议形成的具体意见。
落款：发文单位、成文日期，加盖公章。

知识拓展

会议纪要与会议记录的区别

会议记录是由专人如实、准确地记录会议的组织情况和会议内容的一种机关应用文书。会议记录是会议的原始材料之一，经过整理、综合后的会议记录的有关内容才能写入会议纪要。因此，会议记录是会议纪要形成的基础。两者的主要区别如下。

（1）文体性质不同。会议纪要是公文，具有先行执行效用和很强的约束力，要按照公文程序制发。

（2）形成时间不同。会议纪要在会议后期或结束后形成的；而会议记录是与会议同步进行的，对会议情况忠实再现。

（3）发挥作用不同。会议纪要是为了宣传报道会议精神，会议记录是原始凭证和资料，不对外公开。

（4）使用范围不同。重要大型会议需要会议纪要，各种大小型会议使用会议记录。

【感悟升华】

一、填空题

1. 会议纪要用于传达（　　　）、指导（　　　）和交流（　　　）。
2. 会议纪要产生于会议（　　　）或（　　　）。
3. 会议纪要具有（　　）、（　　　）、（　　　）、（　　　）的特点。

二、判断题（对的打"√"，错的打"×"）

1. 会议纪要不属于公文。（　　　）
2. 会议记录属于公文的一种。（　　　）
3. 不相隶属机关之间沟通信息可以使用会议纪要。（　　　）
4. 会议纪要不需要保密。（　　　）

三、实践训练

根据所给材料，进行写作训练。

×××市人才交流中心在中心会议室组织了本市高校应届毕业生就业前景分析会。参会的有人才交流中心主任、各高校招生就业处处长，以及负责就业推广的老师。受世界经济大环境影响，今年各大公司收益有所不同，有的亏损，有的略有盈利。例如有些银行取消了一些代办网点，原因是金融科技发展迅速、手机银行使用普遍等，甚至还有不少银行在裁员，就业情况不容乐观。结合本地经济发展形势，政府相关部门也在为大学生扩大就业机会而积极地与企业沟通、交流。今天我们邀请到了一汽红旗、中国中车集团、中粮集团吉林省分公司的领导参加会议。

请你根据所给材料，就应届毕业生就业前景分析会的内容，拟写一篇会议纪要。写作要求：会议内容明确，会议精神突出；格式正确、规范；语言准确、简明。

附　录

党政机关公文
处理工作条例

党政机关
公文格式

标点符号
用法

信息与文献
参考文献著录规则

文章修改符号
及其用法

更新勘误表和配套资料索取示意图

　　说明 1：本书配套资料可在人邮教育社区（www.ryjiaoyu.com）本书页面内下载。

　　说明 2：本书配套教学资料的下载受教师身份、下载权限限制。教师认证、下载权限需网站后台审批，参见示意图。

　　说明 3："用书教师"，是指学生订购本书的授课教师。

　　说明 4：本书配套教学资料将不定期更新、完善，新资料会随时上传至人邮教育社区本书页面内。

　　说明 5：扫描二维码可查看本书现有"更新勘误记录表""意见建议记录表"。如发现本书或配套资料中有需要更新、完善之处，望及时反馈，我们将尽快处理。

更新勘误及意见建议
记录表

咨询邮箱：
13051901888@163.com

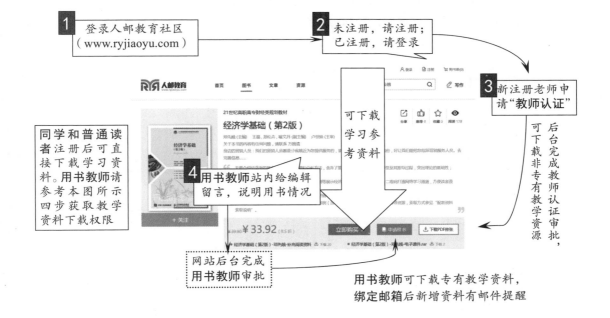

主要参考文献

[1] 陈果安，2008. 现代写作学引论. 2 版. 长沙：中南大学出版社.

[2] 陈应纯，王程程，2020，电子商务文案写作技巧. 重庆：重庆大学出版社.

[3] 蔡越，2024. AI 赋能写作：AI 大模型高效写作一本通. 北京：北京大学出版社.

[4] 皮皮，2021. 写作另论：给大学生趣味写作课. 北京：北京师范大学出版社.

[5] 林可夫，2002. 现代写作学：开拓与耕耘. 南京：南京师范大学出版社.

[6] 刘杰，付胜，2005. 经济文书写作范例. 北京：人民出版社.

[7] 刘西川，2020. 实证论文写作八讲. 北京：北京大学出版社.

[8] 麓山 AI 研习社，2024. 文心一言：人人都能上手的 AI 工具. 北京：人民邮电出版社.

[9] 宋俊骥，漆礼根，2023. 电子商务文案：创意 策划 写作. 2 版. 北京：人民邮电出版社.

[10] 王首程，2002. 论文写作. 北京：高等教育出版社.

[11] 王志彬，2002. 20 世纪中国写作理论史. 南京：南京大学出版社.

[12] 叶圣陶，2018. 怎样写作. 北京：中华书局.

[13] 叶小鱼，勾俊伟，2021. 新媒体文案创作与传播. 2 版. 北京：人民邮电出版社.

[14] 余老诗，2018. 写作自媒体. 北京：清华大学出版社.

[15] 张立华，张晓杰，刘宇希，2012. 现代常用应用文写作. 长春：吉林人民出版社.

[16] 张建，尹莉，2023. 应用写作. 5 版. 北京：高等教育出版社.

[17] 庄涛，胡敦骅，梁冠群，2024. 写作大辞典. 北京：汉语大词典出版社.